MINDSET

Carol S. Dweck, ph.D.

Mindset

A nova psicologia do sucesso

TRADUÇÃO
S. Duarte

32ª reimpressão

OBJETIVA

Grafia atualizada segundo o Acordo Ortográfico da Língua Portuguesa de 1990, que entrou em vigor no Brasil em 2009.

Título original
Mindset: The New Psychology of Success

Capa
Filipa Pinto e Eduardo Foresti

Preparação
Fernanda Villa Nova de Mello

Índice remissivo
Probo Poletti

Revisão
Clara Diament
Huendel Viana

Dados Internacionais de Catalogação na Publicação (CIP)
(Câmara Brasileira do Livro, SP, Brasil)

Dweck, Carol S.
Mindset : a nova psicologia do sucesso / Carol Dweck ; tradução S. Duarte. — 1ª ed. — São Paulo : Objetiva, 2017.

Título original: Mindset: The New Psychology of Success.
ISBN 978-85-470-0024-0

1. Crença e dúvida 2. Motivação (Psicologia) 3. Realização 4. Sucesso – Aspectos psicológicos I. Título.

16-09120 CDD-153.8

Índice para catálogo sistemático:
1. Mindset : Sucesso : Psicologia aplicada 153.8

EDITORA SCHWARCZ S.A.
Praça Floriano, 19, sala 3001 — Cinelândia
20031-050 — Rio de Janeiro — RJ
Telefone: (21) 3993-7510
www.companhiadasletras.com.br
www.blogdacompanhia.com.br
facebook.com/editoraobjetiva
instagram.com/editora_objetiva
twitter.com/edobjetiva

Sumário

Introdução

Um dia meus alunos se reuniram comigo e me obrigaram a escrever este livro. Queriam que outras pessoas pudessem utilizar nosso trabalho para melhorar suas vidas. Era um projeto que eu queria realizar havia muito tempo, e se tornou minha prioridade.

Meu trabalho faz parte de uma tradição da psicologia que mostra o poder das crenças pessoais. Podemos ter ou não consciência dessas crenças, mas elas têm forte influência sobre aquilo que desejamos e sobre nossas chances de consegui-lo. Essa tradição demonstra também como a mudança das crenças individuais, mesmo as mais simples, é capaz de produzir efeitos profundos.

Com este livro você aprenderá como uma simples crença a respeito de si mesmo, uma crença que descobrimos em nossas pesquisas, orienta grande parte de sua vida. De fato, permeia *cada* parte de sua vida. Uma parcela significativa do que você acredita ser sua personalidade na verdade é gerada por esse "mindset". E muito do que impede a realização de seu potencial é também produto dele.

Até hoje nenhum livro explicou como funciona esse mindset nem demonstrou como é possível utilizá-lo em nossa vida. Rapidamente você compreenderá os grandes homens e mulheres — nas ciências e nas artes, nos esportes e nos negócios —, assim como aqueles que não conseguiram se destacar. Compreenderá seus parceiros, seu chefe, seus amigos e seus filhos. Verá como libertar seu potencial, assim como o de seus filhos.

É um privilégio partilhar minhas descobertas com você. Além de relatos sobre as pessoas que participaram de minha pesquisa, apresento nos capítulos a seguir histórias tiradas de manchetes de jornais e baseadas em minha própria vida e experiência, para que você possa ver o mindset em ação. (Na maior parte dos casos, os nomes e as informações pessoais foram modificados para preservar o anonimato; em alguns, diversas pessoas foram condensadas em uma só, a fim de demonstrar uma ideia com mais clareza. Certos diálogos foram recriados de memória; procurei reproduzi-los da melhor maneira possível.)

Ao final de cada capítulo e em todo o último capítulo, mostro a você maneiras de aplicar as lições — formas de reconhecer o mindset que está orientando sua vida, compreender seu funcionamento e modificá-lo, caso deseje.

Quero aproveitar a oportunidade para agradecer a todos os que possibilitaram minha pesquisa e este livro. Meus alunos fizeram de minha carreira de pesquisadora uma imensa alegria. Espero que tenham aprendido comigo tanto quanto aprendi com eles. Também quero agradecer às organizações que deram apoio à nossa pesquisa: a Fundação William T. Grant, a Fundação Nacional de Ciência, o Departamento de Educação, o Instituto Nacional de Saúde Mental, o Instituto Nacional de Saúde Infantil e Desenvolvimento Humano, a Fundação Spencer e a Fundação Raikes.

Os funcionários da Random House formaram a equipe mais estimulante que eu poderia desejar: Webster Younce, Daniel Menaker, Tom Perry e, mais do que quaisquer outras pessoas, minhas editoras, Caroline Sutton e Jennifer Hershey. Seu entusiasmo pelo meu livro e suas valiosas sugestões fizeram toda a diferença. Agradeço a meu extraordinário agente, Giles Anderson, assim como a Heidi Grant, por ter me colocado em contato com ele.

Sou grata a todos os que me deram sugestões e feedbacks, mas agradeço especialmente a Polly Shulman, Richard Dweck e Maryann Peshkin, por suas extensas e penetrantes observações. Finalmente, agradeço a meu marido, David, pelo amor e entusiasmo, que conferem uma dimensão maior à minha vida. Seu apoio durante todo este projeto foi excepcional.

Meu trabalho trata de crescimento, e ajudou a estimulá-lo em mim. Desejo que produza o mesmo efeito em você.

1. Os mindsets

Quando eu era uma jovem pesquisadora, em início de carreira, aconteceu algo que mudou minha vida.[1] Eu era obcecada pela ideia de compreender como as pessoas lidam com fracassos, e resolvi estudar esse tema observando como os estudantes lidavam com problemas difíceis. Assim, levei várias crianças, uma de cada vez, a uma sala em sua escola, onde as deixei ficar à vontade com uma série de quebra-cabeças para resolver. Os primeiros eram bastante fáceis, mas os seguintes iam ficando mais difíceis. Enquanto as crianças resmungavam, suavam e se esforçavam, eu observava suas estratégias e investigava o que pensavam e sentiam. Esperava encontrar diferenças no modo como enfrentavam as dificuldades, mas percebi uma coisa que jamais havia imaginado.

Diante dos quebra-cabeças difíceis, um menino de dez anos puxou a cadeira para mais perto, esfregou as mãos, estalou os lábios e exclamou: "Adoro um desafio!". Outro, lutando com os quebra-cabeças, ergueu os olhos com uma expressão satisfeita e disse, com ar de autoridade: "Sabe, eu *já esperava* aprender alguma coisa com isso!".

O que há de errado com eles?, pensei. Sempre havia achado que uma pessoa ou sabia lidar com o fracasso ou não sabia. Nunca imaginara que alguém pudesse *gostar* do fracasso. Essas crianças seriam excepcionais ou teriam encontrado alguma coisa nova?

Todos temos um exemplo a seguir, alguém que nos indicou o caminho num momento crítico de nossas vidas. Aquelas crianças se tornaram meus modelos de comportamento. Evidentemente sabiam algo que eu desconhecia, e eu estava decidida a descobrir o que era – a entender o tipo de mindset capaz de transformar o fracasso em um dom.

Que sabiam elas? Sabiam que as qualidades humanas, tais como as habilidades intelectuais, podem ser cultivadas por meio do esforço. E era isso que estavam fazendo – tornando-se mais inteligentes. Não apenas o fracasso não as desestimulava, como nem sequer imaginavam que estivessem fracassando. Achavam que estavam aprendendo.

Eu, por outro lado, achava que as qualidades humanas eram esculpidas em pedra. Ou você era inteligente ou não era, e o fracasso significava que não era. Simples assim. Se conseguia planejar os êxitos e evitar os fracassos (a qualquer custo), poderia continuar sendo inteligente. Os esforços, os erros e a perseverança não faziam parte desse panorama.

A questão de saber se as qualidades humanas podem ser cultivadas ou se são imutáveis é antiga. A novidade é o que essas crenças significam para você: quais são as consequências de imaginar que nossa inteligência ou nossa personalidade são características que podemos desenvolver, em vez de constituírem algo fixo, um traço profundamente arraigado? Examinaremos inicialmente o antiquíssimo e feroz debate a respeito da natureza humana e em seguida voltaremos à questão de saber o que tais crenças significam para você.

POR QUE AS PESSOAS SÃO DIFERENTES?

Desde o começo dos tempos, as pessoas pensaram, agiram e viveram de modo diverso umas das outras. Obviamente alguém iria querer saber por que as pessoas eram diferentes – por que algumas são mais inteligentes ou mais éticas – e se havia alguma coisa que as tornava permanentemente distintas. Essa questão foi vista de duas maneiras pelos estudiosos. Alguns afirmavam que havia forte base física para as diferenças, que as tornava inevitáveis e inalteráveis. Ao longo do tempo, a essas alegadas diferenças físicas foram acrescidos as protuberâncias cranianas (frenologia), o tamanho e a forma do crânio (craniologia) e, hoje em dia, os genes.[2]

Outros apontaram para a grande diversidade de formação de cada pessoa, suas experiências, o treinamento ou formas de aprendizado. Talvez você se surpreenda ao saber que um dos grandes defensores dessa opinião foi Alfred Binet, inventor do teste de quociente de inteligência (QI).[3] Seria o objetivo desse teste resumir a inteligência imutável das crianças? Na verdade, não. Binet, francês que trabalhou em Paris no início do século XX, pretendia identificar as crianças que não estivessem obtendo êxito no aprendizado nas escolas públicas parisienses, *a fim de possibilitar a criação de novos programas educativos que permitissem a sua recuperação.* Sem negar as diferenças individuais nos intelectos infantis, Binet acreditava que a educação e a prática seriam capazes de produzir mudanças fundamentais na inteligência. Eis um trecho de uma de suas principais obras, *Ideias modernas sobre as crianças*, no qual ele resume o trabalho que realizou com centenas de crianças que tinham dificuldades de aprendizado:

> Alguns filósofos modernos [...] afirmam que a inteligência de um indivíduo é uma quantidade fixa, uma quantidade que não pode ser aumentada. Devemos reagir e protestar contra esse pessimismo brutal. [...] Com a prática, o treinamento e, acima de tudo, o método, somos capazes de aperfeiçoar nossa atenção, nossa memória e nossa capacidade de julgamento, tornando-nos literalmente mais inteligentes do que éramos antes.[4]

Quem terá razão? Hoje em dia, a maioria dos especialistas concorda que não há uma única resposta. Não se trata de natureza *ou* estímulo, genes *ou* meio ambiente. A partir da concepção, há um intercâmbio constante entre uma coisa e outra. Com efeito, como diz Gilbert Gottlieb, eminente neurocientista, não apenas os genes e o meio ambiente cooperam entre si à medida que nos desenvolvemos, como os genes *necessitam* da contribuição do meio ambiente, a fim de funcionar de maneira adequada.[5]

Ao mesmo tempo, os cientistas estão percebendo que as pessoas têm maior capacidade do que se havia imaginado para aprender e desenvolver o cérebro durante toda a vida. É claro que cada um possui uma dotação genética específica. As pessoas podem ter diferentes temperamentos e aptidões no início de suas vidas, mas evidentemente a experiência, o treinamento e o esforço pessoal conduzem-nas no restante do percurso. Robert Sternberg, o guru da inteligência na atualidade, escreveu que o principal modo de aquisição de conhecimento especializado "não é alguma capacidade prévia e fixa, e sim a dedicação com objetivo".[6] Ou, como reconheceu seu precursor Binet, nem sempre as pessoas que começam a vida como as mais inteligentes acabam sendo as mais inteligentes.

O QUE TUDO ISSO SIGNIFICA PARA VOCÊ? OS DOIS TIPOS DE MINDSET

Ouvir opiniões de sábios sobre assuntos científicos é uma coisa. Outra é compreender de que forma essas opiniões se aplicam a você. Minhas pesquisas ao longo de vinte anos demonstraram que *a opinião que você adota a respeito de si mesmo* afeta profundamente a maneira pela qual você leva sua vida. Ela pode decidir se você se tornará a pessoa que deseja ser e se realizará aquilo que é importante para você. Como acontece isso? Como pode uma simples crença ter o poder de transformar sua psicologia e, consequentemente, sua vida?

Acreditar que suas qualidades são imutáveis — o *mindset fixo* — cria a necessidade constante de provar a si mesmo seu valor. Se você possui apenas uma quantidade limitada de inteligência, determinada personalidade e certo caráter moral, nesse caso terá de provar a si mesmo que essas doses são saudáveis. Não lhe agradaria parecer ou sentir-se deficiente quanto a essas características fundamentais.

Alguns de nós aprendemos a adotar esse mindset desde a tenra infância. Ainda criança, eu me preocupava em ser inteligente, mas o verdadeiro mindset ficou na verdade marcado em mim por causa da sra. Wilson, minha professora da sexta série. Ao contrário de Alfred Binet, ela achava que os resultados do QI revelavam exatamente quem eram as pessoas. Nossas carteiras na sala eram arrumadas em ordem de QI, e somente os alunos de QI mais elevado eram encarregados de transportar a bandeira, cuidar dos apagadores ou levar um bilhete ao diretor. Além da ansiedade que diariamente provocava com sua atitude julgadora, criava também um mindset fixo no qual cada criança da classe tinha um objetivo primordial: parecer inteligente, não boba. Quem poderia se ocupar de aprender, ou achar isso divertido, quando a totalidade de nosso ser se sentia ameaçada cada vez que ela nos dava uma prova ou nos interrogava na aula?

Já vi inúmeras pessoas que têm o único objetivo essencial de provar a si mesmas — na sala de aula, em suas carreiras e em seus relacionamentos. Cada situação exige uma confirmação de sua inteligência, personalidade ou caráter. Cada situação passa por uma avaliação: *Terei sucesso ou fracassarei? Farei papel de tolo ou me mostrarei inteligente? Serei aceito ou rejeitado? Vou me sentir vencedor ou derrotado?*

Mas não é fato que nossa sociedade valoriza a inteligência, a personalidade e o caráter? Não é normal querer desenvolver essas características? Sim, mas...

Há outro mindset no qual essas características não são simplesmente como cartas de baralho que você recebe e com as quais tem de viver, sempre tentando convencer a si mesmo e aos demais que tem um *royal flush* nas mãos, quando no íntimo teme ter somente um par de dez. Nesse outro mindset, as cartas recebidas constituem apenas o ponto de partida do desenvolvimento. Esse *mindset de crescimento* se baseia na crença de que você é capaz de cultivar suas qualidades básicas por meio de seus próprios esforços. Embora as pessoas possam diferir umas das outras de muitas maneiras — em seus talentos e aptidões iniciais, interesses ou temperamentos —, cada um de nós é capaz de se modificar e desenvolver por meio do esforço e da experiência.

Será que as pessoas dotadas desse mindset acreditam que qualquer um pode se tornar qualquer coisa, que qualquer pessoa com a motivação ou a instrução adequada pode se transformar em um Einstein ou em um Beethoven? Não, mas acreditam que o verdadeiro potencial de uma pessoa é desconhecido (e impossível de ser conhecido); que não se pode prever o que alguém é capaz de realizar com anos de paixão, esforço e treinamento.

Você sabia que Darwin e Tolstói foram considerados alunos medianos? Que Ben Hogan, um dos maiores jogadores de golfe de todos os tempos, era completamente descoordenado e desajeitado quando criança? Que a fotógrafa Cindy Sherman, que aparece praticamente em todas as listas dos artistas mais importantes do século XX, *foi reprovada* em seu primeiro curso de fotografia? Que Geraldine Page, uma de nossas maiores atrizes, foi aconselhada a abandonar a profissão por falta de talento?

Você pode agora perceber como a crença de que é possível desenvolver as qualidades desejadas cria uma paixão pelo aprendizado. Por que perder tempo provando constantemente a si mesmo suas grandes qualidades se você pode se aperfeiçoar? Por que ocultar as deficiências em vez de vencê-las? Por que procurar amigos ou parceiros que nada mais farão do que dar sustentação a sua autoestima, em vez de outros que o estimularão efetivamente a crescer?

E por que buscar o que já é sabido e provado, em vez de experiências que o farão se desenvolver? A paixão pela busca de seu desenvolvimento e por prosseguir nesse caminho, mesmo (e especialmente) quando as coisas não vão bem, é o marco distintivo do mindset de crescimento. Esse é o mindset que permite às pessoas prosperar em alguns dos momentos mais desafiadores de suas vidas.

UMA VISÃO A PARTIR DE CADA MINDSET[7]

Para ter uma melhor visão do funcionamento dos dois mindsets, imagine — da forma mais vívida possível — que você é um jovem num dia realmente ruim:

> Certo dia, você está numa aula muito importante para você, e da qual gosta muito. O professor entrega aos alunos as provas de meio de semestre corrigidas. Sua nota foi cinco. Você fica muito decepcionado. Naquela tarde, ao voltar para casa, descobre que seu carro foi multado por estacionamento em local proibido. Completamente frustrado, você telefona para seu melhor amigo para compartilhar tudo o que lhe aconteceu, mas ele não lhe dá muita atenção.

O que você pensaria? O que sentiria? O que faria?

As pessoas que adotam o mindset fixo me responderam assim: "Eu me sentiria rejeitado", "Sou um fracasso total", "Sou um idiota", "Sou um perdedor", "Me sentiria inútil e tolo — todos os outros são melhores do que eu", "Sou um lixo". Em outras palavras, entenderiam o que aconteceu como uma medida direta de sua competência e de seu valor.

Eis o que pensariam sobre suas vidas: "Minha vida é lamentável", "Não tenho vida", "Alguém lá em cima não gosta de mim", "Todos estão contra mim", "Alguém quer acabar comigo", "Ninguém gosta de mim, todos me odeiam", "A vida é injusta e todos os esforços são inúteis", "A vida é um horror. Sou um idiota. Nada de bom me acontece", "Sou a pessoa mais sem sorte do mundo".

Perdão, mas houve morte e destruição ou simplesmente uma nota baixa, uma multa e um telefonema desagradável?

Serão essas apenas pessoas com baixa autoestima? Ou serão pessimistas de carteirinha? Não. Quando não estão lidando com o fracasso, sentem-se tão valiosas e otimistas — e inteligentes e atraentes — quanto as que adotam o mindset de crescimento.

Então, de que maneira lidam com o fracasso? "Eu não me preocuparia em perder tempo me esforçando para fazer bem qualquer coisa." (Em outras palavras, não deixarei que ninguém me avalie novamente.) "Não farei nada." "Ficarei na cama." "Vou encher a cara." "Vou comer." "Vou dar uma bronca em alguém se tiver oportunidade." "Vou comer chocolate." "Vou ouvir música e ficar de cara feia." "Vou entrar no armário e ficar lá dentro." "Vou arranjar uma briga com alguém." "Vou chorar." "Vou quebrar alguma coisa." "Que mais posso fazer?"

Que mais posso fazer! Vejam, quando elaborei aquela situação hipotética, determinei que a nota fosse cinco, e não dois, que a prova fosse do meio do semestre, e não a final, que fosse uma multa, e não um acidente. O amigo do protagonista "não lhe deu muita atenção", mas não o rejeitou completamente. Nada do que aconteceu era catastrófico ou irreversível. Mesmo assim, a partir dessa matéria-prima o mindset fixo criou o sentimento de completo fracasso e paralisia.

Quando propus a mesma situação a pessoas de mindset de crescimento, eis o que responderam:

"Preciso me esforçar mais na matéria e ser mais cuidadoso quando estacionar o carro. E imagino que meu amigo tenha tido um dia difícil".

"A nota cinco mostra que devo me dedicar muito mais às aulas, mas ainda tenho o resto do semestre para melhorar a média".

Houve muitas outras respostas como essas, mas acho que você já entendeu. Como essas pessoas enfrentariam o fracasso? Diretamente.

"Eu começaria a pensar em estudar com mais empenho (ou estudar de maneira diferente) para a próxima prova da matéria, pagaria a multa e esclareceria as coisas com meu amigo na próxima vez em que nos falássemos."

"Verificaria em que fui mal na prova, tomaria a decisão de melhorar, pagaria a multa e ligaria para meu amigo para explicar que no dia anterior eu estava nervoso."

"Estudaria mais para a prova seguinte, conversaria com o professor, seria mais cuidadoso ao estacionar ou contestaria a multa, e procuraria saber qual tinha sido o problema de meu amigo."

Qualquer que fosse seu mindset, você ficaria chateado. Quem não ficaria? Notas baixas, multas ou desinteresse da parte de um amigo ou pessoa querida não são coisas agradáveis. Ninguém esfregaria as mãos de satisfação. Mas as pessoas com o mindset de crescimento não se rotularam nem se desesperaram. Embora se sentissem aflitas, estavam dispostas a assumir os riscos, enfrentar os desafios e continuar a se esforçar.

MAS, ENTÃO, QUAL É A NOVIDADE?

Essa é uma ideia nova? Há muitos ditados que mostram a importância do risco e o poder da persistência, como "Quem não arrisca não petisca", "Se não der certo da primeira vez, tente uma segunda e uma terceira" ou "Roma não foi feita em um só dia". (Aliás, fiquei encantada ao saber que os italianos usam a mesma expressão.) O que verdadeiramente surpreende é que as pessoas de mindset fixo não concordariam com isso. Para elas, os ditados seriam: "Se eu não arriscar, nada perderei", "Se não der certo da primeira vez, é porque provavelmente não tenho competência", "Se Roma não foi feita em um só dia, provavelmente foi porque não poderia ser feita em menos tempo". Em outras palavras, risco e esforço são duas coisas capazes de revelar suas deficiências e mostrar que você não está à altura da tarefa. Com efeito, é espantoso verificar até que ponto as pessoas de mindset fixo não acreditam no esforço.

O que também constitui novidade é que as ideias das pessoas a respeito de risco e esforço derivam de seus mindsets mais básicos. Não se trata somente do fato de que algumas pessoas são capazes de reconhecer o valor de desafiar a si mesmas e a importância do esforço. Nossa pesquisa demonstrou que isso *deriva diretamente* do mindset de crescimento. Quando ensinamos a alguém esse mindset, cujo ponto focal é o desenvolvimento, as ideias sobre desafio e esforço vêm em seguida. Da mesma forma, não se trata somente de que para algumas pessoas o desafio e o esforço podem não ser agradáveis. Quando (temporariamente) colocamos alguém num mindset fixo, que se concentra nas características permanentes, essa pessoa rapidamente passa a temer o desafio e a desvalorizar o esforço.

Vemos com frequência livros com títulos como *Os dez segredos das pessoas mais bem-sucedidas do mundo* lotando as prateleiras das livrarias, e esses livros podem fornecer muitas dicas úteis. Mas em geral nada mais são do que uma lista de conselhos sem relação uns com os outros, como "Assuma mais riscos!" ou "Acredite em você mesmo!". Você passa a admirar as pessoas capazes de fazer isso, mas nunca fica claro de que forma essas coisas se inter-relacionam ou como você poderia alcançar esse caminho. Assim, você se sente inspirado durante alguns dias, mas basicamente as pessoas mais bem-sucedidas do mundo conservam seus segredos bem guardados.

Ao contrário disso, à medida que você começa a compreender os mindsets fixo e de crescimento, passa a ver exatamente como uma coisa leva a outra — como a crença de que suas qualidades são imutáveis gera diferentes pensamentos e atos, e como a crença de que suas qualidades são suscetíveis de serem cultivadas gera diferentes pensamentos e atos, guiando-o por um caminho completamente distinto. É o que nós, psicólogos, chamamos de uma experiência de descoberta. Não apenas vi isso em minha pesquisa quando ensinamos a alguém um novo mindset, mas recebo a toda hora cartas de pessoas que leram minhas obras.

Essas pessoas reconhecem a si mesmas: "Ao ler seu artigo, literalmente me vi repetindo: 'Isso sou eu, isso sou eu!'". Percebem as conexões: "Seu artigo me entusiasmou. Senti que havia descoberto o segredo do universo!". Sentem que seus mindsets se reorientam: "Sem dúvida sou capaz de relatar uma espécie de revolução pessoal que acontece em meu próprio raciocínio, e esse sentimento é excitante". E são capazes de pôr essas novas ideias em prática para si mesmas *e* para os outros: "Seu trabalho permitiu que eu transformasse meu trabalho com crianças e olhasse a educação por um prisma completamente diferente" ou "Gostaria de informá-la do impacto, tanto no nível pessoal quanto no prático, que sua extraordinária pesquisa trouxe para centenas de estudantes".

AUTOPERCEPÇÃO: QUEM TEM IDEIAS PRECISAS SOBRE SUAS CAPACIDADES E LIMITAÇÕES?

Bem, pessoas com mindset de crescimento podem não se achar nenhum Einstein ou Beethoven, mas não será mais provável que tenham opiniões exageradas a respeito de suas capacidades e busquem coisas além de seu nível de competência? De fato, estudos mostram que poucos sabem avaliar suas capacidades.[8] Recentemente, procuramos investigar que tipo de pessoa conseguiria fazer avaliações mais precisas sobre si mesma.[9] Sem dúvida, verificamos que há muito pouca exatidão nas estimativas de seu desempenho e de suas capacidades. *Mas aqueles com mindset fixo foram responsáveis por quase toda a inexatidão.* Pessoas de mindset de crescimento foram extraordinariamente precisas.

Pensando bem, faz sentido. Se você acreditar que é capaz de se aperfeiçoar, assim como fazem os que adotam o mindset de crescimento, estará aberto a informações exatas sobre suas capacidades atuais, ainda que não sejam lisonjeiras. Além disso, se estiver orientado para o aprendizado, como estão essas pessoas, *terá necessidade* de informações exatas sobre sua capacidade, a fim de aprender com eficiência. No entanto, se quaisquer dados sobre suas preciosas características forem vistos como boas notícias ou más notícias, como ocorre com as pessoas de mindset fixo, é quase inevitável que aconteçam distorções. Alguns resultados serão enaltecidos, outros, desprezados, e você acabará sem realmente se conhecer.

Em seu livro *Mentes extraordinárias*, Howard Gardner concluiu que os indivíduos extraordinários possuem "um talento especial para identificar seus próprios pontos fortes e fracos".[10] É interessante observar que os que têm mindset de crescimento parecem possuir esse talento.

O QUE O FUTURO NOS RESERVA

Outra coisa que os indivíduos extraordinários parecem possuir é um talento especial para converter em sucesso futuro as adversidades da vida. Os estudiosos de criatividade concordam. Numa enquete com 143 pesquisadores da criatividade, houve amplo acordo sobre o principal ingrediente para a obtenção de sucesso criativo.[11] E esse ingrediente era exatamente o tipo de perseverança e resiliência produzido pelo mindset de crescimento.

Você pode voltar a perguntar: *Como é possível que uma crença leve a tudo isso — gosto pelo desafio, confiança no esforço, resiliência diante de adversidades e maior (e mais criativo!) sucesso?* Nos próximos capítulos, você verá exatamente como isso acontece: como o mindset altera o que as pessoas buscam e o que identificam como sucesso. De que maneira ele modifica a definição, a importância e o impacto do fracasso, e como transforma o sentido mais profundo do esforço. Verá como os mindsets funcionam na escola, no esporte, no trabalho e nos relacionamentos. Verá de onde eles vêm e como podem ser modificados.

DESENVOLVA SEU MINDSET

Qual é o seu mindset?[12] Responda a estas perguntas sobre inteligência. Leia cada uma das afirmativas seguintes e diga se, na maior parte das vezes, concorda ou não com elas.

1. Sua inteligência é algo muito pessoal, e você não pode transformá-la demais.
2. Você é capaz de aprender coisas novas, mas, na verdade, não pode mudar seu nível de inteligência.
3. Qualquer que seja seu nível de inteligência, sempre é possível modificá-la bastante.
4. Você é capaz de mudar substancialmente seu nível de inteligência.

As afirmativas 1 e 2 referem-se ao mindset fixo. As de número 3 e 4 refletem o mindset de crescimento. Com qual dos dois grupos você concorda mais? É possível que sua resposta seja mista, mas a maioria das pessoas se inclina mais para um grupo do que para o outro.

Você também possui crenças a respeito de outras capacidades. Pode substituir "inteligência" por "talento artístico", "tino comercial" ou "aptidão para esportes". Tente fazer isso.

Não se trata somente de suas aptidões, mas também de suas qualidades pessoais. Veja estas afirmações sobre personalidade e caráter e decida se concorda ou não com cada uma delas.

1. Você é certo tipo de pessoa, e não há muito o que se possa fazer para mudar esse fato.
2. Independente do tipo de pessoa que você seja, sempre é possível modificá-lo substancialmente.
3. Você pode fazer as coisas de maneira diferente, mas a essência daquilo que você é não pode ser realmente modificada.
4. Você é capaz de modificar os elementos básicos do tipo de pessoa que você é.

Aqui, as afirmativas 1 e 3 se referem ao mindset fixo, e as de número 2 e 4 refletem o mindset de crescimento. Com qual dos dois grupos você se identifica mais?

Seria esse resultado diferente de seu mindset em relação à inteligência? É possível. Seu "mindset para a inteligência" entra em ação quando as situações envolvem capacidade mental.

Seu "mindset para a personalidade" entra em ação nas situações que envolvem suas qualidades pessoais — por exemplo, quão confiável, cooperativo, atencioso ou socialmente habilidoso você é. O mindset fixo faz com que você se preocupe com a forma pela qual será avaliado; o mindset de crescimento torna-o interessado em seu aperfeiçoamento.

Eis aqui algumas outras situações para se pensar sobre os mindsets:

- Pense em alguém que você conheça que esteja mergulhado no mindset fixo. Veja como essas pessoas sempre procuram se pôr à prova e como são supersensíveis a respeito da possibilidade de terem opiniões equivocadas ou de cometerem erros. Você já se perguntou por que elas são assim? (Você é assim?) Agora você pode começar a compreender os motivos.
- Pense em alguém que você conheça que tenha as aptidões do mindset de crescimento, alguém que compreenda que as qualidades importantes podem ser cultivadas. Pense em como essas pessoas enfrentam os obstáculos. Pense naquilo que fazem para se aperfeiçoar. Em que você gostaria de se modificar ou aperfeiçoar?
- Muito bem, agora imagine que você resolveu aprender um novo idioma e se matriculou num curso. Depois de algumas aulas, o professor chama você para a frente da sala e começa a lhe fazer uma série de perguntas.

Coloque-se na posição de quem tem um mindset fixo. Sua capacidade está em jogo. É capaz de sentir que todos os colegas estão olhando para você? É capaz de ver a fisionomia do professor enquanto o avalia? Sinta a tensão, sinta seu ego estilhaçar-se e hesitar. Em que mais você está pensando e o que está sentindo?

Agora se coloque no lugar de uma pessoa com mindset de crescimento. Você é iniciante, e por isso está ali. Está ali para aprender. O professor é um facilitador para o aprendizado. Sinta que a tensão se esvai; sinta sua mente se abrir.

A mensagem é a seguinte: você é capaz de mudar seu mindset.

2. Por dentro dos mindsets

Quando eu era jovem, queria ter um companheiro que fosse como um príncipe: um homem lindo e bem-sucedido. Um homem importante. Queria ter uma carreira glamorosa, mas nada que fosse difícil nem arriscado demais. E queria que isso representasse uma confirmação daquilo que eu era.

Passaram-se muitos anos até que eu me sentisse satisfeita. Consegui um excelente marido, mas ele ainda estava em formação. Tenho uma ótima carreira, mas, sem dúvida, é um desafio permanente. Nada foi fácil. Então, por que me sinto satisfeita? Porque mudei meu mindset.

Mudei-o por causa de meu trabalho. Um dia, eu e Mary Bandura, uma aluna de doutorado, tentávamos compreender por que alguns estudantes se preocupavam tanto em demonstrar suas capacidades, enquanto outros simplesmente se deixavam levar e tratavam de aprender. De repente, percebemos que havia *dois* tipos de capacidade, e não apenas um: uma capacidade fixa, que precisa ser provada, e outra mutável, capaz de desenvolver-se por meio do aprendizado.

Assim descobrimos os mindsets. Imediatamente percebi qual era o tipo que eu possuía. Compreendi o motivo de minha grande preocupação com erros e fracassos. E pela primeira vez me dei conta de que podia escolher.

Quando adotamos um mindset, ingressamos num novo mundo. Num dos mundos — o das características fixas —, o sucesso consiste em provar que você é inteligente ou talentoso. Afirmar-se. No outro mundo — o das qualidades mutáveis —, a questão é abrir-se para aprender algo novo. Desenvolver-se.

Num dos mundos, o fracasso está em encontrar uma adversidade. Tirar uma nota baixa. Perder um torneio. Ser despedido do trabalho. Ser rejeitado. Isso quer dizer que você não é inteligente nem talentoso. No outro mundo, o fracasso significa não crescer. Não atingir as coisas a que você dá valor. O que quer dizer que você não está realizando suas potencialidades.

Num mundo, o esforço é algo ruim. Assim como o fracasso, ele indica que você não é inteligente nem talentoso. Se fosse, não precisaria fazer esforço. No outro mundo, o esforço é o que *torna* você inteligente ou talentoso.

Você tem escolha. Os mindsets nada mais são do que crenças. São crenças poderosas, mas são apenas algo que está em sua mente, e você pode mudar sua mente. Enquanto lê, pense aonde gostaria de ir e que mindset pode levá-lo até lá.

SUCESSO TEM A VER COM APRENDIZADO OU SERVE PARA PROVAR QUE VOCÊ É INTELIGENTE?

Benjamin Barber, eminente teórico político, disse certa vez: "Não divido o mundo entre os fracos e os fortes, ou entre sucessos e fracassos [...] *divido o mundo entre os que aprendem e os que não aprendem*".[1]

O que tornaria uma pessoa alguém que não aprende? Todos nascem com um intenso ímpeto de aprender. Os bebês conquistam diariamente novas aptidões. Não são habilidades simples, mas as tarefas mais difíceis da vida, como aprender a caminhar e a falar. Eles nunca acham muito difícil ou que não vale a pena o esforço. Os bebês não se preocupam em errar ou se humilhar. Caminham, caem, levantam-se. Simplesmente seguem adiante.

O que poderia dar fim a esse exuberante aprendizado? O mindset fixo. Logo que as crianças aprendem a se avaliar, algumas passam a ter medo de desafios. Passam a temer não serem inteligentes. Estudei milhares de indivíduos, a partir da idade pré-escolar, e é espantoso ver como muitos rejeitam as oportunidades de aprender.

Oferecemos uma escolha a crianças de quatro anos.[2] Poderiam refazer um quebra-cabeça fácil ou tentar outro, mais difícil. Mesmo nessa tenra idade, as crianças que adotavam um mindset fixo — as que acreditavam que os traços são imutáveis — preferiam a alternativa mais segura. As crianças que já nascem inteligentes "não cometem erros", elas nos disseram.

As crianças que adotavam o mindset de crescimento — as que acreditavam ser possível ficar mais inteligente — acharam estranha essa escolha. *Por que está me pedindo isso? Por que alguém vai querer continuar fazendo o mesmo quebra-cabeça?* Escolhiam sempre um novo e mais difícil. "Estou *louca* para descobrir a solução!", exclamou uma menininha.

Assim, as crianças de mindset fixo querem ter certeza de que terão êxito. Pessoas inteligentes sempre devem ter êxito. Já para as crianças de mindset de crescimento, o sucesso significa desenvolver-se. Significa ficarem mais inteligentes.

Uma menina da sétima série resumiu a questão.[3]

> Acho que a inteligência é uma coisa que exige esforço para se conseguir [...] não é simplesmente um dom [...]. A maioria das crianças não se oferece para responder a uma pergunta se não tiver certeza da resposta. Mas eu geralmente levanto minha mão para responder, porque, se estiver errada, meu erro será corrigido. Ou então levanto a mão e pergunto: "Como posso resolver esse problema?", ou "Não entendi bem. Você pode me ajudar?". Fazendo isso, estou aumentando minha inteligência.

Além dos quebra-cabeças

Uma coisa é desistir de resolver um quebra-cabeça. Outra é recusar uma oportunidade importante para seu futuro.[4] Para ver se isso aconteceria, aproveitamos uma situação pouco comum. Na Universidade de Hong Kong, todo o ensino é em inglês. As aulas são dadas em inglês, os livros didáticos são em inglês e as provas são feitas em inglês. Mas alguns dos alunos que entram para a universidade não têm fluência nesse idioma, e por isso é importante que resolvam logo esse problema.

Quando os estudantes vieram matricular-se no primeiro ano, sabíamos quais deles não tinham fluência em inglês. Então lhes fizemos uma pergunta-chave: se a universidade oferecesse um curso para os que precisassem melhorar o inglês, eles se inscreveriam?

Também verificamos o mindset de cada um. Para isso, perguntamos até que ponto concordariam com uma afirmação do tipo: "Você tem certo nível de inteligência, e não pode fazer muito para modificá-lo". As pessoas que concordam com essa afirmação são as que têm mindset fixo.

Os que têm mindset de crescimento concordam com a afirmação: "Você tem sempre a possibilidade de mudar substancialmente seu nível de inteligência".

Mais tarde, verificamos os que haviam aceitado o curso de inglês. Aqueles que adotavam o mindset de crescimento aceitaram a proposta com entusiasmo. Mas os de mindset fixo não demonstraram grande interesse.

Por acreditar que o sucesso tem a ver com a obtenção de conhecimento, os alunos de mindset de crescimento aproveitaram a oportunidade. Mas os de mindset fixo não desejavam revelar suas deficiências. Em vez disso, para se sentirem inteligentes a curto prazo, estavam dispostos a arriscar sua carreira universitária.

É dessa forma que o mindset fixo transforma as pessoas em pessoas que não aprendem.

Ondas cerebrais reveladoras[5]

É até mesmo possível verificar a diferença nas ondas cerebrais. Levamos pessoas de ambos os mindsets a nosso laboratório de ondas cerebrais na Universidade Columbia. Enquanto respondiam a perguntas difíceis e recebiam um feedback, esperávamos curiosos o momento em que suas ondas cerebrais indicariam se estavam interessadas e atentas.

As pessoas de mindset fixo somente se interessavam quando a reação se referia a sua capacidade. As ondas cerebrais delas mostravam que só prestavam bastante atenção quando lhes dizíamos se suas respostas haviam sido corretas ou incorretas. Mas quando lhes apresentávamos informações que poderiam ajudá-las a aprender, não havia indício de interesse. Mesmo quando erravam, não se interessavam em saber qual era a resposta correta.

Somente as pessoas de mindset de crescimento prestaram atenção rigorosa em informações que podiam aumentar seu conhecimento. Somente para elas o aprendizado era prioridade.

Qual é a sua prioridade?

Se você tivesse de escolher, qual seria sua preferência? Alto nível de sucesso e de reconhecimento ou muitos desafios?

Essas escolhas não precisam ser feitas apenas em relação a tarefas intelectuais.[6] As pessoas também têm de decidir que tipo de relacionamento desejam: os que gratificam seus egos ou os que as desafiam a se desenvolver? Quem é o seu companheiro ideal? Fizemos essa pergunta a jovens adultos, e eis o que nos responderam.

As pessoas com mindset fixo disseram que o companheiro ideal deveria:

Colocá-las em um pedestal.

Fazê-las sentirem-se perfeitas.

Adorá-las.

Em outras palavras, o parceiro ideal homologaria suas qualidades imutáveis. Meu marido diz que antigamente se sentia assim, querendo ser o deus da religião de alguém (sua parceira). Felizmente, abandonou essa ideia antes de me conhecer.

As pessoas de mindset de crescimento desejavam uma pessoa diferente. Responderam que o companheiro ideal teria que:

Perceber seus erros e as ajudar a se aperfeiçoarem.

Desafiá-las a se tornarem pessoas melhores.

Estimulá-las a aprender coisas novas.

Com certeza não queriam alguém que ficasse de picuinhas ou que abalasse sua autoestima, e sim pessoas que promovessem seu desenvolvimento. Não se consideravam seres completamente evoluídos, sem defeitos, que nada mais tinham a aprender.

Você já deve estar pensando: *Muito bem, mas o que acontece quando duas pessoas de mindsets diferentes se juntam?* Uma mulher de mindset de crescimento fala de seu casamento com um homem de mindset fixo:

> Mal saí da igreja quando comecei a perceber que tinha cometido um grande erro. Cada vez que eu dizia alguma coisa como "Por que não procuramos sair um pouco mais?" ou "Gostaria que você me consultasse antes de tomar decisões", ele ficava arrasado. Depois, em vez de falar sobre o assunto que tinha levantado, eu passava literalmente uma hora consertando o estrago e fazendo com que se sentisse bem novamente. Além disso, ele corria ao telefone para ligar para a mãe, que sempre o enchia da constante adoração de que ele parecia necessitar. Ambos éramos jovens e novatos no casamento. Tudo o que eu queria era me comunicar.

Assim, a ideia que o marido fazia de um relacionamento bem-sucedido – aceitação total e sem crítica – não era a mesma da mulher. E a ideia que a mulher fazia de um relacionamento bem-sucedido – enfrentar os problemas – não era a do marido. O crescimento de um dos parceiros era o pesadelo do outro.

A doença do CEO

Por falar em reinar do alto de um pedestal e desejar ser considerado perfeito, você não se surpreenderá ao saber que isso é muitas vezes chamado "doença do CEO". Lee Iacocca foi um caso grave dessa enfermidade.[7] Depois do sucesso inicial como chefão da Chrysler Motors, Iacocca se assemelhava muito aos meninos de quatro anos com mindset fixo. Continuou a produzir repetidamente os mesmos modelos de carros, com modificações apenas superficiais. Infelizmente, eram modelos que ninguém queria mais.

Enquanto isso, as firmas japonesas estavam repensando completamente qual deveria ser a aparência dos automóveis e como deveriam funcionar. Sabemos o resultado disso: os carros japoneses rapidamente conquistaram o mercado.

Os CEOs se veem constantemente diante dessa escolha. Deveriam olhar de frente suas deficiências ou criar um mundo em que não tenham nenhuma? Lee Iacocca escolheu a segunda opção. Cercou-se de adoradores, exilou os críticos e rapidamente perdeu o contato com o rumo que seu campo de atividade iria seguir. Tornou-se uma pessoa que já não aprendia.

Nem todos, porém, pegam a doença dos CEOs. Muitos grandes líderes enfrentam regularmente suas deficiências. Ao refletir sobre seu extraordinário desempenho na Kimberly-Clark, Darwin Smith declarou: "Nunca deixei de tentar estar à altura de meu cargo".[8] Esses homens, assim como os estudantes de Hong Kong com mindset de crescimento, jamais deixaram de seguir o curso suplementar.

Os CEOs enfrentam outro dilema. Podem preferir estratégias de curto prazo que aumentem o valor das ações da firma e façam com que pareçam heróis. Ou podem trabalhar em busca de aperfeiçoamento de longo prazo, arriscando-se à desaprovação de Wall Street ao lançar as bases para a saúde e o crescimento da empresa num prazo mais longo.

Albert Dunlap, que confessava possuir mindset fixo, foi levado à firma Sunbeam para reorganizá-la.[9] Preferiu a estratégia de curto prazo: aparecer como um herói para a Bolsa de Valores. As ações se valorizaram, mas a firma se esfacelou.

Lou Gerstner, que afirmava ter mindset de crescimento, foi chamado para reformular a IBM.[10] Ao dedicar-se à imensa tarefa de mudar a cultura e as políticas da empresa, os preços das ações estagnaram, e Wall Street torceu o nariz. Ele foi considerado um fracasso. Poucos anos depois, no entanto, a IBM voltou à liderança em seu campo de atividade.

Desenvolvimento

No mindset de crescimento, as pessoas não apenas *buscam* o desafio, mas prosperam com ele. Quanto maior o desafio, mais elas se desenvolvem. E em nenhum lugar isso pode ser visto com mais clareza do que no mundo dos esportes. Você pode observar as pessoas se desenvolverem e crescerem.

Mia Hamm, a maior jogadora de futebol de seu tempo, diz isso com clareza: "Durante toda a minha vida joguei acima de minha categoria, isto é, desafiei a mim mesma com gente mais velha, mais forte, mais habilidosa e mais experiente — em suma, melhores do que eu".[11] Primeiro, jogou com o irmão mais velho. Em seguida, aos dez anos de idade, entrou para a equipe de meninos de onze anos. Depois se lançou na principal equipe universitária dos Estados Unidos. "Todos os dias eu procurava jogar no nível deles [...] e melhorei mais depressa do que julgava ser possível."

Patricia Miranda era uma aluna do ensino médio, gordinha e sem físico atlético, que queria dedicar-se à luta livre.[12] Depois de uma contundente derrota, alguém lhe disse: "Você é uma piada". Primeiro ela chorou, depois se decidiu: "Aquilo realmente me fez tomar uma atitude firme [...]. Eu precisava ir adiante e tinha de saber se a dedicação, o esforço e a concentração no treinamento poderiam de alguma forma fazer com que me afirmasse como lutadora". Como conseguiu chegar a essa decisão?

Miranda havia levado uma vida sem desafios. Mas, quando a mãe morreu de aneurisma aos quarenta anos, ela, com dez, descobriu um lema: "Quando você jaz no leito de morte, uma das coisas mais sensatas que poderia dizer é: 'Eu realmente procurei me conhecer'. Esse sentimento de urgência ficou marcado em mim quando minha mãe morreu. Se você passar pela vida fazendo somente o que é fácil, deve se envergonhar". Assim, quando a luta livre lhe apresentou um desafio, ela estava preparada para enfrentá-lo.

Seu esforço foi recompensado. Aos 24 anos, foi Miranda quem riu por último. Ganhou a vaga em sua categoria de peso na equipe olímpica dos Estados Unidos e voltou de Atenas com uma medalha de bronze. E o que aconteceu em seguida? Entrou para a Faculdade de Direito da Universidade Yale. As pessoas lhe diziam para ficar onde já era campeã, mas Miranda achou mais estimulante começar novamente de baixo e ver que conquistas poderiam se seguir dessa vez.

Desenvolver-se além do possível

Às vezes as pessoas de mindset de crescimento se esforçam tanto que realizam o impossível. Em 1995, o ator Christopher Reeve caiu de um cavalo.[13] Quebrou o pescoço, a medula espinhal se separou do cérebro e ele ficou completamente paralisado do pescoço para baixo. A ciência médica disse: *Sinto muito. Adapte-se a isso.*

Reeve, entretanto, iniciou um extenuante programa de exercícios que exigia a movimentação de todas as partes de seu corpo paralítico por meio de estímulos elétricos. Por que não poderia aprender a se mover novamente? Por que seu cérebro não poderia voltar a transmitir ordens a que o corpo obedeceria? Os médicos advertiram-no de que não havia jeito e que o resultado seria a decepção. Já tinham visto outras pessoas na mesma situação, e não era bom sinal para sua adaptação. Mas, na verdade, o que mais ele poderia fazer com o tempo que tinha diante de si? Haveria um projeto melhor?

Cinco anos depois, Reeve começou a recuperar os movimentos. Primeiro aconteceu com as mãos, depois os braços, em seguida as pernas e finalmente o tórax. Estava muito longe da cura, mas os exames cranianos mostraram que seu cérebro novamente mandava sinais para o corpo e que o corpo reagia. Ele não apenas ampliou sua capacidade, mas mudou completamente a maneira pela qual a ciência vê o sistema nervoso e seu potencial de recuperação. Ao fazer isso, abriu um novo panorama para a pesquisa e uma nova via de esperança para as pessoas portadoras de lesões na medula espinhal.

Prosperar no que é seguro

É evidente que pessoas de mindset de crescimento prosperam ao ir além de seus limites. E como prosperam as pessoas de mindset fixo? Quando as coisas estão seguramente ao seu alcance. Se as coisas forem muito desafiadoras – se não se sentirem inteligentes nem talentosas –, elas perdem o interesse.

Observei isso acontecer ao acompanhar alunos do curso básico de medicina durante o primeiro semestre de química.[14] Para muitos deles, aquele era o destino de suas vidas: tornarem-se médicos. E é justamente o curso de química que define quem atingirá seu objetivo. É um curso bastante puxado. A nota média em cada prova é cinco, para estudantes que raramente tiravam menos que nove.

A maior parte começou com grande interesse pela química. Mas, ao longo do semestre, algo aconteceu. Os alunos de mindset fixo permaneceram interessados *somente enquanto se davam bem*. O interesse e o prazer dos que acharam o curso difícil reduziram-se muito. Não eram capazes de satisfazer-se com um curso que não servia como confirmação de sua inteligência.

"Quanto mais difícil fica", relatou um aluno, "mais eu preciso me obrigar a abrir o livro e estudar para as provas. Antes, a química me estimulava, mas agora, quando penso nessa matéria, tenho uma sensação desagradável no estômago."

Em contraste, os alunos de mindset de crescimento continuaram a demonstrar o mesmo grau elevado de interesse, mesmo quando achavam a matéria muito desafiadora. "É muito mais difícil do que eu imaginava, mas é o que quero fazer, e, portanto, isso me torna ainda mais decidido. Quando me dizem que não serei capaz, é aí que eu me dedico mais." O desafio e o interesse caminhavam juntos.

Presenciamos o mesmo fenômeno em alunos mais jovens.[15] Demos quebra-cabeças instigantes a alunos da quinta série, e todos adoraram. Mas, quando aumentamos o grau de dificuldade, as crianças de mindset fixo demonstraram grande queda em seu nível de satisfação. Também mudaram de ideia a respeito de levar os quebra-cabeças para casa, a fim de se exercitarem. "Não preciso, pode ficar com eles. Tenho outros iguais", mentiu uma das crianças. Na verdade, passaram a ter horror aos quebra-cabeças.

O mesmo aconteceu com as crianças que melhor resolviam os enigmas. Ter "talento para quebra-cabeças" não impedia a queda do interesse.

As crianças de mindset de crescimento, por outro lado, não conseguiam abandonar os problemas difíceis. Eram os que mais as agradavam e eram essas as que queriam levar os quebra-cabeças para casa. "A senhora poderia escrever o nome desses quebra-cabeças?", pediu uma criança. "Para minha mãe comprar outros depois."

Não faz muito tempo me interessei em ler a respeito da russa Marina Semyonova, grande bailarina e professora de dança que descobriu uma maneira nova de selecionar seus alunos.[16] Era um teste inteligente para revelar o mindset. Conforme conta um de seus ex-discípulos, "primeiro, os estudantes têm de passar por um estágio probatório durante o qual ela observa as reações aos elogios e às críticas. Os mais receptivos às críticas são considerados promissores".

Em outras palavras, ela separava os que se entusiasmavam com o que era fácil — aquilo que já haviam dominado — daqueles que sentiam atração pelas dificuldades.

Nunca me esquecerei da primeira vez em que me vi dizendo: "Isso é difícil. É divertido". Naquele momento percebi que estava mudando meu mindset.

Quando você se sente inteligente: quando é perfeito ou quando está aprendendo?[17]

Há coisas mais sérias a dizer, pois no mindset fixo não basta simplesmente ter êxito. Não basta parecer inteligente e talentoso. É preciso ser praticamente perfeito, e é preciso ser perfeito logo de saída.

Perguntamos a várias pessoas, desde crianças do ensino fundamental até jovens: "Em que circunstâncias você se sente inteligente?". As diferenças foram marcantes. As pessoas de mindset fixo disseram:

"Quando não cometo erros".

"Quando termino uma tarefa rapidamente e ela fica perfeita".

"Quando alguma coisa é fácil para mim, mas outras pessoas não conseguem fazê-la".

A questão é ser perfeito imediatamente. Mas as de mindset de crescimento disseram:

"Quando é realmente difícil, e me esforço e realizo algo que não conseguia fazer antes".

Ou: "[Quando] me dedico a alguma coisa por bastante tempo e começo a entendê-la".

Para eles, não se trata de perfeição imediata. Trata-se de adquirir um conhecimento ao longo de certo tempo: enfrentar um desafio e progredir.

Se você possui aptidões, para que precisa aprender?

Na verdade, indivíduos de mindset fixo acreditam que a aptidão se revelará por si só, antes que ocorra qualquer aprendizado. Afinal, se você tiver aptidão, ela existe em você; se não a tiver, ela não existe. Vejo isso o tempo todo.

Meu departamento na Columbia recebia seis novos estudantes de graduação a cada ano, entre os candidatos que vinham de todas as partes do mundo. Todos apresentavam notas extraordinárias nas provas e traziam recomendações entusiásticas de eminentes eruditos. Além disso, eram cobiçados pelas principais escolas de graduação.

Bastava um dia para que alguns se sentissem completos impostores. Ontem eram gênios; hoje são fracassados. Eis o que ocorre. Eles olham os professores e sua longa lista de publicações. "Oh, meu Deus, não consigo fazer isso." Olham os alunos mais adiantados que escrevem artigos para publicação e fazem solicitações de bolsas. "Oh, meu Deus, não consigo fazer isso." Sabem fazer provas e ganhar notas altas, mas não sabem fazer *aquilo* – ainda. Esquecem-se do *ainda*.

Não será para isso que serve a escola, para ensinar? Eles estão ali para aprender como fazer aquilo, e não porque já sabem tudo.

Eu me pergunto se não teria sido isso o que aconteceu a Janet Cooke e Stephen Glass. Ambos eram jovens repórteres que dispararam ao topo – com artigos falsos. Janet Cooke ganhou o Prêmio Pulitzer por seus artigos no *Washington Post* sobre um menino de oito anos viciado em drogas. O menino não existia, e o prêmio foi mais tarde revogado. Stephen Glass foi o menino-prodígio de *The New Republic* que parecia dispor de fontes e reportagens com as quais os jornalistas costumam sonhar. As fontes não existiam e as histórias não eram verdadeiras.

Teriam ambos necessitado se mostrar imediatamente perfeitos? Teriam achado que reconhecer a ignorância os desacreditaria diante dos colegas? Teriam pensado que deveriam sentir-se já como repórteres calejados antes que se dessem ao trabalho de aprender como fazer? "Éramos estrelas – estrelas precoces", escreveu Stephen Glass, "e era isso o que importava."[18] O público considerou-os desonestos, e o que cometeram foi desonestidade. Mas eu os vejo como jovens talentosos – jovens desesperados – que sucumbiram à pressão do mindset fixo.

Na década de 1960, havia um ditado que dizia: "Vir a ser é melhor do que ser". O mindset fixo não permite às pessoas o luxo de vir a ser. Precisam ser logo.

Uma nota na prova é eterna

Examinemos mais de perto por que, no mindset fixo, é tão importante ser imediatamente perfeito. É porque uma prova – uma só avaliação – pode representar uma medida para todo o sempre.

Há vinte anos, aos cinco anos de idade, Loretta veio com a família para os Estados Unidos. Poucos dias depois, a mãe a levou a sua nova escola, onde prontamente a submeteram a um teste. Quase imediatamente, a menina se viu em sua classe no jardim de infância; *mas não na das Águias*, a classe da elite do jardim.

O tempo passou, no entanto, e Loretta foi transferida para as Águias, permanecendo com o mesmo grupo de alunos até o final do ensino médio e colecionando um monte de prêmios escolares ao longo do curso. No entanto, nunca se sentiu parte do grupo.

Convencera-se de que aquele primeiro teste havia diagnosticado sua capacidade imutável e determinara que ela não era uma verdadeira Águia. O fato de ter somente cinco anos de idade e de ter acabado de passar por uma mudança radical para outro país não importava. Nem o fato de que talvez durante algum tempo não houvesse espaço para novos alunos na classe das Águias. Ou talvez a escola tivesse achado que para ela seria uma transição mais fácil se começasse numa classe menos exigente. Havia muitas formas de compreender o que acontecera e o que aquilo significava. Infelizmente, ela escolheu a interpretação equivocada. Porque, no mundo do mindset fixo, não há maneira de se *tornar* Águia. Se fosse verdadeiramente uma das Águias, teria passado no teste, sendo reconhecida imediatamente como digna de ir para aquela classe.

O caso de Loretta é raro ou esse tipo de raciocínio é mais comum do que imaginamos?

Para descobrir isso, mostramos a alunos da quinta série uma caixa de papelão fechada e dissemos que dentro havia um teste.[19] Esse teste, prosseguimos, era destinado a medir uma importante aptidão escolar. Não demos outras informações. Em seguida, fizemos perguntas sobre o teste. Primeiro, queríamos ter certeza de que nossas informações tinham sido aceitas, e para isso perguntamos: "Até que ponto vocês acham que esse teste mede uma aptidão escolar importante?". Todas as crianças haviam acreditado em nossa palavra.

Em seguida, perguntamos: "Vocês acham que esse teste mede *a inteligência de vocês*?". E depois: "Acham que esse teste mede *a inteligência futura de vocês, quando crescerem*?".

Os alunos de mindset de crescimento haviam aceitado nossa palavra de que o teste media uma aptidão importante, mas não acharam que medisse a *inteligência* deles. E certamente não acharam que o teste lhes pudesse informar qual seria sua inteligência quando crescessem. Na verdade, um deles replicou: "Que nada! Nenhum teste seria capaz de medir isso!".

Mas os alunos de mindset fixo não apenas acreditaram que o teste seria capaz de aferir uma aptidão importante. Acreditaram também, com a mesma convicção, que poderia medir sua inteligência *e* a inteligência que teriam quando crescessem.

Eles conferiram a um teste a capacidade de medir sua inteligência mais básica, naquele momento e para sempre. Deram ao teste o poder de definir quem eram e quem seriam. É por isso que cada êxito é tão importante.

Mais um olhar sobre potencial

Isso nos leva novamente à ideia de "potencial", e à questão de saber se os testes ou os especialistas podem nos dizer qual é o nosso potencial, de que somos capazes e qual será nosso futuro. O mindset fixo responde de forma afirmativa. É possível simplesmente medir agora a capacidade imutável e projetá-la para o futuro. Basta aplicar o teste ou perguntar aos especialistas. Não é preciso ter bola de cristal.

É tão comum a crença de que o potencial pode ser conhecido no presente que Joseph P. Kennedy sentiu-se confiante em dizer a Morton Downey Jr. que ele seria um fracasso.[20] O que havia feito Downey — mais tarde escritor e personalidade famosa da TV? Ora, tinha usado meias vermelhas e sapatos marrons no Stork Club.* "Morton", dissera-lhe Kennedy, "nunca vi ninguém, entre as pessoas que encontrei em minha vida, que tivesse alcançado o sucesso usando meias vermelhas e sapatos marrons.[21] Meu jovem, permita-me dizer-lhe uma coisa: você se destaca, mas não de uma forma que vá fazer você ser admirado pelos demais."

Muitas das pessoas mais realizadas de nossa época foram consideradas sem futuro por entendidos. Jackson Pollock, Marcel Proust, Elvis Presley, Ray Charles, Lucille Ball e Charles Darwin, todos eram tidos como possuidores de pouco potencial em seus campos de atividade. E, em alguns desses casos, pode bem ser verdade que, no início, não tenham se destacado.

Mas o potencial não será a capacidade que a pessoa tem de *desenvolver* eficientemente sua aptidão por meio do esforço ao longo do tempo? E é justamente isso o que importa. Como podemos saber até onde o esforço e o tempo levarão alguém? Talvez os especialistas tivessem razão em relação a Jackson, Marcel, Elvis, Ray, Lucille e Charles, em termos de suas aptidões naquele momento. Talvez ainda não fossem as pessoas nas quais se transformariam.

Certa vez, fui ver em Londres uma exposição das obras da fase inicial de Paul Cézanne. No caminho, fiquei pensando em quem seria Cézanne e como seriam seus quadros antes de ele se tornar o pintor que hoje conhecemos. Estava bastante curiosa porque Cézanne é um de meus artistas preferidos e foi quem preparou o terreno para grande parte da arte moderna. Eis o que descobri: alguns dos quadros eram muito ruins. Eram cenas supertrabalhadas, algumas violentas, com figuras pintadas de forma amadorística. Embora houvesse alguns trabalhos que anunciavam o futuro do artista, muitos deles não eram assim. Cézanne seria pouco talentoso na fase inicial? Ou simplesmente fora preciso tempo para que Cézanne se convertesse em Cézanne?

As pessoas com mindset de crescimento sabem que é preciso tempo para que o potencial floresça.[22] Recentemente, recebi uma carta raivosa de um professor que tinha participado de uma de nossas pesquisas. Nela, era apresentada uma aluna fictícia, Jennifer, que havia tirado 6,5 em uma prova de matemática. Em seguida, pedia-se aos professores que nos dissessem de que maneira a tratariam.

---

* Boate famosa de Nova York, frequentada na época pela elite. (N. T.)

Os professores de mindset fixo responderam com grande satisfação a nossas perguntas. Achavam que, por conhecer a nota obtida por Jennifer, podiam avaliar quem ela era e de que seria capaz. Fizeram numerosas recomendações. O professor Riordan, ao contrário, ficou furioso. Eis o que ele escreveu:

> A quem interessar possa:
>
> Tendo respondido à parte de sua recente pesquisa dedicada ao educador, devo solicitar que minhas respostas sejam excluídas do estudo. Sinto que o próprio estudo é cientificamente falho [...].
>
> Infelizmente, o teste utiliza uma premissa falsa, pedindo aos professores que façam apreciações sobre determinada estudante com base em nada mais do que um número em uma página [...]. O desempenho não pode ser medido por uma só apreciação. Não se pode determinar a inclinação de uma linha com apenas um ponto conhecido, pois nem sequer existe uma linha. Um único ponto no tempo não demonstra tendências, aperfeiçoamento, falta de esforço ou aptidão para a matemática [...].
>
> Sinceramente,
>
> Michael D. Riordan

Gostei muito da crítica do professor Riordan e concordei plenamente com ele. Uma avaliação com base em um único ponto no tempo tem pouco valor para a compreensão da capacidade de uma pessoa, sem falar em seu potencial de sucesso no futuro.

O número de professores que pensavam o contrário foi preocupante, e esse levantamento foi o objetivo de nosso estudo.

A ideia de que uma nota seja capaz de avaliar para sempre uma pessoa é o que cria a urgência para aqueles cujo mindset é fixo. Por isso é que precisam ter êxito absoluto e imediato. Quem pode se dar ao luxo de procurar crescer, quando tudo está em jogo no instante presente?

Há outra forma de avaliar o potencial?[23] A Nasa acha que sim. Ao solicitar inscrições para futuros astronautas, a agência espacial rejeitou pessoas que apresentavam históricos de puro sucesso e selecionou as que tinham experimentado fracassos significativos e se recuperado. Jack Welch, o aclamado CEO da General Electric, escolhia seus executivos com base na "pista de decolagem", a capacidade de crescimento deles.[24] E lembremo-nos de Marina

Semyonova, a famosa professora de balé que escolhia os alunos estimulados pela crítica. Todos rejeitavam a ideia das capacidades imutáveis e, em vez disso, selecionavam segundo o mindset.

Provar que você é especial

O que as pessoas de mindset fixo *realmente* desejam provar quando optam pelo sucesso em vez do crescimento? Querem provar que são especiais, até mesmo superiores.

Ao serem questionadas: "Você se sente inteligente?", muitas falaram de momentos em que se sentiram pessoas especiais, alguém diferente dos demais e melhor que os demais.

Até descobrir os mindsets e seu funcionamento, eu também me considerava mais talentosa do que as outras pessoas, talvez mesmo mais respeitável do que elas, por causa dos meus dotes. A ideia mais assustadora, sobre a qual eu raramente meditava, era a possibilidade de que eu fosse uma pessoa comum. Esse tipo de pensamento me levava a buscar aprovação constante. Cada comentário, cada olhar tinha algum significado, ficava registrado na pontuação de minha inteligência, de minha beleza, de minha simpatia pessoal. Se o dia fosse favorável, eu poderia me satisfazer com as notas elevadas que recebesse.

Numa noite de inverno muito fria, fui à ópera. Naquela noite a ópera foi excepcional, e todos permaneceram no teatro até o fim, não só do espetáculo, mas até terminarem todos os aplausos. Em seguida todos saímos para a rua, e todos queríamos tomar um táxi. Lembro perfeitamente. Já passava da meia-noite, fazia catorze graus abaixo de zero, o vento era forte, e, à medida que o tempo passava, eu me sentia cada vez mais desconfortável. Ali estava eu, parte de uma multidão em que todos eram iguais. Que possibilidades teria? De repente, um táxi parou bem junto a mim. A maçaneta da porta traseira ficou exatamente diante de minha mão e, quando entrei, o motorista afirmou: "A senhora é diferente". Eu vivia para aqueles momentos. Não apenas eu era especial, mas isso podia ser percebido à distância.

A escola da autoestima estimula esse tipo de pensamento e chegou a inventar maneiras de ajudá-lo a confirmar sua superioridade. Recentemente encontrei um anúncio de um produto desse tipo. Todos os anos, duas amigas me mandam uma lista ilustrada das dez coisas especiais que *não compraram* para mim no Natal. De janeiro a novembro, elas colecionam possíveis objetos que aparecem em catálogos ou baixam da internet. Em dezembro, escolhem os vencedores. Um de meus preferidos de todos os tempos é uma privada portátil, que pode ser dobrada e guardada no bolso depois do uso. Neste ano meu favorito foi o espelho EU ME AMO, um espelho com essas palavras em letras maiúsculas escritas na parte inferior. Quando você se contempla nele, já pode dar a mensagem a si mesmo e não precisa esperar que o mundo exterior anuncie o fato de que você é uma pessoa especial.

Claro, o espelho é suficientemente inofensivo. O problema começa quando a palavra "especial" passa a significar "melhor do que os outros". Um ser humano mais valioso. Uma pessoa superior, uma pessoa merecedora.

Especial, superior, merecedora

John McEnroe tinha um mindset fixo.[25] Acreditava que o talento era tudo. Não gostava de aprender. Não progredia com os desafios; quando as coisas ficavam difíceis, ele geralmente se entregava. Consequentemente, como ele próprio confessa, não realizou todo o seu potencial.

Mas tinha tanto talento que permaneceu em primeiro lugar entre os tenistas de todo o mundo durante quatro anos. A seguir, ele próprio nos diz o que significava ser o número um.

McEnroe usava serragem para absorver a transpiração em suas mãos durante uma partida.[26] Em certa ocasião, a serragem não lhe agradou. Ele se aproximou da lata que a continha e derrubou-a com a raquete. Seu agente, Gary, veio correndo ver qual era o problema.

> "Você chama isso de serragem?", eu perguntei. Na verdade, estava gritando com ele: a serragem era fina demais! "Isso parece veneno de rato. Não pode conseguir coisa melhor?" Garry afastou-se e, vinte minutos depois, voltou com uma lata de serragem mais grossa [...] e vinte dólares a menos no bolso. Tivera de pagar a um empregado para conseguir o que eu queria. Isso é o que significa ser o número um.

Ele prossegue contando que certa vez vomitou em cima de uma distinta senhora japonesa que era sua anfitriã.[27] No dia seguinte, ela o cumprimentou, pediu desculpas e deu-lhe um presente. "Isso", proclama McEnroe, "também mostra o que significa ser o número um."

> Tudo era sobre *você* [...]. "Tem tudo de que precisa?" "Está tudo bem?" "Vamos pagar tanto a você, faremos tudo o que você quiser." Eu só tinha de fazer o que queria, e minha reação a qualquer outra coisa era: "Dê o fora daqui". Durante muito tempo eu não me importava com isso. Quem se importaria?[28]

Bem, vamos ver. Você é uma pessoa bem-sucedida, é melhor do que os demais. Pode abusar deles e fazê-los rastejar. No mindset fixo, isso pode se passar por autoestima.

Em contraste, observemos Michael Jordan, atleta de mindset de crescimento por excelência, cuja grandeza é constantemente proclamada pelo mundo. "Super-homem", "Deus em pessoa", "Jesus com uniforme de basquete." Se alguém tem motivos para se sentir especial, é ele. Mas eis o que disse quando voltou a jogar basquete, causando grande comoção: "Fiquei espantado ao ver o grau de interesse que minha volta ao esporte despertou [...]. As pessoas me elogiavam como se eu fosse um culto religioso ou coisa parecida. Isso era muito embaraçoso. Sou um ser humano como qualquer outro".[29]

Jordan sabia o esforço que tinha feito para desenvolver sua capacidade. Via-se como uma pessoa que batalhou e cresceu, e não como alguém que é inerentemente melhor do que os demais.

No livro *Os eleitos*, Tom Wolfe descreve os pilotos militares de elite que adotam avidamente o mindset fixo.[30] Por haverem passado por uma série de testes rigorosos, acreditam-se especiais, pessoas que nasceram mais inteligentes e mais valentes do que as demais. Mas Chuck Yeager, o herói do livro, exprime opinião diferente:

> Não existe essa coisa de piloto nato. Quaisquer que fossem minhas aptidões ou meu talento, foi preciso trabalhar arduamente para me tornar um piloto eficiente; foi realmente um aprendizado de toda uma vida [...]. Os melhores pilotos voam mais tempo do que os outros, por isso são os melhores.[31]

Tal como Michael Jordan, Yeager era um ser humano. Simplesmente desenvolveu-se mais do que a maioria das pessoas.

Em resumo, indivíduos que acreditam em características imutáveis têm uma urgência em serem bem-sucedidos e, quando o conseguem, sentem algo mais do que orgulho. Podem ter uma sensação de superioridade, pois o sucesso significa que seus traços imutáveis são melhores do que os dos demais.

No entanto, há uma pergunta simples oculta por trás da autoestima de quem tem mindset fixo: "Se você *é alguém* quando tem sucesso, o que você é quando fracassa?".

OS MINDSETS MUDAM O SIGNIFICADO DE FRACASSO

O casal Martin adorava o filho Robert, de três anos, e sempre contava com admiração as façanhas da criança. Nunca existira um menino tão esperto e criativo quanto o filho deles. Mas Robert fez uma coisa imperdoável: não conseguiu ser aceito no principal colégio pré-escolar de Nova York. Depois disso, o casal ficou mais frio em relação a ele. Já não falavam dele da mesma forma, e não o tratavam com o mesmo orgulho e afeto. O menino já não era o mesmo brilhante Robert. Havia se desacreditado e os envergonhou. Na tenra idade de três anos, era um fracassado.

Como assinala um artigo do *New York Times*, o fracasso se transformou, passando de um fato (eu fracassei) a uma identidade (sou um fracassado).[32] Isso é especialmente verdadeiro no mindset fixo.

Quando eu era criança, também me preocupava em ter o mesmo destino de Robert. Na sexta série, eu era a melhor aluna da escola em ortografia. O diretor queria que eu participasse de um concurso entre as escolas da cidade, mas recusei. No ensino médio, era excepcional em francês, e a professora quis que eu entrasse numa competição escolar. Novamente recusei. Por que arriscaria transformar o sucesso em fracasso? Para passar de vencedora a perdedora?

Ernie Els, grande jogador de golfe, também se preocupava com isso. Finalmente venceu um torneio importante, depois de um intervalo de cinco anos, durante o qual perdeu uma série de disputas. Que aconteceria se perdesse também aquele torneio? "Eu teria sido uma pessoa diferente", diz ele.[33] Teria sido um perdedor.

A cada ano, em abril, quando os envelopes finos — as cartas de rejeição — chegam das universidades, inúmeros fracassados são criados em todo o país.[34] Milhares de jovens estudiosos e brilhantes se transformam em "A garota que não conseguiu entrar em Princeton" ou "O garoto que não foi aceito em Stanford".

Momentos definidores

Mesmo no mindset de crescimento o fracasso pode ser uma experiência penosa. Mas ela não nos define. É um problema que tem de ser enfrentado e tratado, e dele se devem extrair ensinamentos.

Jim Marshall, ex-jogador de defesa da equipe de futebol americano dos Minnesota Vikings, narra o que poderia tê-lo transformado facilmente em um fracassado.[35] Num jogo contra o San Francisco 49ers, Marshall viu a bola caída no gramado. Agarrou-a e correu, atravessando a linha de fundo, realizando um *touchdown*, sob os aplausos da multidão. Mas havia corrido na direção errada. Os pontos foram para o adversário, e num jogo transmitido para todo o país.

Foi o momento mais arrasador de sua vida. A vergonha foi avassaladora. Mas, durante o intervalo, ele pensou: "Quando alguém comete um erro, é preciso repará-lo. Percebi que havia uma alternativa. Eu poderia ficar preso a meu sofrimento ou fazer alguma coisa para consertar o erro". Recuperando-se no segundo tempo, jogou de maneira magistral durante o restante da partida e contribuiu para a vitória de sua equipe.

E não parou por aí. Fez conferências sobre o assunto. Respondeu às muitas cartas que chegaram, remetidas por pessoas que finalmente criaram coragem de reconhecer suas próprias experiências vergonhosas. Melhorou a concentração durante as partidas. Em vez de permitir que a experiência o definisse, passou a controlá-la. *Utilizou*-a para tornar-se um atleta ainda melhor e, ele acredita, uma pessoa melhor.

No mindset fixo, no entanto, perder-se por causa do fracasso pode transformar-se num trauma permanente e temível. Bernard Loiseau era um dos melhores chefs do mundo.[36] Somente um punhado de restaurantes em toda a França recebe a mais alta cotação de três estrelas no guia Michelin, o mais respeitado guia de restaurantes do país. O dele estava entre os coroados. Mas, pouco antes da publicação do Michelin de 2003, Loiseau suicidou-se. Havia perdido dois pontos em outro guia, passando de dezenove (de um máximo de vinte) para dezessete no Gault&Millau. E circulavam insistentes rumores de que perderia uma das três estrelas no Michelin. Embora isso não tivesse acontecido, o fracasso o havia dominado.

Loiseau tinha sido um pioneiro. Foi um dos primeiros a apresentar a *nouvelle cuisine*, trocando os tradicionais molhos de manteiga e creme de leite pelo sabor mais nítido dos próprios alimentos. Homem de enorme energia, era também empreendedor. Além de seu restaurante três estrelas na Borgonha, criara outros três em Paris, escrevera numerosos livros de receitas e inaugurara uma linha de alimentos congelados. "Sou como Yves Saint-Laurent", costumava dizer. "Faço tanto alta-costura quanto prêt-à-porter."

Um homem com tanto talento e originalidade poderia facilmente ter planejado um futuro satisfatório, com ou sem os dois pontos ou a terceira estrela. Na verdade, o editor do Gault&Millau disse ser inimaginável que a perda da cotação pudesse haver lhe custado a vida. Mas, no mindset fixo, isso é imaginável. A redução da nota deu-lhe uma nova definição de si mesmo: fracassado. Ultrapassado.

É surpreendente o que pode ser considerado fracasso no mindset fixo. Portanto, para suavizar...

Meu sucesso é o seu fracasso

No último verão, fui com meu marido a um hotel-fazenda, grande novidade para nós porque nem eu nem ele jamais havíamos entrado em contato com cavalos. Certo dia, nos inscrevemos para uma aula de pescaria. O instrutor era um maravilhoso pescador de oitenta anos, do tipo caubói, que nos ensinou a lançar a linha e depois nos deixou livres.

Logo percebemos que ele não nos ensinara a reconhecer a mordida da truta na isca (esses peixes não puxam a linha; é preciso observar uma bolha na superfície), nem o que fazer quando mordesse (puxar para cima), nem como recolher a linha, caso, por milagre, chegássemos até esse ponto (puxar o peixe na linha da água, sem retirá-lo para cima). Bem, o tempo passou, os mosquitos picaram, mas nada das trutas. Havia cerca de uma dúzia de pessoas, mas ninguém conseguia nada. De repente, acertei em cheio. Uma truta descuidada mordeu minha isca, e o instrutor, que por acaso estava perto, guiou-me para o resto da façanha. Pesquei uma truta arco-íris.

Reação número 1: David, meu marido, veio correndo, muito orgulhoso, e disse: "A vida com você é cheia de emoções!".

Reação número 2: Naquela tarde, ao entrarmos na sala de jantar do hotel, dois homens se aproximaram de meu marido, dizendo: "David, como você consegue aguentar o tranco?". David olhou para eles sem entender; não tinha ideia do que queriam dizer. Claro que não, pois ele achara minha pesca emocionante. Mas eu sabia exatamente o que era. Os dois esperavam que ele se sentisse diminuído, e fizeram questão de deixar bem claro que essa tinha sido sua reação a meu êxito.

Esquivar-se, trapacear, culpar os outros: não é receita para o sucesso

Além do grande trauma que uma contrariedade pode significar no mindset fixo, essa atitude não fornece uma boa receita para se recuperar de um fracasso. Se o fracasso significa que falta competência ou potencial a uma pessoa — isto é, você *é* mesmo um fracassado —, como é possível se recuperar?

Num estudo, alunos da sétima série declararam de que forma reagiriam a um fracasso nos estudos — uma nota baixa em um teste numa matéria nova.[37] Como era de esperar, os de mindset de crescimento disseram que estudariam mais para a prova seguinte. Mas os de mindset fixo responderam que estudariam *menos* da próxima vez, o que não causa muita surpresa. Se não tinham capacidade, para que perder tempo? Acrescentaram que pensariam seriamente na possibilidade de colar. Como não tinham capacidade, achavam que era preciso procurar outra saída.

Além disso, em vez de procurar aprender com os fracassos e repará-los, os indivíduos de mindset fixo podem simplesmente tentar restaurar sua autoestima. Por exemplo, podem começar a procurar gente que esteja em situação ainda pior do que a delas.

Depois de não se darem bem numa prova, estudantes universitários tiveram a oportunidade de ver as provas de outros alunos.[38] Os de mindset de crescimento viram provas de pessoas que haviam tirado notas muito superiores às deles. Como de costume, procuraram corrigir suas deficiências. Mas os de mindset fixo preferiram ver as provas dos que tinham tirado as *piores* notas. Era uma forma de se sentirem melhor consigo mesmos.

No livro *Empresas feitas para vencer*, Jim Collins narra um fato semelhante no mundo das grandes empresas.[39] Quando a Procter & Gamble invadiu o negócio de artigos de papel, a Scott Paper, que até então liderava o ramo, simplesmente desistiu. Em vez de mobilizar-se e resistir, pensou: "Ora, bem [...] pelo menos há firmas em situação pior do que a nossa".

Outra forma pela qual as pessoas de mindset fixo procuram restabelecer sua autoestima depois de um fracasso é atribuir a culpa a alguém ou arranjar desculpas. Voltemos a John McEnroe.

Nunca era culpa dele.[40] Certa vez, perdeu uma partida porque estava com febre. Outra, porque teve dor nas costas. Uma ocasião foi vítima das expectativas; outra, dos tabloides. Uma vez perdeu um jogo contra um amigo porque este estava apaixonado e ele não; outra, porque se alimentou muito perto da hora do jogo. Em um momento estava gordo demais, em outro, magro. Numa partida, fazia muito frio; em outra, estava demasiado quente. Em uma ocasião estava fora de forma; na seguinte, tinha treinado demais.

Sua derrota mais amarga, que ainda o faz perder noites de sono, foi a que ocorreu em 1984, no Torneio Aberto da França. Por que perdeu o jogo, se estava com vantagem de dois sets a zero? Segundo McEnroe, a culpa não foi dele. Um cinegrafista da NBC havia retirado o fone de ouvido e um ruído começara a surgir do lado da quadra.

Não foi culpa dele. Portanto, ele não tentou melhorar sua capacidade de concentração ou seu controle emocional.

John Wooden, lendário técnico de basquete, diz que ninguém pode ser considerado fracassado enquanto não começar a culpar os outros.[41] Ele quer dizer que é possível estar ainda no processo de aprender com os próprios erros, até que se comece a negá-los.

Quando a Enron, gigante no ramo da energia, faliu, vítima de uma cultura de arrogância, de quem foi a culpa?[42] "Não foi minha", fez questão de frisar Jeffrey Skilling, o CEO e gênio da firma. A culpa foi do mundo. O mundo não compreendeu o que a Enron buscava realizar. E o que dizer da investigação sobre uma grande fraude empresarial feita pelo Departamento de Justiça? Uma "caça às bruxas".

Jack Welch, o CEO com mindset de crescimento, reagiu a um fiasco da General Electric de maneira completamente diferente.[43] Em 1986, a GE comprou o banco de investimentos Kidder, Peabody & Co. Pouco depois de fechar o negócio, essa empresa foi abalada por um grande escândalo de corrupção interna na Bolsa. Alguns anos mais tarde, nova calamidade na pessoa de Joseph

Jett, um corretor que fez diversas transações fictícias de centenas de milhões de dólares, para aumentar suas comissões. Welch telefonou para catorze de seus colegas da alta direção da GE para dar a má notícia e pedir desculpas pessoalmente. "Eu mesmo assumi a responsabilidade pelo desastre", disse Welch.

Mindset e depressão

Talvez Bernard Loiseau, o chef francês, estivesse apenas deprimido. Já pensou nisso?

Como psicóloga e educadora, tenho interesse vital pela depressão.[44] É muito comum nos campi universitários, especialmente entre fevereiro e março. Nessa época, o inverno ainda não terminou, o verão ainda não está à vista, há muito o que estudar e os relacionamentos frequentemente se desfazem. Mas há muito tempo tem ficado evidente para mim que alunos diferentes lidam com a depressão de formas radicalmente diversas. Alguns deixam tudo de lado. Outros, embora sintam-se muito mal, resistem. Esforçam-se para comparecer às aulas, mantêm os estudos em dia e cuidam de si mesmos; dessa forma, quando melhoram, suas vidas estão intactas.

Não faz muito tempo, resolvemos investigar se os mindsets tinham algo a ver com essas diferenças. Para isso, verificamos os mindsets dos alunos e depois os fizemos manter uma espécie de "diário" on-line durante três semanas, em fevereiro e março. Todos os dias eles respondiam a perguntas sobre seu ânimo, suas atividades e de que forma lidavam com seus problemas. Eis o que descobrimos.

Primeiro, os de mindset fixo tinham níveis de depressão mais altos. Nossas análises mostraram que isso se devia ao fato de que ruminavam os problemas e as dificuldades, essencialmente atormentando-se com a ideia de que os fracassos significavam que eram incompetentes ou de poucos méritos. "A ideia ficava girando em minha cabeça: 'Você é um idiota'." "Eu simplesmente não conseguia afastar o pensamento de que isso me tornava menos homem." Novamente, os fracassos os rotulavam e não ofereciam caminhos para o êxito.

E quanto mais deprimidos se sentiam, mais deixavam as coisas de lado, e menos agiam para resolver os problemas. Por exemplo, não estudavam o que era necessário, não entregavam os trabalhos a tempo e não cumpriam suas obrigações.

Embora os alunos de mindset fixo demonstrassem maior grau de depressão, havia muitos com o mindset de crescimento que se sentiam extremamente mal, pois aquela era a época em que havia maior número de casos de depressão. Então percebemos algo realmente surpreendente. Quanto *mais* deprimidos se sentiam os de mindset de crescimento (não era depressão severa), *mais* agiam para enfrentar suas dificuldades, *mais* se esforçavam por manter em dia seus trabalhos escolares e *mais* cuidavam de suas vidas. Quanto pior se sentiam, mais determinados se tornavam!

Com efeito, ao ver a forma pela qual agiam, era difícil perceber até que ponto estavam desanimados. Eis uma história que me foi contada por um jovem:

> Era meu primeiro ano na universidade e eu estava longe de casa. Todos eram desconhecidos para mim, os cursos eram puxados, e, à medida que o tempo passava, eu me sentia cada vez mais deprimido. Finalmente, a depressão chegou a um ponto em que eu tinha dificuldade até para sair da cama de manhã. Mas todos os dias eu me obrigava a levantar, tomava banho, me barbeava e fazia tudo o que tinha de fazer. Certo dia, estava tão mal que resolvi buscar ajuda. Procurei a professora-assistente de meu curso de psicologia e pedi seu conselho. "Você está indo às aulas?", perguntou ela. "Sim", respondi. "Está em dia com suas leituras?" "Estou." "Está indo bem nas provas?" "Sim." "Bem", disse ela, "você não está deprimido."

Sim, ele estava deprimido, mas lidava com a situação da forma com que pessoas com mindset de crescimento tendem a enfrentá-la: com determinação.

Será que o temperamento tem alguma coisa a ver com isso? Não serão certas pessoas mais sensíveis por natureza, enquanto outras simplesmente são mais impermeáveis? Sem dúvida o temperamento desempenha um papel, mas o mindset é uma parte importante da história. Depois que *ensinamos* às pessoas o mindset de crescimento, elas mudam completamente a forma com a qual reagem à depressão. Quanto pior se sentem, mais motivadas ficam e melhor enfrentam seus problemas.

Em suma, quando as pessoas acreditam em traços imutáveis, estão sempre achando que correm o risco de ser avaliadas em termos de fracasso. O fracasso pode defini-las de maneira permanente. Por mais inteligentes ou talentosas que sejam, essa atitude parece incapacitá-las para o uso de seus recursos de reação.

Quando as pessoas acreditam que suas qualidades básicas podem ser desenvolvidas, os fracassos podem ser dolorosos, mas não as definem. E, se é possível expandir as capacidades — se a mudança e o crescimento são possíveis —, então ainda há muitos caminhos para o sucesso.

OS MINDSETS MUDAM O SIGNIFICADO DE ESFORÇO

Quando éramos crianças, havia a possibilidade de escolher entre a lebre talentosa, porém leviana, e a tartaruga vagarosa, porém persistente. A mensagem daquela lição era que a lentidão e a constância vencem a corrida. Mas, na verdade, será que algum de nós realmente desejou ser a tartaruga?

Não; apenas gostaríamos de ser uma lebre menos tola. Queríamos ser velozes como o vento e ter um pouco mais de estratégia — por exemplo, não tirar tantas sonecas antes da linha de chegada. Afinal, todos sabemos que é preciso cruzá-la para poder vencer.

Ao tentar priorizar o poder do esforço, a história da lebre e da tartaruga acaba por reduzir sua importância. Reforça a imagem de que o esforço é coisa para os lentos e sugere que, em raras ocasiões, quando os talentosos deixam cair a peteca, os lentos são capazes de levar vantagem.

Na verdade, até hoje me lembro do quanto amei essas pequenas criaturas, mas em nada me identificava com elas. A mensagem era a seguinte: se você tiver a infelicidade de ser o menos bem-dotado da ninhada, se lhe faltar talento, não terá necessariamente de ser um fracassado. Pode ser um doce e adorável operário, e talvez (se realmente se esforçar e conseguir resistir aos olhares de desprezo) chegue até mesmo ao sucesso.

Muito obrigada, mas prefiro ser bem-dotada.

O problema é que essas histórias reduziam a questão a opções excludentes. Ou você tem capacidade *ou* confia no esforço. E isso faz parte do mindset fixo. O esforço é para aqueles que não têm capacidade. As pessoas de mindset fixo nos dizem: "Se você tiver de se esforçar em alguma coisa, é porque não tem capacidade para fazê-la bem-feita". E acrescentam: "As coisas são mais fáceis para aqueles que são geniais de verdade".

Calvin & Hobbes, Bill Walterson/Dist. by Universal Uclick

Quando eu era uma jovem professora-assistente do Departamento de Psicologia da Universidade de Illinois, notei, certa noite, ao passar pelo prédio de psicologia, que as luzes estavam acesas em alguns gabinetes de professores. Alguns de meus colegas estavam trabalhando até tarde. *Não devem ser tão inteligentes como eu*, pensei.

Nunca me ocorreu que poderiam ser tão inteligentes quanto eu, e também mais trabalhadores! Para mim, uma coisa excluía a outra. E era claro que eu dava mais valor a uma do que à outra.

Malcolm Gladwell, escritor e colaborador da revista *New Yorker*, sugeriu que nossa sociedade dá mais importância às realizações naturais, obtidas sem esforço, do que às que requerem diligência.[45] Damos a nossos heróis qualidades super-humanas que inevitavelmente concorreram para sua grandeza. É como se Midori já saísse do útero tocando seu violino, Michael Jordan driblando e Picasso pintando. Isso retrata fielmente o mindset fixo. E está por toda parte.

Um relatório de pesquisadores da Universidade Duke faz uma advertência sobre a ansiedade e a depressão entre alunas de graduação que aspiram à "perfeição sem esforço".[46] Elas acreditam que devem exibir beleza, feminilidade e erudição perfeitas sem ter de se esforçar (ou, pelo menos, sem demonstrar que estão se esforçando).

Os norte-americanos não são os únicos a desprezar o esforço.[47] O executivo francês Pierre Chevalier diz: "Não somos uma nação que se esforça. Afinal, se você tem savoir-faire (uma mistura de know-how e tranquilidade), faz as coisas sem esforço".

No entanto, as pessoas de mindset de crescimento pensam de maneira muito diversa. Para elas, até mesmo os gênios têm de se esforçar para obter resultados.

E acrescentariam: o que pode haver de heroico em possuir um dom? Podem apreciar o talento, mas admiram o esforço, pois, qualquer que seja a capacidade de alguém, o esforço é que deflagra a capacidade e a transforma em realização.

Seabiscuit[48]

Seabiscuit era um cavalo tão machucado que deveria ser sacrificado. Na verdade, todo um grupo de pessoas – o jóquei, o proprietário, o treinador – estava de algum modo doente. Mas, graças a sua obstinada determinação e contra todas as probabilidades, transformaram-se em vencedores. Uma nação em dificuldades viu esse cavalo e seu cavaleiro como símbolos do que podia ser realizado por meio da coragem e do ânimo.

Igualmente emocionante é a história paralela da autora de *Seabiscuit*, Laura Hillenbrand.[49] Sofrendo, nos tempos de universitária, de uma grave fadiga crônica que jamais a abandonou, ela frequentemente se via incapaz de agir. Mas alguma coisa na história do "cavalo que podia" a dominou e inspirou, e, dessa maneira, ela conseguiu escrever um relato emocionante e magnífico a respeito do triunfo da força de vontade. O livro é um testemunho do sucesso de Seabiscuit e igualmente do dela.

Vistas pelo prisma do mindset de crescimento, essas histórias dizem respeito ao poder transformador do esforço – de modificar sua capacidade e você mesmo, como pessoa. Porém, ao serem filtradas pelo mindset fixo, passam a ser uma excelente narrativa sobre três homens e um cavalo, todos com deficiências, que *precisavam* se esforçar muito.

Grande esforço: alto risco

Do ponto de vista do mindset fixo, o esforço é algo exclusivo das pessoas com deficiências. E quando as pessoas sabem que são deficientes, nada têm a perder se esforçando. Mas, se você quer ser famoso por não possuir deficiências – por ser considerado genial, talentoso ou portador de aptidões inatas –, nesse caso terá muito a perder. O esforço pode *diminuí-lo*.

Nadja Salerno-Sonnenberg estreou como violinista aos dez anos de idade na Orquestra da Filadélfia.[50] Mas, quando chegou à escola Juilliard para estudar com Dorothy DeLay, a grande mestra do violino, tinha um repertório de péssimos hábitos. Seu dedilhado e os movimentos com o arco eram desajeitados, segurava o instrumento na posição errada, mas recusava-se a mudar. Depois de vários anos, viu que outros estudantes chegavam a seu nível e até mesmo a ultrapassavam, e antes dos vinte anos teve uma crise de confiança. "Eu estava habituada ao sucesso, ao rótulo de menina-prodígio nos jornais, e então me sentia fracassada."[51]

A menina-prodígio tinha medo de tentar.

> Tudo pelo que eu estava passando se resumia em medo. Medo de tentar e fracassar [...]. Quando você vai fazer um teste e não se esforça de verdade, quando não está realmente preparada, quando não treinou com o empenho que deveria, e não passa no teste, sempre há uma desculpa [...]. Nada é mais penoso do que dizer: "Fiz o melhor que podia e isso não foi suficiente".[52]

A ideia de se esforçar e mesmo assim fracassar — ficar sem desculpas — é o pior temor no mindset fixo, e isso a perseguiu e a paralisou. Ela chegou até mesmo a deixar de levar o violino para a aula!

Então, certo dia, depois de anos de paciência e compreensão, DeLay lhe disse: "Escute, se não trouxer o violino na próxima semana, vou expulsar você da minha turma".[53] Salerno-Sonnenberg achou que ela estava brincando, mas DeLay se ergueu e calmamente avisou: "Não estou brincando. Se vai desperdiçar seu talento, não quero ser sua cúmplice. Isto já está durando tempo demais".

Por que o esforço é tão assustador?

Há dois motivos. O primeiro é que, no mindset fixo, acredita-se que os grandes gênios não precisam se esforçar. Por isso, ter de fazer esforço lança uma dúvida sobre nossa capacidade. O segundo, como indica a história de Nadja, é que ele rouba todas as desculpas. Sem ter se esforçado, você sempre pode dizer: "Eu podia ter sido [qualquer nome pode preencher este espaço]". Mas, quando você faz uma tentativa, já não pode afirmar isso. Alguém um dia me disse: "Eu podia ter sido Yo-Yo Ma". Se tivesse realmente tentado, não seria capaz de dizê-lo.

Salerno-Sonnenberg ficou apavorada com a ideia de perder DeLay. Finalmente concluiu que tentar e fracassar — um fracasso honesto — era melhor do que a situação em que estava, e assim começou a se preparar com a mestra para um concurso futuro. Pela primeira vez se dedicou, e, aliás, ganhou a competição. Hoje ela diz: "Há algo que sei ser verdadeiro. É preciso esforçar-se ao máximo pelas coisas que mais amamos. E, quando nosso amor é a música, a luta é a mais difícil de toda a vida".

O medo do esforço pode ocorrer também nos relacionamentos, como aconteceu com Amanda, uma mulher jovem, bonita e dinâmica.

> Eu tive muitos namorados doidos. Muitos. Iam desde os levianos aos mal-educados. "Que tal um bom rapaz, ao menos uma vez?", sempre dizia Carla, minha melhor amiga. Era como se dissesse: "Você merece coisa melhor".
>
> Então, Carla me apresentou Rob, um rapaz que trabalhava em seu escritório. Ele foi ótimo, e não apenas no primeiro dia. Adorei. Podia dizer: "Oh, meu Deus, até que enfim um cara pontual". Então o relacionamento ficou mais sério e me assustei. Quero dizer, ele realmente gostava de mim, mas eu não conseguia deixar de pensar que, se ele me conhecesse de verdade, ia desanimar. Isto é, o que aconteceria se eu realmente me esforçasse, me esforçasse mesmo, e as coisas não dessem certo? Acho que eu não seria capaz de correr esse risco.

Pouco esforço: alto risco

No mindset de crescimento, é quase inconcebível desejar ardentemente alguma coisa, acreditar que há uma possibilidade de consegui-la e nada fazer para atingir o objetivo. Quando isso acontece, o *eu poderia ter sido* é muito doloroso, e nada reconfortante.

Poucas mulheres norte-americanas, entre as décadas de 1930 e 1950, tiveram mais êxitos do que Clare Boothe Luce.[54] Famosa como escritora e dramaturga, duas vezes eleita deputada, ela chegou a ser embaixadora na Itália. "Realmente não compreendo a palavra 'sucesso'", disse ela certa vez.[55] "Sei que as pessoas a usam a meu respeito, mas não a compreendo." Sua vida pública e suas tragédias pessoais impediram-na de voltar à sua maior paixão: escrever para o teatro. Teve grande sucesso com peças como *The Women* [As mulheres], mas como figura pública não podia estar produzindo peças picantes e sexy.

Em sua opinião, a política não proporcionava o esforço pessoal criativo a que ela dava o máximo valor, e, olhando para trás, ela não se perdoava por não ter seguido sua paixão pelo teatro. "Muitas vezes pensei", disse ela, "que, se tivesse de escrever uma autobiografia, o título seria *Autobiografia de uma fracassada*."[56]

Billie Jean King diz que tudo se resume ao que você quer ver e dizer a respeito do passado.[57] Concordo com ela. Você pode olhar para trás e dizer: "Eu podia ter sido...", polindo seus dons desperdiçados, como se fossem troféus. Também pode olhar para trás e dizer: "Dei tudo de mim pelas coisas que me importavam". Pense no que você quer ver e dizer em relação a seu passado. E, em seguida, escolha seu mindset.

Transformar conhecimento em ação

É claro que as pessoas de mindset fixo leram livros que dizem: sucesso significa ser o melhor de você mesmo, e não ser melhor do que os outros; o fracasso é uma circunstância, e não uma condenação; o esforço é a chave do sucesso. Mas não podem colocar essas ideias em prática porque a base de seu mindset – a crença em traços imutáveis – lhes diz algo completamente diferente: que o sucesso significa ser mais bem-dotado do que os demais, que o fracasso realmente nos classifica e que o esforço é para aqueles que não conseguem êxito por meio do talento.

PERGUNTAS E RESPOSTAS

A esta altura, você provavelmente tem algumas perguntas a fazer. Vamos ver se consigo responder a algumas delas.

> *Pergunta: Se as pessoas acreditam que suas qualidades são imutáveis, e se mostraram inteligentes ou talentosas, por que precisam estar constantemente provando isso? Afinal, depois que o príncipe demonstrou sua bravura, ele e a princesa foram felizes para sempre. Ele não precisava matar um dragão por dia. Por que as pessoas com mindset fixo não cumprem sua prova e depois vivem felizes para sempre?*

Porque todos os dias surgem dragões novos e maiores, e, à medida que as coisas ficam mais difíceis, talvez a capacidade provada ontem não esteja à altura do perigo de hoje. Talvez essas pessoas fossem suficientemente inteligentes para entender álgebra, mas não cálculo integral. Talvez fossem bons jogadores de beisebol nas categorias inferiores, mas não nas principais. Talvez fossem bons jornalistas no jornal da escola, mas não no *New York Times*.

Por isso estão sempre correndo para constantemente se provar, mas para onde vão? Para mim, estão sempre correndo sem sair do lugar, colecionando afirmações contínuas, mas não necessariamente chegando aonde desejam.

Você conhece esses filmes em que o personagem principal um dia acorda e percebe que sua vida não valeu a pena — ele sempre passou à frente dos demais, sem melhorar, sem aprender e sem se importar com os outros. Meu preferido é *Feitiço do tempo*, a que passei muito tempo sem assistir, porque não gostava do título. No filme, Bill Murray não apenas acorda um dia e recebe um recado; ele precisa repetir muitas vezes esse dia a fim de entendê-lo.

Phil Connors (Murray) é o homem do tempo de uma estação local em Pittsburgh que é mandado a Punxsutawney, na Pensilvânia, a fim de cobrir a cerimônia do Dia da Marmota. No dia 2 de fevereiro, uma marmota é retirada da toca; se ela enxergar sua própria sombra, acredita-se que o inverno ainda durará mais seis semanas. Se não, a primavera virá rapidamente.

Phil, que se considera um ser superior, sente absoluto desprezo pela cerimônia, pela cidade e pelo seu povo ("caipiras" e "retardados"), e, depois de deixar suas opiniões bem claras, planeja sair de Punxsutawney o mais rapidamente possível. Isso, porém, não acontece. Uma tempestade de neve cai sobre a cidadezinha e ele é obrigado a permanecer ali. Quando acorda no dia seguinte, é novamente o Dia da Marmota. A mesma canção de Sonny e Cher, "I Got You, Babe", toca no rádio relógio, e o mesmo festival da marmota está pronto para começar. Isso ocorre de novo. E mais uma vez.

No início, ele utiliza o que sabe para levar adiante sua agenda costumeira, fazer os outros de tolos. Como ele é o único a reviver aquele dia, é capaz de conversar com uma mulher num dia e utilizar a informação obtida para enganá-la, impressioná-la e seduzi-la no dia seguinte. Está no paraíso do mindset fixo. Consegue repetidamente provar sua superioridade.

Mas, depois de inúmeros dias iguais, percebe que não está conseguindo nada e tenta o suicídio. Bate com o carro, tenta eletrocutar-se, atira-se de um campanário, atravessa na frente de um caminhão. Sem saída, finalmente compreende que poderia estar utilizando aquele tempo para aprender. Começa a ter aulas de piano. Lê vorazmente. Aprende escultura no gelo. Descobre pessoas que precisam de ajuda naquele dia (um menino que cai de uma árvore, um homem que se engasga com o bife) e começa a auxiliá-las, afeiçoando-se a elas. Em pouco tempo, o dia já não é suficientemente longo! Somente quando se completa a mudança de mindset é que ele se liberta do encantamento.

Pergunta: Os mindsets são partes permanentes na estrutura de uma pessoa ou é possível modificá-los?

Os mindsets são uma parte importante de sua personalidade, mas você pode modificá-los. Simplesmente tomando conhecimento da existência dos dois mindsets, pode-se começar a raciocinar e reagir de novas maneiras. As pessoas me dizem que começam a se ver dominadas pelo mindset fixo — perdendo uma oportunidade de aprender, sentindo-se rotuladas por um fracasso, ou desanimando diante da exigência de um grande esforço. Nessas ocasiões, passam para o mindset de crescimento, garantindo que enfrentarão o desafio, aprenderão com o fracasso ou prosseguirão com seus esforços. Depois que eu e meus alunos de graduação descobrimos os mindsets, eles às vezes me surpreendiam no mindset fixo e me censuravam.

Também é importante compreender que, mesmo quando os indivíduos têm o mindset fixo, nem sempre estão nesse mindset. Com efeito, em muitos de nossos estudos, *colocamos* as pessoas no mindset de crescimento. Dizemos a elas que é possível aprender determinada habilidade e que a tarefa que lhes demos trará essa oportunidade. Ou pedimos que leiam um artigo científico que lhes ensina o mindset de crescimento. O artigo descreve pessoas que não possuíam uma capacidade inata, mas que desenvolveram habilidades extraordinárias. Essas experiências transformam os participantes de nossas pesquisas em gente que pensa segundo o mindset de crescimento, pelo menos no momento, e que também age como tal.

Mais adiante há um capítulo que trata exclusivamente da mudança. Nele descrevo pessoas que se modificaram e programas que desenvolvemos para operar a mudança.

Pergunta: Percebo em mim os dois mindsets. É possível ser meio a meio?

Todos nós temos elementos de ambos. Tenho falado deles como se um excluísse o outro apenas para simplificar.

Também é possível alguém ter diferentes mindsets em campos diferentes. Posso acreditar que minha capacidade artística é imutável, mas que minha inteligência pode ser desenvolvida. Ou então que minha personalidade é fixa, mas minha criatividade pode se desenvolver. Nossa conclusão é que, qualquer que seja o mindset adotado por uma pessoa em determinada área, será esse o que a guiará nessa área.

Pergunta: Com toda essa sua crença no esforço, está dizendo que, quando uma pessoa fracassa, a culpa é dela, por não ter se esforçado suficientemente?

Não! É verdade que o esforço é fundamental — sem ele ninguém é capaz de ter sucesso por muito tempo —, mas sem dúvida não é a única coisa que existe. As pessoas têm recursos e oportunidades diferentes. Por exemplo, quem tem dinheiro (ou pais ricos) possui uma rede de proteção. Pode correr mais riscos e levar mais tempo na busca do sucesso. As pessoas que têm facilidade de acesso a uma educação de qualidade, as que dispõem de uma rede de amigos influentes, as que sabem se colocar no lugar certo no momento adequado — todas elas têm melhores probabilidades de ver seus esforços recompensados. O esforço dos ricos, dos instruídos e dos que têm conexões funciona melhor.

Pessoas que dispõem de menos recursos, apesar de seus esforços, podem descarrilar com maior facilidade. A fábrica da cidadezinha natal onde determinado indivíduo trabalhou a vida inteira acaba fechando. E agora? O filho fica doente e ele afunda em dívidas. Perde a casa. A esposa foge com as economias do casal e ele fica com os filhos e as contas a pagar. Adeus às aulas noturnas.

Antes de julgarmos, lembremo-nos de que o esforço não chega a ser tudo e que os esforços não são iguais.

Pergunta: Você fica dizendo que o mindset de crescimento torna as pessoas vencedoras, melhores e mais bem-sucedidas. Não é verdade que o mindset de crescimento tem a ver com desenvolvimento pessoal e não com ser melhor que os outros?

Utilizo exemplos de pessoas que subiram na vida a fim de demonstrar até onde o mindset de crescimento pode nos levar: acreditar que os talentos podem ser desenvolvidos permite que as pessoas realizem seu potencial.

Além disso, um exemplo que mostrasse pessoas contentes por terem sido deixadas para trás não seria convincente para os que têm mindset fixo. Não lhes proporciona uma alternativa atraente porque parece tratar-se de uma escolha entre a diversão e a excelência.

No entanto, este ponto é fundamental: o mindset de crescimento permite efetivamente que as pessoas gostem do que fazem, e continuem a gostar mesmo diante de dificuldades. Os atletas, CEOs, músicos e cientistas de mindset de crescimento adoram suas atividades, o que não é o caso de muitos dos de mindset fixo.

Muitas pessoas de mindset de crescimento nem sequer planejaram chegar ao topo. Chegaram porque gostavam do que faziam. É uma ironia: o topo é o lugar onde os de mindset fixo anseiam estar, mas é aí que muitos dos de mindset de crescimento chegam como consequência secundária de seu entusiasmo pelo que fazem.

Este ponto também é fundamental. No mindset fixo, tudo gira em torno do resultado. Se você fracassar — ou se não for o melhor —, tudo não passou de desperdício. O mindset de crescimento permite que as pessoas deem valor ao que fazem *independentemente do resultado*. Estão enfrentando problemas, mapeando novos rumos, trabalhando em assuntos importantes. Talvez não tenham encontrado a cura do câncer, mas a busca foi profundamente significativa.

Um advogado passou sete anos combatendo o maior banco de seu estado em nome de pessoas que se sentiram prejudicadas.[58] Depois de perder a causa, disse: "Quem sou eu para afirmar que somente por haver passado sete anos tratando de um assunto devo ter direito ao sucesso? Fiz isso pelo sucesso ou porque o esforço era válido por si mesmo? Não me arrependo. Tinha de fazê-lo. Não teria feito de maneira diferente".

Pergunta: Conheço muitos workaholics com carreiras meteóricas que parecem possuir mindset fixo. Essas pessoas estão sempre procurando provar sua inteligência, mas na verdade trabalham com afinco e aceitam desafios. Como conciliar isso com sua ideia de que as pessoas de mindset fixo preferem pouco esforço e tarefas fáceis?

Em geral, pessoas de mindset fixo preferem o sucesso sem esforço, pois é a melhor maneira de provar seu talento. Mas você tem razão, também há muitas pessoas dinâmicas que acreditam que suas características são imutáveis e buscam constantemente o reconhecimento. Podem ser pessoas cujo objetivo na vida é ganhar o Prêmio Nobel ou tornar-se a pessoa mais rica do planeta — e estão dispostas a fazer o que for necessário para isso. Veremos casos assim no capítulo sobre negócios e liderança.

Essas pessoas podem estar livres da crença de que muito esforço corresponde a baixa capacidade, mas possuem as outras características do mindset fixo. Podem estar sempre demonstrando seus talentos, podem achar que seu talento as torna superiores às demais e podem ter pouca tolerância a erros, críticas ou percalços — coisas capazes de prejudicar seu progresso.

Aliás, pessoas de mindset de crescimento também gostariam de receber o Prêmio Nobel ou de ganhar muito dinheiro. Mas não procuram isso como confirmação de seu valor ou como algo que as fará melhores do que os demais.

Pergunta: E se eu gostar do mindset fixo? Se conheço meu talento e minhas capacidades, sei qual é minha situação e sei o que posso esperar. Por que abriria mão disso?

Se você gosta desse mindset, claro que deve ficar com ele. Ao apresentar os dois tipos de mindsets e os mundos que ambos criam, este livro mostra às pessoas que elas têm uma opção. O importante é que é possível escolher qual dos dois mundos você deseja habitar.

O mindset fixo gera a sensação de que você *realmente* conhece a verdade permanente a respeito de si próprio. E essa ideia pode ser reconfortante. Você não é obrigado a procurar obter isso ou aquilo, já que não possui o talento necessário. Sem dúvida, terá sucesso em outro campo, porque para isso possui talento.

Também é importante estar ciente dos inconvenientes desse mindset. Você poderá estar se privando de alguma oportunidade ao subestimar seu talento em determinada área. Poderá estar prejudicando suas possibilidades de sucesso ao presumir que não precisa se esforçar pois seu talento será suficiente para o êxito.

A propósito, ter um mindset de crescimento não o obriga a desejar atingir determinado objetivo. Apenas o informa de que você pode desenvolver suas capacidades. Depende de você querer ou não fazê-lo.

Pergunta: É possível mudar completamente tudo em uma pessoa?[59] *E deve-se procurar mudar tudo o que é possível?*

O mindset de crescimento é a crença de que as aptidões podem ser cultivadas. Mas isso não define a extensão possível da mudança nem quanto tempo a mudança exigirá. Tampouco significa que *tudo* possa ser modificado, como as preferências e os valores.

Certa vez, peguei um táxi, e o motorista ouvia uma ópera no rádio. Pensando em iniciar uma conversa, eu disse: "Você gosta de ópera?". "Não", respondeu ele, "odeio ópera. Sempre odiei." "Não quero ser indiscreta", retorqui, "mas então por que está ouvindo ópera?" Ele me contou que seu pai fora um apaixonado por ópera, e, sempre que podia, ouvia seus discos antigos. O motorista, homem já de meia-idade, durante vários anos vinha procurando cultivar um encantamento pela ópera. Colocava os discos para tocar, lia os libretos, mas nada adiantava. "Não se torture", aconselhei. "Há muitas pessoas cultas e inteligentes que não suportam ópera. Por que simplesmente não se considera uma delas?"

O mindset de crescimento também não determina que tudo que é *possível* mudar *deva* ser mudado. Todos precisamos aceitar algumas de nossas imperfeições, em especial aquelas que realmente não prejudicam nossa vida ou a vida de outrem.

O mindset fixo dificulta o desenvolvimento e a mudança. O mindset de crescimento é um ponto de partida para a mudança, mas cada um deve decidir por si mesmo em que direção seus esforços de mudança seriam mais úteis.

Pergunta: Não faltaria simplesmente confiança às pessoas de mindset fixo?

Não. As pessoas de mindset fixo podem ter tanta confiança quanto as de mindset de crescimento — isto é, até que aconteça alguma coisa. Mas, como se pode imaginar, sua confiança é mais frágil, pois as decepções e mesmo o esforço são capazes de enfraquecê-la.

Joseph Martocchio realizou um estudo com funcionários que estavam fazendo um curso rápido de informática.[60] Metade deles foi colocada em mindset fixo. Martocchio lhes disse que o elemento principal seria a capacidade que possuíssem. A outra metade foi colocada em mindset de crescimento. A esses ele disse que a habilidade com os computadores era suscetível de se desenvolver por meio da prática. Imersos em um ou outro desses mindsets, todos os participantes seguiram o curso.

Embora os dois grupos iniciassem as atividades com grau de confiança exatamente igual em suas capacidades para os computadores, no final do curso pareciam ter ficado diferentes. Os de mindset de crescimento adquiriram considerável confiança em suas capacidades à medida que aprendiam, apesar dos muitos erros que inevitavelmente cometiam. Mas, por causa desses erros, os de mindset fixo na verdade *perderam* a confiança em suas capacidades à medida que aprendiam!

O mesmo aconteceu com alunos de Berkeley.[61] Richard Robins e Jennifer Pals acompanharam alunos da Universidade da Califórnia, em Berkeley, durante seus anos de graduação. Verificaram que, quando os alunos usavam o mindset de crescimento, ganhavam confiança em si mesmos à medida que enfrentavam e dominavam os desafios da universidade. No entanto, a confiança dos que tinham mindset fixo se dissipava diante dos mesmos desafios.

É por isso que as pessoas de mindset fixo precisam estimular sua confiança e protegê-la. As desculpas de John McEnroe tinham esta finalidade: proteger sua confiança.

Michelle Wie era uma golfista adolescente quando resolveu enfrentar os grandes mestres.[62] Inscreveu-se no Torneio Aberto Sony, uma competição da Associação dos Golfistas Profissionais (PGA, na sigla em inglês), que congrega os melhores golfistas homens do mundo. Partindo de uma perspectiva de mindset fixo, todos correram a adverti-la de que poderia abalar gravemente sua confiança caso seu desempenho não fosse bom; que "receber críticas muito fortes no início da carreira ao enfrentar competidores de nível superior poderia prejudicar seu desenvolvimento de longo prazo". "Perder é sempre negativo", advertiu Vijay Singh, um dos principais golfistas do torneio.

Mas Wie discordou. Não estava indo ao torneio para aumentar sua confiança. "Quando vencemos torneios juvenis, é fácil vencer muitas vezes. O que estou fazendo aqui é preparar-me para o futuro." Ela buscava a experiência do aprendizado, ver o que significava jogar com os melhores golfistas do mundo numa atmosfera de competição.

Depois do torneio, a confiança de Wie não se abalou um milímetro. Ela conseguiu exatamente o que desejava. "Acho que aprendi que sou capaz de jogar neste terreno."[63] Seria uma longa jornada até chegar ao patamar dos vencedores, mas ela agora tinha noção daquilo que pretendia fazer.

Há alguns anos, recebi uma carta de uma nadadora de nível mundial.

Prezada professora Dweck,

Sempre tive problemas em relação à confiança. Meus técnicos constantemente me diziam para acreditar cem por cento em mim mesma. Diziam-me que não permitisse dúvidas em minha cabeça e que sempre pensasse que eu era melhor do que qualquer outra atleta. Para mim, era difícil fazer isso, porque tenho consciência de meus defeitos e dos erros que cometo em cada competição. Tentar considerar-me perfeita era ainda pior. Mas li seus trabalhos sobre a importância de concentrar-se no aprendizado e no aperfeiçoamento. Isso me modificou. É possível trabalhar meus defeitos! Agora os erros não parecem tão importantes. Quis escrever-lhe esta carta porque a senhora me ensinou a ter confiança. Obrigada.

Sinceramente,
Mary Williams

Uma coisa notável que aprendi em minha pesquisa é que no mindset de crescimento nem sempre é *necessário* confiança.

O que quero dizer é que, mesmo que você acredite que não sabe fazer bem determinada coisa, ainda assim é possível mergulhar nela com empenho e perseverar. Na verdade, às vezes você se dedica a alguma coisa exatamente *porque* não sabe fazê-la bem. Essa é uma característica maravilhosa do mindset de crescimento. Você não precisa achar que é competente em algo para desejar fazê-lo e ter prazer nisso.

Este livro foi uma das coisas mais difíceis que já fiz. Li infindáveis livros e artigos. As informações que obtive foram muitíssimas. Nunca havia escrito de maneira simples. Isso me intimidava. Parece ter sido fácil para mim? Há muito tempo, isso era exatamente o que eu queria que você pensasse. Mas agora quero que saiba o esforço que custou, e a alegria que proporcionou.

DESENVOLVA SEU MINDSET

- Todas as pessoas nascem gostando de aprender, mas o mindset fixo pode matar esse prazer. Pense em alguma ocasião em que você fazia algo com prazer: montar um quebra-cabeça, praticar um esporte, aprender uma nova dança. De repente ficou difícil e você quis desistir. Talvez tivesse se sentido repentinamente cansado, tonto, aborrecido ou com fome. Da próxima vez que isso acontecer, não se deixe enganar. É o mindset fixo. Imagine que seu cérebro está formando novas conexões à medida que você enfrenta os desafios e aprende. Vá em frente.
- Criar um mundo no qual somos perfeitos é algo tentador. (Ah, lembro-me dessa sensação na escola fundamental.) Podemos escolher os parceiros, fazer amigos, contratar pessoas que nos façam sentir irrepreensíveis. Mas raciocine – você não quer crescer nunca? Da próxima vez que se sentir tentado a ficar rodeado de adoradores, vá à igreja. Para o resto da vida, prefira a crítica construtiva.
- Há algo em seu passado que, em sua opinião, rotulou você? Uma nota em uma prova? Um ato desonesto ou rude? Ter sido despedido de um emprego? Ter sido rejeitado? Concentre-se nesse episódio. Sinta as emoções que o acompanham. Agora, coloque-se numa perspectiva de mindset de crescimento. Examine honestamente seu papel naquela situação, mas entenda que ela não define sua inteligência ou sua personalidade. Em vez disso, pergunte: *O que aprendi (ou o que posso aprender) com essa experiência? Como posso utilizá-la como base para meu aperfeiçoamento?* Leve com você essas ideias, em lugar das outras.
- De que forma você age quando está deprimido? Esforça-se mais nas coisas de sua vida ou deixa-as de lado? Da próxima vez que se sentir assim, adote o mindset de crescimento – pense em aprendizado, desafio, enfrentamento de obstáculos. Pense no esforço como uma força positiva, construtiva, e não como algo desagradável. Experimente isso.
- Há algo que você sempre quis fazer mas teve medo de não saber fazer bem? Faça planos para tentar.

3. A verdade sobre aptidão e realização

Tente imaginar Thomas Edison da maneira mais vívida possível. Pense no lugar em que ele está e no que está fazendo. Estará sozinho? Fiz essas perguntas a várias pessoas, e elas sempre diziam coisas assim:

"Está em sua oficina rodeado por vários aparelhos. Trabalha no fonógrafo, fazendo experiências. Conseguiu! [Está sozinho?] Sim, está fazendo tudo sozinho, porque só ele sabe o que está buscando".

"Está em Nova Jersey. Está numa sala parecida com um laboratório, vestindo um jaleco branco. Está curvado sobre uma lâmpada. De repente, a lâmpada funciona! [Está sozinho?] Sim. É um sujeito meio arredio, que gosta de fazer suas experiências sozinho".

Na verdade, os registros mostram uma pessoa bastante diferente, que trabalhava de maneira diversa.

Edison não era um homem solitário.[1] Para a invenção da lâmpada, empregou trinta assistentes, inclusive cientistas competentes, muitas vezes trabalhando dia e noite num laboratório moderníssimo, financiado por uma empresa!

As coisas não aconteceram de repente. A lâmpada elétrica se tornou o símbolo daquele momento único em que aparece a solução brilhante, mas não houve um momento singular de invenção. Na verdade, a lâmpada não constitui um único invento, ela representa todo um conjunto de invenções que exigiram muito tempo, cada qual a cargo de um ou mais químicos, matemáticos, físicos, engenheiros e sopradores de vidro.

Edison não era um amador engenhoso nem um sábio do outro mundo. O chamado "Feiticeiro de Menlo Park" era um empresário sagaz, que tinha perfeita consciência do potencial comercial de suas invenções. Também sabia lidar com a imprensa, e às vezes passava à frente de outros ao se apresentar como *o* inventor de alguma coisa, porque sabia como se promover.

Claro, Edison era um gênio. Mas nem sempre era genial. Seu biógrafo, Paul Israel, investigando todas as informações disponíveis, acredita que ele tenha sido uma pessoa mais ou menos comum de seu tempo e lugar. Quando jovem, interessava-se por experiências e aparelhos mecânicos (talvez com mais avidez do que a maioria das pessoas), mas as máquinas e a tecnologia faziam parte da experiência comum dos rapazes normais do Meio-Oeste norte-americano.

O que acabou por distingui-lo foram seu mindset e sua tenacidade. Ele nunca deixou de ser um menino curioso que gostava de mecânica e procurava novos desafios. Muito depois que outros jovens já haviam adotado os papéis que desempenhariam na sociedade, ele viajava de trem de cidade em cidade para aprender tudo o que pudesse sobre telegrafia, tornando-se cada vez mais capacitado entre os telegrafistas por meio de incessante autodidatismo e invenção. Mais tarde, para grande decepção de suas esposas, o autodesenvolvimento e as invenções continuaram a ser seu grande amor, porém unicamente em seu campo de atuação.

Há muitos mitos sobre capacidade e realização, especialmente os que falam do indivíduo brilhante e solitário que de repente produz coisas maravilhosas.

Mas a obra-prima de Darwin, *A origem das espécies*, exigiu anos de trabalho de equipe em campo, centenas de debates com colegas e mentores, diversos rascunhos preliminares e metade de uma vida de dedicação, até que tudo pudesse dar frutos.[2]

Mozart trabalhou por mais de dez anos até produzir qualquer uma das obras que hoje admiramos.[3] Antes disso, suas composições pouco tinham de original ou interessante. Na verdade, nada mais eram do que colagens de pedaços tirados de outros compositores.

Este capítulo trata dos verdadeiros ingredientes da realização. Trata dos motivos pelos quais algumas pessoas conseguem realizar menos do que se esperava delas e outras conseguem mais.

MINDSET E DESEMPENHO ESCOLAR

Desçamos da esfera celestial de Darwin e Mozart e voltemos à Terra, a fim de ver de que forma as atitudes geram as realizações na vida real. É engraçado, mas acompanhar o desenvolvimento de um aluno no mindset de crescimento me causa maior impacto do que todos os relatos a respeito de pessoas como Mozart e Darwin. Talvez porque tenha mais a ver com você e comigo – mais a ver com o que nos aconteceu e com as razões que nos fizeram chegar ao lugar em que estamos. E também tem a ver com as crianças e seu potencial.

De volta à Terra, verificamos os mindsets dos alunos durante a transição da escola de ensino fundamental para a de ensino médio: acreditavam que sua inteligência era uma característica fixa ou algo que poderiam desenvolver?[4] Depois os acompanhamos durante dois anos.

A transição para o ensino médio é uma época de grande desafio para muitos estudantes. As tarefas ficam bem mais difíceis, os critérios de avaliação mais severos e o ensino muito menos personalizado. E tudo isso acontece no momento em que os alunos estão às voltas com seus novos corpos e papéis de adolescentes. As notas ficam prejudicadas, mas o desempenho dos alunos não apresenta os mesmos prejuízos.

Realmente, não. Em nosso estudo, só os alunos de mindset fixo apresentavam declínio nas notas. Houve uma redução imediata, e, gradual mas indiscutivelmente, seu desempenho foi ficando cada vez pior durante os dois anos. Os de mindset de crescimento tiveram *aumento* em suas notas durante esse período.

Ao chegarem ao ensino médio, os desempenhos anteriores dos dois grupos eram praticamente uniformes. No ambiente mais afável da escola fundamental, haviam obtido notas e avaliações idênticas nas provas. Somente ao enfrentarem o desafio do ensino médio começaram a se diferenciar.

Eis as explicações que os estudantes de mindset fixo deram para suas notas ruins. Muitos culparam suas capacidades: "Sou o mais burro", ou "Não dou para matemática". E muitos ocultaram seus sentimentos, culpando outra pessoa: "[O professor de matemática] é um gordo safado [...] e [o professor de inglês] é porcalhão". Ou ainda: "O professor é um drogado". Essas interessantes análises do problema dificilmente proporcionam um bom roteiro para o êxito futuro.

Com a ameaça do fracasso, os alunos de mindset de crescimento, ao contrário, mobilizaram seus recursos para o aprendizado. Disseram-nos que às vezes também se sentiam sobrecarregados, mas sua reação era resistir e fazer o que fosse necessário. Eram como George Danzig. Quem?

George Danzig era aluno de graduação em matemática, em Berkeley.[5] Certo dia, como de costume, chegou atrasado à aula de matemática e rapidamente copiou do quadro-negro os dois problemas do dever de casa. Quando, mais tarde, tratou de resolvê-los, achou-os muito difíceis, e levou dias se esforçando até encontrar a solução. Na verdade, os problemas não eram dever de casa, e sim dois famosos problemas matemáticos que jamais haviam sido resolvidos.

A síndrome do menor esforço

Nosso grupo de alunos de mindset fixo que enfrentava a transição a considerava uma ameaça. Ela continha o risco de arrancar suas máscaras e transformá-los de vencedores em perdedores. Com efeito, no mindset fixo, a adolescência é um grande desafio. *Serei inteligente ou burro? Serei bonita ou feia? Sou bacana ou sou um nerd? Sou vencedor ou perdedor?* No mindset fixo, um perdedor será sempre um perdedor.

Não admira que muitos adolescentes mobilizem seus recursos não para aprender, mas para se proteger. Uma das muitas formas que utilizam para isso (além de fazer apreciações pouco lisonjeiras sobre os professores) é não se esforçar. Isso ocorre quando alguns dos estudantes mais brilhantes, como Nadja Salerno-Sonnenberg, simplesmente deixam de se empenhar. Com efeito, alunos de mindset fixo nos dizem que seu principal objetivo na escola — além de parecerem inteligentes — é fazer o mínimo esforço possível. Concordam veementemente com afirmações como as seguintes:

"Na escola, meu objetivo principal é fazer as coisas da maneira mais fácil possível, então não preciso me empenhar muito".

Essa síndrome do menor esforço frequentemente é vista como uma forma de afirmação da independência dos adolescentes em relação aos adultos, mas é também uma maneira pela qual os alunos de mindset fixo se protegem. Acham que os adultos dizem: "Agora vamos avaliar você e ver do que é capaz". E respondem: "Nada disso".

John Holt, o grande educador, diz que esses são os truques que todos os seres humanos usam quando outros os estão julgando.[6] "O pior aluno que já tivemos fora da sala de aula era uma pessoa tão madura, inteligente e interessante quanto qualquer outro em toda a escola. Onde foi que as coisas saíram dos eixos? [...] Em algum momento em sua trajetória, sua inteligência se dissociou da vida escolar."

Para os estudantes de mindset de crescimento, parar de se esforçar não faz sentido. Para eles, a adolescência é uma época de oportunidade: tempo de aprender novas matérias, tempo de descobrir do que gostam e o que querem ser no futuro.

Mais à frente, relatarei o projeto no qual ensinamos o mindset de crescimento aos alunos do primeiro ano do ensino médio. O que quero mostrar agora é a forma pela qual esses ensinamentos liberaram seus esforços. Certo dia, estávamos apresentando o mindset de crescimento a um novo grupo de estudantes. De repente, Jimmy — o rapazinho que deliberadamente menos se esforçava em todo o grupo — ergueu os olhos cheios de lágrimas e disse: "A senhora quer dizer que não tenho de ser burro?". Daquele dia em diante, ele se empenhou. Começou a dormir mais tarde para terminar seus deveres de casa, com os quais jamais se preocupara antes. Começou a entregar trabalhos o mais cedo possível, para obter avaliações e estudá-las. Passou a acreditar que se esforçar não era algo que o tornava vulnerável, e sim algo que o tornava mais inteligente.

Descubra seu cérebro

Um amigo íntimo recentemente me entregou algo que escreveu, uma história em versos que me fez recordar Jimmy e a libertação de seu esforço. A sra. Beer, que tinha sido professora de meu amigo no segundo ano, pediu que cada aluno recortasse um cavalo de papel. Depois, alinhou todos os cavalos acima do quadro-negro e transmitiu sua mensagem do mindset de crescimento: "Seu cavalo é tão rápido quanto seu cérebro. Toda vez que aprenderem alguma coisa, seu cavalo se moverá para a frente".

Meu amigo não conhecia bem essa coisa de "cérebro". Seu pai sempre lhe dizia: "Você tem muita língua e pouco cérebro, e isso não é bom". Além disso, seu cavalo parecia preso à linha de partida, enquanto "os cavalos dos outros participavam da corrida do aprendizado", especialmente os de Hank e Billy, os gênios da classe, cujos cavalos saltavam na frente de todos os demais. Mas meu amigo continuou se esforçando. Para melhorar suas aptidões, tratava de ler histórias em quadrinhos com a ajuda da mãe e somava os pontos quando jogava cartas com a avó.

> E em breve meu ágil potro
> saltou para a frente como um furacão,
> e ninguém foi capaz de detê-lo.
> Durante semanas e meses,
> ele se lançou adiante, superando
> os demais, um por um.
> Na reta de chegada do fim da primavera,
> os cavalos de Hank e Billy estavam na frente
> mas, depois de alguns exercícios de subtração,
> quando a última sineta da escola soou,
> meu cavalo venceu — "Por um focinho!".
> Descobri então que eu tinha um cérebro:
> meu cavalo era a prova.
>
> — PAUL WORTMAN

É claro que o aprendizado não deve ser uma corrida. Mas aquele páreo ajudou meu amigo a descobrir seu cérebro e a conectá-lo a sua instrução escolar.

A transição para o curso superior[7]

Outra transição, outra crise. A faculdade é o momento em que todos os melhores alunos do ensino médio se juntam. Assim como nossos alunos de pós-graduação, ontem eles se sentiam como reis; mas, hoje, quem são?

Em nenhum lugar a ansiedade decorrente do fato de se sentirem destronados é mais palpável do que nas aulas preparatórias para a pós-graduação em medicina. No capítulo anterior, mencionei o estudo que fizemos com promissores estudantes de graduação que faziam o primeiro curso superior de química. Esse curso é que lhes proporcionaria — ou negaria — a entrada no currículo preparatório de medicina, e sabe-se que os alunos farão tudo o que puderem para se dar bem nele.

No início do semestre, verificamos os mindsets dos estudantes e, em seguida, os acompanhamos durante o curso, observando suas notas e fazendo perguntas sobre o andamento de seus estudos e sobre suas estratégias. Novamente comprovamos que os alunos de mindset de crescimento obtinham melhores notas. Mesmo quando iam mal em uma prova, recuperavam-se nas seguintes. Quando os de mindset fixo não se davam bem, frequentemente não conseguiam recuperação.

Nesse curso, todos estudavam. Mas há diferentes maneiras de estudar. Muitos alunos estudam assim: leem o livro e as anotações que fazem nas aulas. Se a matéria for difícil, leem mais de uma vez. Ou então procuram memorizar tudo o que podem, como um aspirador de pó. Assim estudavam os de mindset fixo. Se não iam bem na prova, concluíam que química não era sua vocação. Afinal, "fiz o melhor que podia, não fiz?".

Nada disso. Eles se espantariam se soubessem o que faziam os alunos de mindset de crescimento. Eu mesma acho notável.

Eles dominavam completamente seu aprendizado e sua motivação. Não mergulhavam numa memorização irrefletida da matéria do curso. Conforme disseram: "Procurei traçar linhas gerais e princípios básicos enquanto assistia às aulas", ou "Examinei meus erros até certificar-me de que os havia compreendido". Estudavam para aprender, e não apenas para passar na prova. Na verdade, por isso tiravam notas melhores, e não por serem mais inteligentes ou porque tivessem se preparado melhor anteriormente.

Em vez de perder a motivação quando a aula ficava muito chata ou difícil, diziam: "Conservei meu interesse pela matéria", "Mantive uma atitude positiva quanto ao estudo da química", "Continuei motivado para o estudo". Mesmo quando achavam que o livro era chato ou que o professor era enfadonho, não permitiam que a motivação se dissipasse. Pelo contrário, mantê-la, nesse caso, se tornava ainda mais importante.

Recebi um e-mail de uma de minhas alunas de graduação pouco depois de lhe haver ensinado o mindset de crescimento. Eis a forma pela qual ela estudava anteriormente: "Quando enfrentava um tema realmente difícil eu procurava ler o texto repetidas vezes". Depois de aprender o mindset de crescimento, ela começou a utilizar estratégias melhores, que davam certo:

Professora Dweck:

Hoje Heidi [a professora-assistente] entregou os resultados da prova, e eu não sabia se chorava ou se sentava. Heidi lhe dirá que eu parecia ter acabado de ganhar na loteria (e me sinto realmente assim)! Não posso acreditar que tenha ido TÃO BEM. Esperava passar raspando. O encorajamento que a senhora me deu servirá muito em minha vida [...].

Acho que tirei uma nota muito boa, mas não a ganhei sozinha. Professora Dweck, a senhora não apenas ensina sua teoria, mas também a DEMONSTRA. Muito obrigada pela lição. É muito valiosa, talvez a mais valiosa que aprendi na Columbia. E é claro que vou fazer ISSO [usar essas estratégias] antes de CADA prova!

Muito obrigada mesmo (e a você TAMBÉM, Heidi!).

Da já não mais impotente,
June

Por raciocinarem em termos de aprendizado, as pessoas de mindset de crescimento percebem todas as diferentes formas de adquirir conhecimento. É estranho. Nossos estudantes de preparação para medicina fariam qualquer coisa para conseguir uma boa nota, menos dominar o processo que assegura esse resultado.

Igualdade?

Será que isso significa que qualquer pessoa com o mindset correto terá sempre êxito? Todas as crianças são iguais no começo? Vamos começar considerando a segunda pergunta. Não, algumas são diferentes. Em seu livro *Crianças superdotadas*, Ellen Winner oferece incríveis descrições de prodígios.[8] Há crianças que parecem já nascer com capacidades desenvolvidas e interesses obsessivos, e que se tornam espantosamente bem-sucedidas ao perseguir sem parar esses interesses.

Michael era um dos mais precoces. Brincava constantemente com letras e números, fazia infindáveis perguntas aos pais e falava, lia e lidava com matemática desde a mais tenra idade. A mãe de Michael contava que aos quatro meses ele falou: "Mamãe, papai, o que temos para o jantar?".[9] Aos dez meses, espantava as pessoas no supermercado lendo palavras nos letreiros. Todos achavam que a mãe era ventríloqua. O pai conta que aos três anos ele não apenas fazia cálculos de álgebra, mas descobria e demonstrava regras algébricas. Todos os dias, quando o pai chegava do trabalho, Michael o puxava para os livros de matemática, dizendo: "Papai, vamos trabalhar".

Ele deve ter nascido com alguma aptidão especial, mas para mim sua característica mais visível era o extremo amor pelo aprendizado e pelo desafio. Os pais não conseguiam afastá-lo de suas exigentes atividades. O mesmo é verdade em relação a todas as crianças-prodígio que Winner nos apresenta. Na maior parte das vezes, as pessoas acreditam que o "dom" é a própria aptidão. Mas o que a nutre é aquela curiosidade constante e infinita, além da busca do desafio.

Será capacidade ou mindset? Mozart teria aptidão musical ou se exercitava até deformar as mãos? Darwin teria aptidão científica ou colecionava espécimes constantemente, desde os primeiros anos de sua infância?

Fossem eles prodígios ou não, todos nós temos interesses que podem se transformar em aptidões. Quando eu era criança, as pessoas me fascinavam, especialmente os adultos. Eu ficava imaginando: *Como é que eles funcionam?* Com efeito, há alguns anos um primo me recordou de um episódio ocorrido quando ambos tínhamos cinco anos. Estávamos na casa de minha avó, e meu primo tinha brigado com a mãe porque queria comer algumas guloseimas. Mais tarde, nós dois nos reunimos na varanda da frente e eu disse a ele: "Não seja tolo. Os adultos gostam de achar que quem manda são eles. Diga que sim, e coma o que quiser, quando tiver vontade".

Seriam essas as palavras de uma psicóloga desabrochando? Só sei que meu primo me disse que esse conselho lhe foi muito valioso. (É interessante assinalar que ele se tornou dentista.)

Todos podem se dar bem?

Voltemos agora à primeira pergunta. Todos são capazes de grandes façanhas usando o mindset correto? Você conseguiria entrar na pior escola de ensino médio de seu estado e ensinar aos alunos cálculo de nível universitário? Se conseguisse, uma coisa ficaria clara: com o mindset correto e o ensinamento adequado, as pessoas são capazes de realizar muito mais do que imaginam.

A escola de ensino médio Garfield era uma das piores de Los Angeles.[10] Dizer que os alunos eram desmotivados e os professores indiferentes é uma forma branda de falar a verdade. Mas, sem pensar duas vezes, Jaime Escalante (que ficou famoso com o filme *Stand and Deliver*) ensinou cálculo integral de nível universitário a esses alunos de origem latino-americana que viviam em bairros pobres. Com seu mindset de crescimento, ele se perguntava: "*Como* posso ensinar a eles?" e não "*Conseguirei* ensinar?"; "*Qual* a melhor maneira de aprenderem?" e não "Será que eles *conseguem* aprender?".

Mas ele não só ensinou cálculo integral: ele e seu colega Benjamin Jimenez conduziram seus alunos ao mais elevado patamar nacional em matemática. Em 1987, apenas outras três escolas públicas do país tinham alunos capazes de fazer o teste de cálculo avançado. Entre essas estavam a Escola Stuyvesant e a Escola de Ciências do Bronx, ambas instituições de elite de Nova York especializadas em matemática.

Além disso, a maioria dos alunos da Garfield conseguiu nas provas notas suficientes para lhes assegurar créditos universitários. Em todo o país, naquele ano, somente algumas centenas de estudantes de origem mexicana passaram nas provas naquele nível. Isso significa que há muita inteligência por aí sendo desperdiçada pela subestimação da capacidade de desenvolvimento dos alunos.

Marva Collins[11]

Na maioria dos casos, quando as crianças se atrasam – por exemplo, quando repetem de ano –, recebem textos de nível inferior, pois se acredita que não conseguirão melhorar. Essa ideia provém do mindset fixo: esses alunos são pouco inteligentes e, por essa razão, precisam que noções simples lhes sejam repetidas constantemente. Bem, os resultados são deprimentes: os alunos repetem o ano *sem aprender mais do que já sabiam antes*.

Em vez disso, Marva Collins passou a tratar como gênios os estudantes dos bairros pobres de Chicago que haviam repetido de ano nas escolas públicas. Muitos haviam sido rotulados como "com problemas de aprendizado", "retardados" ou "emocionalmente perturbados". Praticamente todos eram apáticos. Não havia brilho em seus olhos nem esperança nos rostos.

A classe de Collins, do segundo ano da escola pública, começou com o mais baixo nível de leitura. Em junho, os alunos chegaram ao nível do quinto ano, estudando Aristóteles, Esopo, Tolstói, Shakespeare, Poe, Frost e Dickinson, à medida que progrediam.

Mais tarde, quando ela inaugurou a própria escola, o colunista Zay Smith, do *Chicago Sun-Times*, a visitou. Viu crianças de quatro anos escrevendo frases como "Vá ao médico" e "Esopo escreveu fábulas", e falando de "ditongos" e "sinais diacríticos".[12] Observou alunos da segunda série recitando trechos de Shakespeare, Longfellow e Kipling. Pouco antes, visitara uma escola em um subúrbio rico na qual os alunos nunca tinham ouvido falar em Shakespeare. "Ora bolas", disse um dos alunos de Collins, "você está dizendo que esses meninos da escola rica não sabem que Shakespeare nasceu em 1564 e morreu em 1616?"

Os alunos leem muito, mesmo durante as férias. Um menino de seis anos que entrou para a escola com o rótulo de "retardado" quatro anos mais tarde já lera 23 livros nas férias, inclusive *Um conto de duas cidades* e *Jane Eyre*. Eles leem com profundidade e compreensão. Quando crianças de três e quatro anos estavam lendo sobre Dédalo e Ícaro, um dos mais velhos exclamou: "Professora, se não aprendermos e nos esforçarmos, acabaremos fazendo um voo de Ícaro para lugar nenhum".[13] Eram comuns calorosos debates sobre *Macbeth*.

Alfred Binet acreditava ser possível transformar qualitativamente o cérebro de uma pessoa. É claro que é possível. O cérebro daquelas crianças tinha sido transformado, quer as avaliássemos pela amplitude de seus conhecimentos quer por meio de testes padronizados.

Benjamin Bloom, eminente pesquisador em educação, estudou 120 pessoas de extraordinário êxito.[14] Eram pianistas de concerto, escultores, nadadores olímpicos, tenistas de categoria mundial, matemáticos e neurologistas pesquisadores. A maior parte não havia demonstrado qualidades excepcionais na infância, e não exibira evidente talento antes que passasse a se dedicar com energia aos estudos. Mesmo no início da adolescência, em geral não era possível prever seus êxitos futuros tomando por base as qualidades que demonstravam naquela fase. Mas a persistente motivação e dedicação, junto com o apoio de que dispunham, foi o que as levou ao topo.

Bloom conclui desta forma:

> Depois de quarenta anos de pesquisas intensas sobre o aproveitamento escolar nos Estados Unidos e no exterior, minha principal conclusão é a seguinte: O que qualquer pessoa no mundo é capaz de aprender *quase* todos também serão capazes, *desde que* disponham das condições anteriores e atuais adequadas para o aprendizado.[15]

Ele não inclui os 2% ou 3% de crianças com graves deficiências nem os 1% ou 2% dos que se situam na outra extremidade, em que estão os meninos como Michael. Todos os demais *entram* em seu cálculo.

Níveis de aptidão e acompanhamento

Mas não haverá um motivo para a diferenciação dos alunos por níveis de aptidão? Suas notas nas provas e suas realizações anteriores já não demonstraram qual é sua aptidão? Lembremo-nos de que esses indicadores nos dizem em que ponto está um aluno, mas não aonde poderá chegar.

Falko Rheinberg, pesquisador alemão, estudou professores de ensino fundamental de mindsets diversos.[16] Alguns deles com o mindset fixo. Achavam que os alunos que vinham a suas aulas com níveis diversos de aproveitamento eram profunda e permanentemente diferentes:

"Segundo minha experiência, o aproveitamento dos alunos permanece mais ou menos constante durante o período de um ano".

"Se eu souber a inteligência dos alunos, sou capaz de prever com bastante precisão sua carreira escolar".

"Como professor, não exerço influência sobre a capacidade intelectual dos alunos".

Assim como a sra. Wilson, minha professora do sexto ano, esses professores pregavam e praticavam o mindset fixo. Em suas aulas, os alunos que começavam o ano no grupo de alta capacidade terminavam o ano nesse nível, e os que começavam o ano no grupo de menor capacidade ali permaneciam.

Mas alguns professores pregavam e praticavam o mindset de crescimento. Concentravam-se na ideia de que todas as crianças seriam capazes de desenvolver suas aptidões, e em suas aulas acontecia uma coisa estranha. O fato de começarem no grupo de alta ou baixa capacidade não tinha relevância para o desempenho dos alunos. Todos terminavam o ano em nível elevado. Observar esses resultados é uma experiência poderosa. As diferenças entre os grupos simplesmente haviam desaparecido sob a orientação de professores que ensinavam com o objetivo de aperfeiçoar, pois esses professores haviam encontrado uma forma de chegar aos alunos "de baixa capacidade".

A maneira pela qual os professores podem pôr em prática o mindset de crescimento é matéria de outro capítulo, mas eis uma visão preliminar do que fez Marva Collins, a famosa professora. No primeiro dia de aula, ela se aproximou de Freddie, aluno reprovado do segundo ano, que já não queria mais nada com a escola. "Vamos, meu querido", disse ela, segurando o rosto dele entre as mãos, "temos de trabalhar. Não se pode simplesmente ficar sentado e aprender sozinho [...]. Prometo, você vai *fazer* e vai *produzir*. Não vou deixar que você fracasse."[17]

Resumo

O mindset fixo limita as realizações. Enche a mente das pessoas com pensamentos perturbadores, torna desagradável o esforço e leva a estratégias de aprendizado inferiores. Mais do que isso, transforma as outras pessoas em juízes, em vez de aliados. Quer estejamos falando de Darwin quer de universitários, as realizações importantes exigem grande concentração, esforço total e um baú cheio de estratégias. E também aliados para o aprendizado. Isso é o que o mindset de crescimento nos dá, e por isso permite que nossas capacidades se desenvolvam e frutifiquem.

APTIDÃO ARTÍSTICA É UM DOM?

Apesar da crença geral de que a inteligência é inata, e não construída, não é difícil imaginar, se realmente pensarmos no assunto, que as pessoas sejam capazes de desenvolver suas aptidões intelectuais. O intelecto tem muitas facetas. É possível desenvolver habilidades verbais, matemático-científicas ou pensamento lógico, e assim por diante. Mas, quando se trata de aptidão artística, parece mais um dom divino. Por exemplo, algumas pessoas parecem ser naturalmente capazes de desenhar bem, outras não.

Até mesmo eu acreditava nisso. Enquanto alguns de meus amigos, sem qualquer aprendizado, davam a impressão de não fazer esforço para desenhar divinamente, minha capacidade nesse campo cessou na escola fundamental. Por mais que tentasse, o resultado era sempre primário e desanimador. Possuo outras habilidades artísticas: sou boa projetista, sou ótima com as cores e tenho um sentido sutil de composição. Além disso, tenho boa coordenação entre os olhos e as mãos. Por que não era capaz de desenhar? Certamente porque me faltava o dom.

Devo confessar que isso não me preocupava muito. Afinal de contas, quando você *precisa* desenhar? Descobri isso certa noite, num jantar oferecido por um homem fascinante. Era um senhor idoso, um psiquiatra, que escapara do Holocausto. Aos dez anos de idade, na Checoslováquia, voltou certo dia da escola com o irmão e viu que os pais haviam desaparecido. Tinham sido levados. Sabendo que um tio morava na Inglaterra, os dois meninos foram a pé até Londres e o encontraram.

Poucos anos depois, mentindo a respeito da idade, meu anfitrião se alistou na Força Aérea britânica durante a guerra. Foi ferido e casou-se com a enfermeira, entrou para a escola de medicina e desenvolveu uma próspera carreira nos Estados Unidos.

Ao longo dos anos, ele se interessou muito por corujas. Achava que essas aves possuíam características que ele admirava, e gostava de pensar em si próprio como semelhante a elas. Além das muitas estatuetas de corujas em sua casa, tinha também um livro no qual pedia a seus convidados que deixassem o desenho de uma coruja e escrevessem alguma coisa para ele. Ao estender-me o livro e explicar sua importância, senti-me honrada e horrorizada. Principalmente horrorizada. Ainda mais pelo fato de que minha criação não ficaria enterrada em algum lugar no meio do livro, mas adornaria a última página.

Não descreverei a intensidade de meu desconforto ou a má qualidade de minha obra de arte, mas ambas as coisas eram dolorosamente evidentes. Conto essa história como prelúdio do espanto e da alegria que senti ao ler *Desenhando com o lado direito do cérebro*. Em páginas opostas, de frente uma para a outra, estavam o antes e o depois de autorretratos das pessoas que fizeram um rápido curso de desenho com a autora, Betty Edwards.[18] Elas haviam feito autorretratos ao iniciar o curso e *cinco dias* depois, ao terminá-lo.

"Drawings from the five-day seattle class" de THE NEW DRAWING ON THE RIGHT SIDE OF THE BRAIN: A COURSE IN ENHANCING CREATIVITY AND ARTISTIC CONFIDENCE, copyright © 1979, 1989, 1999 by Betty Edwards. Usada com permissão da Tarcher, um selo da Penguin Publishing Group, uma divisão da Penguin Random House LLC. Todos os direitos reservados.

Os resultados são fantásticos. No começo, essas pessoas não pareciam ter muita habilidade artística. A maior parte das figuras que desenhavam lembrava a minha coruja. Mas poucos dias depois já eram capazes de desenhar de verdade! E Edwards jura que é sempre assim. Parece impossível.

Edwards concorda que a maioria das pessoas considera a aptidão para o desenho uma coisa mágica que somente alguns poucos possuem e somente alguns poucos possuirão. Mas é porque as pessoas não compreendem os componentes — os componentes do desenho *que podem ser aprendidos*. Na verdade, diz ela, não se trata de aptidão para desenhar, mas de capacidade de *ver*. É a capacidade de perceber fímbrias, espaços, relações, luzes e sombras, e a totalidade. Para fazer um desenho, é preciso aprender a desenhar cada componente e, em seguida, combinar em um único processo as habilidades aprendidas. Algumas pessoas simplesmente adquirem essas aptidões no decurso natural de suas vidas, enquanto outras precisam esforçar-se para aprendê-las e combiná-las. Mas, como podemos ver pelos autorretratos "depois", qualquer pessoa é capaz de fazê-lo.

Eis o que isso significa: *Só porque algumas pessoas são capazes de fazer uma coisa com pouco ou nenhum aprendizado, isso não significa que outros não possam fazê-la (e às vezes a fazem até melhor) com treinamento.* Isso é muito importante, porque grande parte das pessoas de mindset fixo acha que as realizações do início da vida já revelam tudo sobre o talento e o futuro de alguém.

Jackson Pollock[19]

Teria sido realmente uma pena se Jackson Pollock tivesse sido desestimulado pelos outros por esse motivo. Os especialistas concordam que Pollock tinha pouco talento nato para as artes, e, quando olhamos suas obras iniciais, isso fica evidente. Concordam também que ele se tornou um dos grandes pintores norte-americanos do século XX e que revolucionou a arte moderna. Como conseguiu passar do ponto A para o ponto B?

Twyla Tharp, famosa coreógrafa e dançarina, escreveu um livro intitulado *The Creative Habit* [O hábito criativo].[20] Como se depreende do título, ela argumenta que a criatividade não é um ato mágico de inspiração. É o resultado de trabalho árduo e dedicação. *Até mesmo para Mozart*. Lembram-se do filme *Amadeus*? Lembram-se de que o filme mostrava Mozart compondo com facilidade uma obra-prima após outra, enquanto seu rival, Salieri, morria de inveja? Bem, Tharp examinou esse filme e sua opinião é: "Nada disso! Bobagem! Não existem gênios 'naturais'".[21]

Jackson Pollock passou do ponto A ao ponto B por meio da dedicação. Ele se apaixonou pela ideia de se tornar artista. Pensava em arte o tempo todo, e fazia arte o tempo todo. Por ser tão entusiasmado, fez com que outras pessoas o levassem a sério e o instruíssem até que aprendeu tudo o que havia para aprender e começou a produzir obras surpreendentemente originais. Seus quadros "derramados", cada qual absolutamente incomparável, permitiram-lhe desenhar a partir de seu inconsciente e comunicar uma imensa gama de sentimentos. Há alguns anos tive o privilégio de presenciar uma exposição desses quadros no Museu de Arte Moderna de Nova York. Fiquei impressionada com a força e a beleza de cada peça.

Qualquer pessoa será capaz de fazer *qualquer coisa*? Na verdade, não sei. No entanto, creio que agora podemos concordar que as pessoas são capazes de fazer muito mais do que parece à primeira vista.

O PERIGO DOS ELOGIOS E DOS RÓTULOS POSITIVOS[22]

Se as pessoas possuem tanto potencial para realizar, como podem ganhar confiança em seu potencial? Como podemos lhes dar a segurança de que precisam para realizá-lo? Que tal elogiar sua habilidade, a fim de comunicar que elas possuem o que é necessário para vencer? Na verdade, mais de 80% dos pais nos afirmaram que é preciso elogiar a habilidade das crianças, para estimular sua confiança e suas realizações. Todos achamos que isso faz muito sentido.

Mas depois ficamos preocupados. Pensamos nas pessoas que têm mindset fixo, e sabemos que elas já prestam muita atenção em sua capacidade: "Será suficiente?", "Vão achar que fiz bem?". Elogiar as aptidões das pessoas não fará com que prestem ainda mais atenção nelas? Isso não equivaleria a lhes dizer que é isso que valorizamos e, mais, que podemos saber, por meio de seu desempenho, quais são suas capacidades ocultas mais profundas? Isso não equivaleria a lhes ensinar o mindset fixo?

Adam Guettel foi considerado o príncipe herdeiro e o salvador do teatro musical.[23] Ele é neto de Richard Rodgers, que escreveu a trilha sonora de clássicos como *Oklahoma!* e *Carousel*. A mãe de Guettel se entusiasma com o gênio do filho. Todos os demais também. "Ali há talento, e dos grandes", proclamou com admiração uma crítica no *New York Times*. A questão é saber se esse tipo de elogio estimula as pessoas.

O bom das pesquisas é que você pode fazer esse tipo de pergunta e depois procurar obter as respostas. Por isso fizemos estudos com centenas de estudantes, principalmente no início da adolescência. Primeiro demos a todos um conjunto de problemas bem difíceis, retirados de um teste não verbal de aferição de QI. A maior parte deles se saiu bastante bem, e, quando terminaram, nós os elogiamos.

A alguns, elogiamos por sua aptidão. Dissemos: "Que beleza, você conseguiu [por exemplo] acertar oito. É um resultado muito bom. Você deve ser bom nisso". Esses estavam na posição de Adam Guettel: *você é muito talentoso*.

Elogiamos outros por seu esforço. "Que beleza, você conseguiu [por exemplo] acertar oito. É um resultado muito bom. Você deve ter se esforçado bastante." Não os fizemos imaginar que possuíam algum dom especial; foram elogiados por fazerem o que era preciso para ter êxito.

Ambos os grupos eram exatamente iguais no início. Mas, logo depois dos elogios, começaram a se diferenciar. Como temíamos, os elogios da aptidão impeliram os alunos ao mindset fixo, e eles demonstraram todos os sinais disso: quando lhes oferecemos uma escolha, rejeitaram uma nova tarefa desafiadora com a qual poderiam aprender. Não queriam fazer nada que revelasse suas deficiências e representasse um questionamento de seu talento.

Quando Guettel tinha treze anos, estava pronto para ser o protagonista de *Ahmahl e os visitantes da noite*, para uma apresentação da Ópera Metropolitana e um filme para a TV. Mas desculpou-se, dizendo que tinha tido problemas com a voz. "Creio que fingi que minha voz estava mudando [...]. Eu não queria enfrentar a pressão."

Em contraste, quando os alunos foram elogiados por seu esforço, 90% deles aceitaram a nova tarefa com a qual poderiam aprender.

Em seguida, demos a eles alguns problemas realmente difíceis, nos quais não tiveram muito êxito. Os elogiados por sua aptidão passaram a achar que não deviam ser tão inteligentes assim. Se o sucesso significara que eram inteligentes, nesse caso um êxito relativo devia significar que eram deficientes.

Guettel confirma isso. "Na minha família, quem é bom é um fracassado. Quem é *muito bom* também [...] a única coisa que *não* significa um fracasso é ser ótimo."

Os alunos elogiados pelo esforço simplesmente acharam que a dificuldade significava: "Faça mais esforço ou tente novas estratégias". Não consideraram aquilo um fracasso, e não imaginaram que tivesse reflexos em seu intelecto.

E quanto ao prazer dos alunos em resolver os problemas? Depois do sucesso, todos adoraram os problemas, mas, depois que apareceram os mais difíceis, os do grupo da aptidão disseram que já não estavam se divertindo. Ninguém pode ficar contente quando sua razão para ser famoso, isto é, seu talento especial, está sendo colocada em dúvida.

Assim diz Adam Guettel: "Eu gostaria de me divertir, ficar tranquilo, sem ter a responsabilidade desse potencial para me tornar um *grande homem*". Assim como ocorrera com os jovens em nosso estudo, a carga do talento prejudicava seu prazer.

Os alunos elogiados por seu esforço continuaram a adorar os problemas, e muitos deles disseram que as questões difíceis eram as mais divertidas.

Depois, verificamos o desempenho de todos eles. Após experimentar a dificuldade, o desempenho daqueles do grupo elogiado pela aptidão caiu acentuadamente, mesmo quando lhes demos problemas mais fáceis. Ao perderem a confiança em sua capacidade, haviam piorado em relação ao início do estudo. Os do grupo do esforço demonstraram melhor desempenho. Tinham utilizado os problemas mais difíceis para aperfeiçoar suas aptidões e, ao retornarem aos fáceis, estavam muito adiante.

Como esse estudo era uma espécie de teste de QI, é possível dizer que elogiar a capacidade reduziu o QI dos alunos, e elogiar o esforço elevou-o.

Guettel não progredia. Estava tomado por tiques nervosos obsessivo-compulsivos, roía as unhas até sangrar. "Passe um minuto com ele — basta um — e verá que por trás dos tiques começa a aparecer um quadro de terror", disse um entrevistador. Guettel também enfrentava problemas graves e recorrentes com drogas. Em vez de dar-lhe força, seu "dom" o encheu de temor e dúvida. Em vez de realizar seu talento, esse compositor brilhante passou a vida fugindo dele.

Uma coisa permite ter esperança: seu reconhecimento de que ele próprio terá de seguir o curso de sua vida e que este não será ditado por outras pessoas e pela opinião que possam ter sobre seu talento. Certa noite, ele sonhou com o avô. "Eu seguia com ele para um elevador. Perguntei se eu valia alguma coisa. Ele respondeu, com ar bondoso: 'Você tem sua própria voz'."

A voz está finalmente emergindo? Em 2005, Guettel ganhou o prêmio Tony pela partitura de *The Light in the Piazza* [A luz na Piazza], um musical de grande intensidade romântica. Ele aceitará essa vitória como um elogio a seu talento ou um elogio a seu esforço? Espero que a segunda opção seja a verdadeira.

Houve mais uma descoberta em nosso estudo, ao mesmo tempo surpreendente e preocupante. Dissemos a cada um dos alunos: "Sabe, vamos fazer esse estudo também em outras escolas, e apostamos que os alunos de lá vão querer saber o que vocês acharam dos problemas". Assim, entregamos a todos uma folha em branco para que escrevessem o que pensavam, mas deixamos também um espaço para que escrevessem o resultado que tinham obtido no teste.

Você acreditaria que quase 40% dos alunos do grupo que foi elogiado pela aptidão *mentiram* sobre os resultados que tinham obtido? E sempre no mesmo sentido. No mindset fixo, as imperfeições são vergonhosas, especialmente para os talentosos, e por isso eles preferem escondê-las.

O que é alarmante é que trabalhamos com crianças normais e as transformamos em mentirosas, simplesmente porque lhes dissemos que eram inteligentes.

Logo depois de redigir esses parágrafos, conversei com um jovem que dá aulas particulares a candidatos aos exames da College Board [Junta Universitária norte-americana]. Ele viera me consultar a respeito de uma de suas alunas, que fazia provas para se exercitar e depois mentia sobre os resultados. Ele deveria ensinar o que ela não sabia, mas ela não conseguia dizer a verdade quanto ao que não sabia! E está pagando para ter as aulas.

Assim, dizer às crianças que são inteligentes, afinal de contas, acabou fazendo com que se sentissem burras e agissem como tais, mas afirmassem ser inteligentes. Não creio que seja isso o que pretendemos quando damos a alguém rótulos positivos, como "superdotado", "talentoso" ou "brilhante". Não queremos lhes roubar o entusiasmo diante dos desafios nem suas receitas para o sucesso. Mas esse é o risco que se corre.

Eis uma carta de um homem que leu alguns de meus trabalhos:

> Prezada dra. Dweck,
>
> Foi muito doloroso ler seu capítulo [...] eu me reconheci nele.
>
> Quando criança, eu era membro da Associação das Crianças Superdotadas e era constantemente elogiado por minha inteligência. Hoje em dia, depois de uma vida inteira sem conseguir desempenhar-me à altura de meu potencial (tenho 49

anos), estou aprendendo a me dedicar às tarefas, e também a não considerar o fracasso um sinal de estupidez, mas sim falta de experiência e habilidade. Seu capítulo me ajudou a me ver por outro prisma.

Seth Abrams

Esse é o perigo dos rótulos positivos. Há opções, e voltarei a elas mais tarde no capítulo sobre pais, professores e técnicos esportivos.

OS RÓTULOS NEGATIVOS E COMO FUNCIONAM

Já fui um prodígio em matemática. No ensino médio, consegui uma nota 9,9 em álgebra, 9,9 em geometria e 9,9 em trigonometria, e era da equipe de matemática. Tive um resultado elevadíssimo juntamente com garotos da Aeronáutica no teste de capacidade visual/espacial, e por essa razão passei vários anos recebendo propostas para ingressar na Força Aérea.

Então veio um professor chamado Hellman, que achava que as meninas não tinham jeito para a matemática. Minhas notas diminuíram e nunca mais estudei matemática.

Na verdade, eu concordava com o sr. Hellman, mas achava que aquilo não se aplicava a *mim*. As *outras* meninas não eram boas em matemática. Mas o sr. Hellman achava que isso também se aplicava a mim, e sucumbi.

Todos sabem que rótulos negativos são prejudiciais, e por isso imaginariam que esta seção seria curta. Mas não é o caso, porque os psicólogos estão começando a descobrir *de que forma* os rótulos negativos prejudicam o desempenho.

Ninguém conhece melhor os rótulos negativos sobre a capacidade do que membros de grupos estereotipados. Por exemplo, os afro-americanos sabem que são estereotipados como pouco inteligentes. As mulheres sabem que são estereotipadas como fracas em matemática e ciências. Mas não tenho certeza de que sabem o quanto esses estereótipos são assustadores.

Uma pesquisa de Claude Steele e Joshua Aronson mostra que até mesmo a especificação de raça ou sexo num formulário é capaz de deflagrar o estereótipo e reduzir o desempenho.[24] Quase tudo o que lembra a uma pessoa que ela é negra ou do sexo feminino, antes de fazer um teste para o qual se convencionou que esses grupos são fracos, fará com que o seu desempenho seja pior, e muito. Em muitos de seus estudos, o desempenho dos negros se mostrou igual ao dos brancos, e o das mulheres igual ao dos homens, quando o estereótipo não era suscitado. Mas basta que haja homens junto com uma mulher na sala do teste de matemática para que as notas dela caiam vertiginosamente.

Eis o motivo. Quando se evoca o estereótipo, a mente das pessoas se enche de pensamentos que as distraem — o secreto receio de confirmá-lo. As pessoas em geral nem sequer percebem, mas não lhes restam poderes mentais suficientes para fazer seu melhor no teste.

No entanto, isso não ocorre com todos. Acontece principalmente com as pessoas de mindset fixo. Os estereótipos atacam-nas quando pensam em termos de características permanentes. Os estereótipos negativos dizem: "Você e seu grupo são permanentemente inferiores". Essa mensagem repercute somente em pessoas de mindset fixo.

Assim, no mindset fixo, os estereótipos, tanto positivos quanto negativos, perturbam a mente. Quando você recebe um rótulo positivo, receia perdê-lo; ao receber um negativo, receia merecê-lo.

Quando as pessoas têm o mindset de crescimento, o estereótipo não perturba seu desempenho. O mindset de crescimento reduz a agressividade do estereótipo e dá a elas mais capacidade de reação. Essas pessoas não acreditam na inferioridade permanente. E se *estiverem* efetivamente em posição inferior, nesse caso se esforçarão mais e procurarão se equiparar.

O mindset de crescimento também possibilita às pessoas, mesmo em um ambiente ameaçador, aproveitarem o que podem e necessitam. Pedimos a alunos afro-americanos que escrevessem um ensaio para um concurso.[25] Dissemos que, quando terminassem, os ensaios seriam avaliados por Edward Caldwell III, famoso professor cujos antecedentes acadêmicos eram da Ivy League. Isto é, um representante do *establishment* branco.

A avaliação de Edward Caldwell III foi bastante crítica, mas também útil, e a reação dos alunos variou muito. Os de mindset fixo consideraram-na uma ameaça, um insulto ou um ataque. Rejeitaram Caldwell e suas opiniões.

Eis o que disse um dos alunos de mindset fixo: "Ele é mal-intencionado, não avalia bem, ou está visivelmente influenciado. Não gosta de mim".

Outro disse: "Ele é um idiota pomposo [...] parecia estar procurando qualquer coisa que pudesse desqualificar o meu trabalho".

Outro ainda descartou a avaliação, acusando-o: "Ele não compreende a concisão de meu raciocínio. Achou que era vago porque estava impaciente ao ler. Não gosta de criatividade".

Nenhum deles aprenderá nada com o feedback de Caldwell.

Os alunos de mindset de crescimento podem tê-lo considerado um dinossauro, mas um dinossauro com o qual poderiam aprender alguma coisa.

"Antes da avaliação, eu o achava arrogante e exigente demais. [E depois da avaliação?] A primeira palavra que me vem à mente é 'justo' [...]. Parece um novo desafio."

"Ele dava a impressão de ser arrogante, assustador e condescendente. [Que acha da avaliação?] Aparentemente foi honesta e específica. Nesse sentido, ela pode ser um estímulo [...] para produzir um trabalho melhor."

"Ele parece ser orgulhoso a ponto de ser arrogante. [E a avaliação?] Foi intensamente crítica [...]. Mas seus comentários eram úteis e claros [...]. Acho que aprendi muito com ele."

O mindset de crescimento permitiu aos alunos afro-americanos utilizar Edward Caldwell III para ajudá-los a atingir seus próprios objetivos. Estavam na universidade para aprender, e era o que pretendiam fazer, mesmo que fosse com um idiota pomposo.

Será este o meu lugar?

Além de usurpar as capacidades das pessoas, os estereótipos causam prejuízos por levá-las a acreditar que não estão no lugar adequado. Muitos membros de minorias abandonam a universidade e muitas mulheres deixam de concluir cursos de matemática ou de ciências simplesmente porque não sentem que se encaixam.

Para descobrir de que forma isso acontece, acompanhamos mulheres universitárias durante seus cursos de cálculo integral.[26] É nesse momento que os alunos decidem se desejam prosseguir seus estudos de matemática ou se as carreiras que envolvem matemática são adequadas para eles. Durante um semestre, pedimos às mulheres que relatassem seus sentimentos a respeito da matemática e sua sensação de que a matemática fosse adequada para elas. Por exemplo: quando pensavam em matemática, sentiam-se parte integrante da comunidade de matemáticos ou se sentiam estranhas a ela? Sentiam-se à vontade ou ansiosas? Achavam que possuíam qualidades para a matemática ou não?

As mulheres de mindset de crescimento — as que achavam que suas qualidades matemáticas podiam ser aperfeiçoadas — tinham uma sensação bastante forte de adequação. E eram capazes de conservar esse sentimento mesmo quando muitos estereótipos negativos se manifestavam. Uma delas falou assim:

> Numa turma de matemática, foi dito às alunas que haviam errado, mesmo quando não era o caso (na verdade, estavam fazendo as coisas de maneira inovadora). Isso era um absurdo, e o professor era culpado por não "ver" o raciocínio correto das alunas. O fato não teve maior importância porque estávamos trabalhando em grupos e foi possível nos apoiarmos [...]. Debatíamos entre nós mesmas nossas ideias mais interessantes.

Essas reações estereotipadas as preocupavam (como deve ser), mas mesmo assim se sentiam à vontade consigo mesmas e confiantes quanto a sua reação num contexto matemático. Eram capazes de reagir.

Mas as de mindset fixo se sentiam cada vez menos à vontade à medida que transcorria o semestre. E quanto mais percebiam a presença de estereótipos na turma, menos à vontade se sentiam com a matemática. Uma disse que sua sensação de adequação diminuía porque "era desrespeitada pelo professor quando ele comentava que 'foi um bom palpite' sempre que eu dava uma resposta correta na aula".

O estereótipo da baixa capacidade tomou conta delas — definiu-as — e roubou-lhes a tranquilidade e a confiança. Não estou dizendo, de forma alguma, que a culpa seja das alunas. Os preconceitos são um problema social profundamente arraigado, e não quero culpar suas vítimas. Digo simplesmente que um mindset de crescimento ajuda as pessoas a considerar o preconceito aquilo que ele realmente é: a opinião *de outros sobre elas* — e a confrontá-lo com sua capacidade e sua confiança intactas.

Confiar nas opiniões alheias

Muitas mulheres têm problemas não apenas com os estereótipos, mas também com as opiniões das pessoas sobre elas, de maneira geral.[27] Confiam demais nessas pessoas.

Certo dia, entrei numa farmácia no Havaí para comprar fio dental e desodorante, e, depois de pegar o que desejava, fui para a fila. Havia duas mulheres juntas diante de mim, esperando para pagar. Como sou incurável economizadora de tempo, resolvi já pegar o dinheiro, antes de chegar minha vez. Assim, adiantei-me, coloquei minhas compras sobre o balcão do caixa e comecei a procurar as notas espalhadas na bolsa. As duas mulheres ficaram furiosas. Expliquei que não estava tentando passar à frente delas, apenas me preparando para quando chegasse minha vez. Achei que o assunto estava resolvido, mas, quando saí da loja, as duas esperavam por mim. Aproximaram-se e bradaram: "Sua mal-educada!".

Meu marido, que a tudo assistira desde o começo, achou que eram loucas. Mas em mim o incidente teve um efeito estranho e desconcertante, e tive muita dificuldade para me esquecer do veredicto delas.

Essa vulnerabilidade aflige muitas mulheres capazes e bem-sucedidas. Por que seria assim? Quando crianças, essas meninas são tão perfeitas, e têm grande prazer em ouvir isso de outras pessoas. São tão bem-comportadas, tão engraçadinhas, tão prestativas e tão precoces. As meninas aprendem a confiar nas avaliações feitas pelos demais. "Vejam, todos me tratam bem; se me criticam, deve ser verdade." Mesmo mulheres nas melhores universidades do país dizem que as opiniões alheias são uma boa forma de conhecer sua própria capacidade.

Os meninos são constantemente repreendidos e castigados. Ao observarmos turmas de escolas fundamentais, verificamos que os meninos são *oito vezes* mais criticados por seu comportamento do que as meninas.[28] Eles também frequentemente se xingam de burros e retardados. O resultado é que as avaliações perdem grande parte de seu poder.

Certo dia, um amigo me chamou de porcalhona. Estava jantando em minha casa e, enquanto comíamos, deixei cair um pouco de comida na blusa. "Isso é porque você é muito porcalhona", disse ele. Fiquei chocada. Foi então que percebi que ninguém nunca me dissera algo assim. Mas os homens dizem essas coisas uns aos outros com frequência. Pode não ser gentil, mesmo de brincadeira, mas certamente os ajuda a pensar duas vezes antes de aceitar avaliações alheias.

Mesmo quando as mulheres alcançam o máximo de sucesso, as atitudes alheias podem perturbá-las. Frances Conley é uma das mais eminentes neurocirurgiãs do mundo.[29] Na verdade, foi a primeira mulher a ser efetivada na cadeira de neurocirurgia numa faculdade de medicina nos Estados Unidos. Mesmo assim, comentários descuidados de colegas do sexo masculino, até de professores-assistentes, são capazes de suscitar dúvidas nela. Certo dia, durante uma cirurgia, um homem a chamou condescendentemente de "doçura". Em vez de considerar-se elogiada, ela se questionou: "Será que uma 'doçura', especialmente *esta* doçura, é suficientemente competente e talentosa para estar realizando esta cirurgia?".[30]

O mindset fixo aliado ao estereótipo e à confiança feminina nas avaliações de outras pessoas sobre elas: todas essas coisas podem contribuir para o abismo entre os gêneros no que se refere à matemática e às ciências.

Esse hiato é dolorosamente claro no mundo da alta tecnologia. Julie Lynch, que despontava como grande entusiasta da tecnologia, já sabia fazer programação quando estava na escola secundária.[31] O pai e dois irmãos trabalhavam com tecnologia, e ela também adorava o assunto. Um dia, o professor de programação a criticou. Ela desenvolvera um programa que funcionou bem, mas o professor não gostou de um atalho que ela tomara. O interesse dela se evaporou. Em vez de prosseguir, passou a estudar recreação e relações públicas.

Os campos da matemática e da ciência precisam se tornar mais hospitaleiros para as mulheres. E elas precisam de todo o mindset de crescimento de que são capazes para ocupar seus devidos lugares nesses campos.

Quando as coisas dão certo

Mas olhemos as ocasiões em que o processo funciona bem.

A família Polgar produziu três das mais bem-sucedidas jogadoras de xadrez de todos os tempos.[32] Como? Susan, uma delas, diz: "Meu pai acredita que não existem talentos natos e que o sucesso é 99% resultante de trabalho duro. Concordo com ele". A mais nova, Judit, é hoje considerada a melhor enxadrista que já existiu. Mas não era a mais talentosa. Segundo Susan, "Judit começou devagar, mas com muito empenho".

Uma colega minha tem duas filhas que são prodígios em matemática. Uma delas está numa excelente universidade, cursando graduação em matemática. A outra foi a primeira mulher em todo o país a tirar o primeiro lugar num prestigioso concurso dessa matéria, venceu outro e é hoje estudante de neurociência numa universidade de primeira linha. Qual é o segredo delas? É algo transmitido pelos genes? Creio que é transmitido pelo mindset. Das famílias que conheço, a delas é a que tem melhor mindset de crescimento.

Com efeito, o pai delas aplica o mindset de crescimento a *tudo*. Nunca esquecerei uma conversa que tive com ele há alguns anos. Na época eu era solteira, e ele me perguntou o que eu planejava fazer para conseguir um companheiro. Ficou espantado quando eu disse que não tinha planos. "Você não espera que seu *trabalho* se faça por si mesmo", disse ele. "Por que isso seria diferente?" Para ele, era inconcebível que alguém pudesse ter um objetivo e não desse passos para fazer com que se realizasse.

Em suma, o mindset de crescimento permite que as pessoas, mesmo quando são alvo de rótulos negativos, utilizem e desenvolvam integralmente suas mentes. Elas não se prendem a pensamentos limitadores, a uma frágil sensação de adequação e à ideia de que outras pessoas possam defini-las.

DESENVOLVA SEU MINDSET

- Pense em seu herói. Você acha que essa pessoa tem capacidades extraordinárias e que teve sucesso com pouco esforço? Agora procure a verdade. Compreenda o tremendo esforço necessário para as suas realizações — e passe a admirá-las *ainda mais*.
- Pense nas vezes em que outras pessoas fizeram mais do que você e você simplesmente acreditou que eram mais inteligentes ou mais talentosas. Agora pense na ideia de que elas apenas utilizaram melhores estratégias, aprenderam mais com esforço próprio, praticaram com mais afinco e conseguiram ultrapassar obstáculos. Você também pode fazer isso, se quiser.
- Há situações em que você se sente burro — desligado de sua inteligência? Da próxima vez que se vir numa situação dessas, adote o mindset de crescimento — pense em aprender e aperfeiçoar-se, e não em julgamentos — e faça novamente a conexão com sua inteligência.
- Você dá rótulos a seus filhos? *Este é o artista e este outro é o cientista.* Da próxima vez, lembre-se de que não os está ajudando, ainda que os esteja elogiando. Lembre-se de nosso estudo no qual os elogios à capacidade das crianças tiveram o efeito de reduzir suas notas de QI. Procure uma forma de elogiá-los utilizando o mindset de crescimento.
- Mais da metade de nossa sociedade pertence a algum grupo estereotipado de forma negativa. Primeiro, todas as mulheres e, em seguida, todos

os demais grupos que não são considerados competentes em uma coisa ou outra. Dê-lhes a dádiva do mindset de crescimento. Crie um ambiente que ensine o mindset de crescimento aos adultos e às crianças que fazem parte de sua vida, especialmente os que são alvo de estereótipos negativos. Mesmo quando aparecer o rótulo negativo, eles continuarão donos de seu próprio aprendizado.

4. Esportes: o mindset de um campeão

Nos esportes, todos acreditam em talento. Até mesmo, ou principalmente, os especialistas. Com efeito, a noção de "talento nato" vem do esporte: alguém que tem aparência de atleta, se move como um atleta e é um atleta, tudo sem fazer esforço. Tão grande é a crença no talento nato que muitos olheiros ou técnicos vivem tentando encontrá-los e as equipes se rivalizam pagando somas exorbitantes para consegui-los.

Billy Beane era um talento nato. Todos concordavam que ele seria o próximo Babe Ruth.

Mas faltava uma coisa a Billy Beane: o mindset de um campeão.

Como nos conta Michael Lewis em *Moneyball — o homem que mudou o jogo*, no segundo ano do ensino médio ele era o cestinha da equipe de basquete, jogava de *quarterback* no time de futebol americano e era o recordista em tacadas no de beisebol, com a média de mais de 50% em uma das ligas mais competitivas do país. Seu talento era real.[1]

Mas, quando as coisas passaram a correr mal, Beane ficou sem saída. "Não era simplesmente o fato de que ele não gostava de fracassar; ele parecia não saber como lidar com o fracasso."[2]

Tudo piorou quando ele passou das ligas inferiores para as superiores nos campeonatos de beisebol. Cada vez que tinha de ocupar a posição de rebatedor, tudo se transformava em pesadelo, em mais uma humilhação, e, a cada oportunidade desperdiçada, ele se desesperava. Um olheiro disse: "Billy achava que nunca podia falhar quando tentasse tomar uma das bases".[3] Isso lhe diz alguma coisa?

Será que Beane tentou resolver seus problemas de maneira construtiva? Não, claro que não, porque esta é uma história de mindset fixo. O talento natural não requer esforço. Esforço é para os outros, os menos dotados. O talento nato não pede ajuda. Isso seria uma confissão de fraqueza. Em suma, quem tem talento nato não analisa suas deficiências nem procura livrar-se delas por conselho ou pelo treinamento. A própria ideia de que tenha deficiências é aterradora.

Assim tão aferrado ao mindset fixo, Beane ficou encurralado. Era prisioneiro de seu enorme talento. Como jogador, ele nunca se recuperou do mindset fixo, mas conseguiu fazê-lo como empresário de esportes imensamente bem-sucedido. Como isso aconteceu?

Havia outro jogador, que viveu lado a lado com ele e o acompanhou nas ligas inferiores e nas superiores, Lenny Dykstra. Não tinha nem uma fração dos dotes físicos e da "capacidade natural" de Beane, mas este o olhava com admiração. O próprio Beane mais tarde afirmou: "Ele não pensava em fracasso [...]. E eu era o oposto".[4]

E prosseguiu: "Comecei a entender o que era um jogador de beisebol, e vi que não era eu. Era Lenny".[5]

Observando, ouvindo e refletindo, Beane começou a perceber que o mindset era mais importante do que o talento. E não muito depois disso, ao fazer parte de um grupo que procurava introduzir uma maneira completamente nova de buscar jogadores e de gerenciar uma equipe, ele compreendeu que marcar pontos nas corridas até a base — o objetivo essencial do beisebol — tinha muito mais a ver com técnica do que com talento.

Armado com esses insights, e na função de gerente geral da equipe dos Oakland Athletics, em 2002, Beane levou sua equipe a 103 vitórias naquela temporada, conquistando o campeonato da divisão e quase quebrando o recorde de vitórias consecutivas da Liga Americana. A equipe tinha a folha de pagamento mais reduzida do beisebol! Não compravam talento, e sim mindset.

A NOÇÃO DE TALENTO NATO

Quase como na prestidigitação

A dotação física não é como os dotes intelectuais. É visível. Tamanho, robustez e agilidade são coisas aparentes. A prática e o treino são também visíveis, e produzem resultados visíveis. Você poderia pensar que isso derrubaria o mito do talento nato. Podemos *ver* Muggsy Bogues jogando basquete na NBA com apenas 1,57 m de altura, ou Doug Flutie, o franzino *quarterback* que jogou nos Patriots da Nova Inglaterra e nos Chargers de San Diego. Podemos ver Pete Gray, o jogador de beisebol que só tinha um braço e que chegou às divisões superiores. Ben Hogan, um dos maiores golfistas de todos os tempos, era completamente desajeitado. Glenn Cunningham, o grande corredor, tinha as pernas horrivelmente queimadas e danificadas. Larry Bird era muito pouco ágil. Podemos *ver* atletas de baixa estatura, desajeitados ou até mesmo "deficientes" que triunfam, e espécimes quase divinos que não conseguem. Isso não deveria nos dizer alguma coisa?

Os especialistas no boxe confiavam nas medidas do físico, a que chamavam "a voz da fita métrica", a fim de identificar o talento nato. Mediam o punho, a envergadura, a expansão do tórax e o peso dos lutadores. Muhammad Ali não preenchia as medidas consideradas ideais.[6] Não era um talento nato. Tinha grande velocidade, mas não possuía o físico nem a força e os movimentos clássicos de um grande lutador. Na verdade, lutava boxe de forma completamente errada. Não bloqueava os socos do adversário com os braços e os cotovelos. Batia como um amador. Mantinha o queixo exposto. Recuava o torso para escapar ao impacto dos golpes do contendor, o que, segundo José Torres, era "como alguém que no meio dos trilhos procurasse evitar o impacto de um trem que vinha em sua direção não passando para um lado ou outro da linha, e sim correndo para trás".[7]

Sonny Liston, adversário de Ali, possuía realmente um talento nato. Tinha tudo: tamanho, força e experiência. Sua potência era lendária. Era inimaginável que Ali pudesse vencer Sonny Liston. O combate era tão ridículo que na hora da luta a ocupação na arena estava pela metade.

Mas, além da agilidade, o brilho de Ali estava na mente. Estava em seu cérebro, e não em sua força muscular. Ele avaliou o adversário e tratou de atacar sua jugular mental. Não apenas estudou o estilo de luta de Liston, mas também observou cuidadosamente que tipo de pessoa ele era fora do ringue: "Li todas as entrevistas dele que pude. Conversei com pessoas que tinham estado com ele ou com quem ele tinha conversado. Ficava deitado na cama ligando todos aqueles fios, tentando compreender como funcionava a mente dele". Em seguida, usou tudo isso contra ele.[8]

Por que Ali parecia "ficar doido" antes de cada luta? Porque, segundo Torres, ele sabia que um soco que provoca o nocaute é um soco que não se vê de onde vem. Ali disse: "Liston precisava acreditar que eu era louco.[9] Que eu era capaz de fazer qualquer coisa. Ele só via minha boca falando, e eu queria que ele não visse nada mais!".

> Flutuar como borboleta[10]
> Ferroar como abelha
> Suas mãos não podem atingir
> O que seus olhos não veem.

A vitória de Ali contra Liston faz parte dos anais do boxe. Um famoso agente de pugilistas assim refletiu sobre Ali:

> "Ele era um paradoxo. Seu desempenho físico no ringue era completamente errado [...]. Mas sua cabeça sempre estava em perfeitas condições de funcionamento. Ele nos mostrava", continuou, com um amplo sorriso no rosto, "que as vitórias vêm daqui", e batia na testa com o dedo indicador. Depois ergueu os punhos fechados, acrescentando: "E não daqui".[11]

Isso não mudou a opinião das pessoas a respeito da dotação física. Não, hoje olhamos para Ali com os olhos da experiência e vemos o corpo de um grande lutador. Sem dúvida, além de tudo tinha verve e compunha versos divertidos, mas ainda achamos que sua grandeza estava em seu físico. E não compreendemos por que os especialistas não perceberam essa grandeza logo no começo.

Michael Jordan[12]

Michael Jordan tampouco foi um talento nato. Talvez tenha sido o atleta mais dedicado da história do esporte.

Todos sabem que ele foi cortado da seleção de basquete do ensino médio, e hoje ridicularizamos o técnico que o recusou. Não foi recrutado pela universidade onde queria jogar (Universidade da Carolina do Norte). Bem, *eles* foram tolos. Não foi chamado para as duas primeiras equipes da NBA que poderiam tê-lo convocado. Que erro! Como hoje sabemos que ele foi o maior jogador de basquete de todos os tempos, achamos que isso deveria ter sido evidente desde o início. Quando olhamos para ele, vemos MICHAEL JORDAN. Mas, naquele tempo, ele era apenas Michael Jordan.

Quando foi cortado da equipe na escola, ficou arrasado. A mãe dele conta: "Eu lhe disse que voltasse lá e que fosse disciplinado".[13] E ele a ouviu. Saía de casa às seis da manhã para treinar antes das aulas. Na Universidade da Carolina do Norte, trabalhou constantemente para aperfeiçoar suas fraquezas — o jogo defensivo, o manuseio da bola e os arremessos à cesta. O técnico ficou espantado com a disposição dele de se dedicar com mais empenho do que qualquer outro jogador. Uma vez, depois que a equipe perdeu o último jogo da temporada, Jordan foi treinar arremessos à cesta durante horas. Já estava se preparando para o ano seguinte. Mesmo no auge de seu sucesso e fama, depois que se transformou em um atleta genial, sua obstinação nos treinos se tornou lendária. John Bach, ex-técnico assistente dos Chicago Bulls, dizia que ele era "um gênio que quer sempre melhorar sua genialidade".[14]

Para Jordan, o sucesso vem da mente.[15] "A solidez mental e o coração são muito mais fortes do que algumas das vantagens físicas que se possam ter. Eu sempre disse isso e sempre acreditei nisso." Mas outras pessoas não. Olham para Michael Jordan e veem a perfeição física que inevitavelmente o levou à grandeza.

Babe Ruth

E o que dizer de Babe Ruth? Bem, ele certamente não era um espécime de perfeição física humana. Era um homem de famoso apetite e uma barriga gigantesca, que aparecia por baixo do uniforme de sua equipe, os Yankees. Mas isso não faz dele ainda mais um talento nato? Não era ele alguém que passava a noite se divertindo e no dia seguinte chegava a seu posto de rebatedor e acertava alguns *home runs*?

Mas Babe tampouco tinha talento nato.[16] No início de sua carreira profissional, não era um rebatedor tão excepcional assim. Tinha muita força, que vinha de sua entrega total cada vez que girava o taco. Quando acertava, era de tirar o fôlego, mas era muito irregular.

É verdade que era capaz de consumir quantidades assustadoras de bebida alcoólica e outras tantas de comida. Depois de uma enorme refeição, comia uma torta inteira ou mais de sobremesa. Mas também conseguia se controlar quando precisava. Durante vários invernos, ele se exercitava no período de intervalo da temporada, a fim de entrar em forma. De fato, depois da temporada de 1925, quando ele parecia acabado, dedicou-se com todas as forças a recuperar a forma, e conseguiu. De 1926 a 1931, seu índice de acertos com o taco foi de 0,354, com a média de cinquenta *home runs* por ano e 155 *runs batted in*. Diz seu biógrafo, Robert Creamer: "Ruth deu a mais notável demonstração de consistência em acertos que o beisebol jamais viu. [...]. Das cinzas de 1925, Babe Ruth subiu como um foguete".[17] Tudo por causa da disciplina.

Ele também adorava treinar. De fato, quando foi jogar no time dos Red Sox, de Boston, os veteranos reclamaram porque ele queria treinar todos os dias. Não era um novato; era novato como *arremessador*. Quem ele pensava que era, querendo treinar com o taco? Certa vez, já no final da sua carreira, foi advertido e expulso de um jogo. Isso foi grave. Mas também foi barrado dos treinos, e isso *realmente* o aborreceu.

Ty Cobb argumenta que jogar como arremessador ajudou Babe Ruth a desenvolver sua tacada. Por que ser arremessador aperfeiçoaria sua batida? "Ele fazia experiências na posição de arremessador", diz Cobb.[18] "Ninguém se incomoda quando um arremessador perde as três jogadas, ou manda mal como rebatedor, e por isso ele podia fazer um giro amplo com o corpo. Se errasse, não tinha importância [...]. À medida que o tempo passava, aprendeu a controlar o giro cada vez mais e a acertar a bola com o taco. Quando se tornou *outfielder* em tempo integral, estava pronto."

Mesmo assim, costumamos concordar com o que Stephen Jay Gould chama "a opinião comum de que os jogadores de beisebol nada mais são do que montanhas de carne, que exibem com naturalidade e sem esforço o talento com que a natureza os dotou".[19]

O que dizer de Wilma Rudolph, aclamada como a mulher mais veloz da Terra depois de ganhar três medalhas de ouro em corridas de velocidade e de revezamento nas Olimpíadas de Roma, em 1960?[20] Quando mais jovem, estava longe de ser uma maravilha em termos físicos. Nasceu prematuramente, a vigésima dos 22 filhos de seus pais, e estava sempre doente. Aos quatro anos de idade, quase morreu durante uma longa luta contra uma pneumonia dupla, escarlatina e poliomielite (!), cujo resultado foi a perna esquerda em grande parte paralisada. Os médicos lhe deram poucas esperanças de voltar a usá-la. Ao longo de oito anos, ela se dedicou vigorosamente à fisioterapia, até que aos doze deixou de lado o aparelho que usava na perna e começou a caminhar normalmente.

Se isso não é uma lição no sentido de que é possível desenvolver capacidades físicas, então o que seria? Ela passou imediatamente a aplicar a lição ao basquete e ao atletismo, embora tenha perdido todas as corridas que disputou em sua primeira competição oficial. Depois de sua incrível carreira, ela declarou: "Só quero ser lembrada como uma mulher que trabalhou duramente".[21]

E Jackie Joyner-Kersee, considerada a maior atleta feminina de todos os tempos?[22] Entre 1985 e o início de 1996, ela ganhou todas as disputas de heptatlo de que participou. O que é exatamente o heptatlo? É uma competição duríssima de dois dias, em sete partes, que consiste em uma corrida de cem metros com obstáculos, salto em altura, lançamento de dardo, corrida de velocidade de duzentos metros, salto em distância, arremesso de peso e corrida de oitocentos metros. Não admira que a vencedora seja considerada a maior atleta feminina do mundo. Durante as competições, Joyner-Kersee obteve as pontuações mais elevadas da história do esporte, marcou recordes mundiais e ganhou dois campeonatos mundiais, além de duas medalhas olímpicas de ouro (seis, se contarmos as que ganhou em outras especialidades).

Era um talento nato? Sem dúvida possuía talento, mas, quando começou no atletismo, durante algum tempo ficou entre os últimos lugares. Quanto mais se esforçava, mais veloz se tornava, porém mesmo assim não ganhou competições. Finalmente, começou a vencer. O que mudou? "Alguns podem atribuir minha transformação às leis da hereditariedade [...]. Mas creio que foi minha recompensa por todas aquelas horas de trabalho nas trilhas dos campos, nas calçadas do meu bairro e nos corredores da escola."

Compartilhando o segredo de seu contínuo sucesso, diz ela: "Quando me vejo melhorando, há algo que me motiva e me excita.[23] Ainda me sinto assim, depois de seis medalhas olímpicas e cinco recordes mundiais. E já era assim quando eu estava nos primeiros anos do curso secundário, começando a entrar em competições de atletismo".

Ganhou as duas últimas medalhas (um campeonato mundial e uma medalha olímpica) em meio a uma crise de asma e a uma séria e dolorosa contusão no tendão da perna. Não era o talento nato em ação. Era o mindset, dando a última palavra.

Os talentos naturais não deviam precisar fazer esforço

Você sabia que antigamente se acreditava não ser possível fazer um treinamento físico para o golfe e que, se você fizesse exercícios para ficar mais forte, perderia o "toque"?[24] Isso até que apareceu Tiger Woods, com seu programa de exercícios e treinamentos agressivos, e ganhou todos os torneios que havia.

Em algumas culturas, aqueles que tentaram ir além de seu talento nato por meio de treinamento receberam firme desaprovação. As pessoas achavam que era preciso aceitar a situação de cada um na vida. Essas culturas teriam odiado Maury Wills. Era um ambicioso jogador de beisebol dos anos 1950-60 que sonhava jogar nas categorias superiores.[25] O problema era que sua tacada não era boa, e assim, ao ser contratado pelos Dodgers, foi mandado para as divisões inferiores. Orgulhosamente, anunciou aos amigos: "Em dois anos estarei em Brooklyn jogando com Jackie Robinson".[26]

Estava enganado. Apesar de sua previsão otimista e rigorosos exercícios diários, passou oito anos e meio mofando nas ligas secundárias. Quando já haviam passado sete anos e meio, o administrador da equipe sugeriu que ele fosse jogar na posição de rebatedor, dizendo a Wills: "Você já tem sete anos e meio de decepções, e nada tem a perder".[27] Pouco depois, quando um jogador da posição de *shortstop** quebrou um dedo do pé, Wills foi chamado. Sua oportunidade chegara.

* O jogador que se posiciona entre a segunda e a terceira base. (N. E.)

Sua batida *ainda* não era boa o bastante. Mas, sem desistir, foi pedir auxílio ao técnico da primeira base. Ambos trabalharam juntos várias horas por dia, além do treinamento normal de Wills. Nada, ainda. Até mesmo o tenaz Wills estava disposto a desistir, mas o técnico recusou-se a parar com o treinamento. Agora que a parte mecânica estava pronta, ele precisava trabalhar a mente.

Começou a rebater bem e, graças a sua alta velocidade, começou a roubar bases. Estudou a forma pela qual os jogadores adversários arremessavam as bolas, verificando qual era o melhor momento para tentar roubar uma base. Desenvolveu rapidez para iniciar subitamente as corridas e técnicas de carrinho com as pernas. Os roubos de bases distraíam os lançadores, perturbavam os recebedores e inflamavam os torcedores. Wills progrediu até quebrar o recorde de Ty Cobbs em número de bases roubadas, que permanecera não alcançado durante 47 anos. Naquela temporada, ele foi considerado o melhor jogador da Liga Nacional.

QI dos esportes

Você poderia pensar que o mundo dos esportes *deveria* conhecer a relação entre a prática e o aperfeiçoamento – entre a mente e o desempenho – e deixar de dar tanta importância ao talento físico nato. Mas é quase como se se recusasse a perceber. Talvez isso seja assim porque, como sugere Malcolm Gladwell, as pessoas dão mais valor aos dotes naturais do que à capacidade adquirida. Embora nossa cultura mencione muito o esforço individual e o autoaperfeiçoamento, no fundo, argumenta ele, reverenciamos o talento nato. Gostamos de pensar em nossos campeões e ídolos como super-heróis, que nasceram diferentes de nós. Não gostamos de pensar neles como pessoas relativamente comuns que se tornaram extraordinárias por seu esforço. Por que não? Para mim, isso é muito mais impressionante.

Mesmo quando estão dispostos a reconhecer o papel da mente, os especialistas fazem questão de dizer que tudo é inato!

Compreendi isso com todas as letras quando encontrei um artigo sobre Marshall Faulk, o grande *running back* da equipe de futebol americano dos Rams de St. Louis. Faulk acabara de se tornar o primeiro jogador a conquistar 2 mil jardas em corrida e em passes juntos, em quatro temporadas consecutivas.[28]

O artigo, escrito na véspera do Super Bowl de 2002, falava da extraordinária habilidade de Faulk para saber onde estava cada jogador no campo, mesmo no caótico redemoinho de 22 homens correndo e caindo. Ele não somente sabe onde estão, mas também sabe o que estão fazendo e o que estão *prestes* a fazer. Segundo seus colegas de equipe, ele nunca se engana.

Incrível. Como pode fazer isso? Segundo o relato de Faulk, ele passou muitos anos assistindo a jogos de futebol. No tempo da escola secundária, chegou a conseguir um trabalho que detestava, como vendedor ambulante num estádio, para poder assistir às partidas dos profissionais. Enquanto observava, sempre fazia a pergunta "*Por quê?*". "Por que vamos fazer essa jogada?" "Por que estamos atacando dessa forma?" "Por que o adversário está fazendo isso?" "Por que estão fazendo aquilo?" "Essas perguntas", diz Faulk, "basicamente me envolveram mais profundamente no futebol." Como profissional, ele nunca deixou de perguntar por que e de investigar cada vez mais profundamente o funcionamento do jogo.

Sem dúvida, o próprio Faulk considera sua capacidade produto de sua insaciável curiosidade e estudo.

Como veem isso os jogadores e os técnicos? Como um dom. "Marshall tem um QI mais alto do que qualquer jogador com quem já joguei", diz um veterano companheiro de equipe. Outros colegas descrevem sua habilidade para reconhecer com precisão o posicionamento defensivo do adversário como "o dom de um sábio". Admirado com a gama de suas habilidades, um técnico explicou: "É preciso uma inteligência futebolística inata para conseguir fazer isso tudo".

"CARÁTER"

Mas será que não existem talento nato, atletas que realmente pareçam possuir "algo mais" desde o começo? Sim, e, assim como aconteceu com Billy Beane e John McEnroe, isso às vezes é uma maldição. Com todos os elogios a seu talento e com o pouco que têm de trabalhar ou se esforçar, é fácil caírem num mindset fixo. Bruce Jenner, medalhista de ouro no decatlo nas Olimpíadas de 1976, diz: "Se eu não fosse disléxico, provavelmente não teria conquistado uma medalha olímpica. Se tivesse sido melhor na leitura, talvez tudo tivesse sido mais fácil, talvez os esportes fossem mais fáceis [...] e eu nunca teria percebido que a maneira de progredir na vida é o trabalho árduo".[29]

Os talentos natos, enlevados com sua superioridade, não aprendem a se esforçar nem a lidar com os reveses. Essa é a história de Pedro Martinez, o brilhante arremessador que jogava nos Red Sox de Boston e que se autodestruiu justamente quando mais precisavam dele. Mas a história vai além; é uma história sobre caráter.

Um grupo de jornalistas esportivos do *New York Times* e do *Boston Globe* tomou a ponte aérea da Delta para Boston. Eu também estava nesse voo. Eles iam assistir ao jogo número três das eliminatórias de 2003 do campeonato da Liga Americana, entre os Yankees de Nova York e os Red Sox de Boston. Falavam sobre caráter, e todos concordavam — os de Boston com relutância — que os Yankees o possuíam.

Entre outras coisas, recordavam o que os Yankees haviam feito por Nova York dois anos antes. Foi em outubro de 2001, e os nova-iorquinos tinham acabado de passar pelo Onze de Setembro. Eu estava lá, e ficamos arrasados. Precisávamos de alguma esperança. A cidade precisava que os Yankees dessem tudo o que tinham, que chegassem à World Series. Mas os Yankees também tinham passado por aquilo, e estavam feridos e exaustos. Pareciam não ter mais nada a oferecer. Não sei onde foram buscar forças, mas foram até o fundo e venceram jogo após jogo, e cada vitória nos trazia um pouco mais de volta à vida, cada qual nos dando um pouco mais de esperança para o futuro. Nutridos por nossa necessidade, tornaram-se campeões da região Leste da Liga Americana, depois campeões da Liga Americana e finalmente chegaram à World Series, onde lutaram valentemente e quase venceram. Todos odeiam os Yankees. É a equipe contra a qual todo o país torce. Também cresci odiando os Yankees, mas, depois do que aconteceu, tive de amá-los. Era isso que os jornalistas esportivos queriam dizer com caráter.

Caráter, diziam eles. Eles sabem reconhecê-lo. É a capacidade de ir ao fundo de si mesmo e encontrar forças, mesmo quando as coisas estão contra você.

No dia seguinte, Pedro Martinez, o extraordinário mas supermimado arremessador da equipe de Boston, mostrou o que é caráter, ao exibir a falta dele.

Ninguém poderia almejar o título de campeão da Liga Americana naquele ano mais do que os Red Sox de Boston. Eles não venciam havia 85 anos, desde a maldição do "Bambino", isto é, desde que o dono dos Red Sox, Harry Frazee, vendera Babe Ruth aos Yankees, a fim de obter dinheiro para financiar um espetáculo teatral na Broadway.[30] Não bastava que ele vendesse o melhor arremessador canhoto do beisebol (que na época era Ruth), mas, além disso, vendera-o ao detestado inimigo.

Os Yankees passaram a dominar o esporte, vencendo a World Series numa sucessão que parecia não ter fim. Enquanto isso, o time de Boston conseguiu chegar a quatro World Series e diversas finais, mas sempre perdia. Perdia sempre da forma mais trágica possível, chegando próximo à vitória e, em seguida, entregando o jogo. Chegara finalmente mais uma oportunidade de derrotar a maldição *e* vencer os arquirrivais. Se vencessem, disputariam a World Series, e os Yankees estariam desclassificados. Pedro Martinez era a esperança de Boston. Na verdade, no início da temporada ele havia amaldiçoado a maldição.

Mas, depois de jogar muito bem durante toda a partida, Martinez perdeu a vantagem que conquistara e a equipe foi ficando para trás. Que fez ele então? Acertou uma bolada num rebatedor (Karim Garcia), ameaçou atirar outra bola em mais um (Jorge Posada) e derrubou ao chão um homem de 72 anos de idade (o técnico dos Yankees, Don Zimmer).

Assim escreveu o cronista Jack Curry, do *New York Times*: "Sabíamos que Pedro iria arremessar contra Roger [Clemens] numa tarde memorável no Fenway Park [...] mas ninguém esperava ver Pedro contra Garcia, Pedro contra Posada, Pedro contra Zimmer".[31]

Até mesmo os jornalistas de Boston ficaram perplexos. Dan Shaughnessy, do *Globe*, perguntou:

> Qual dos dois os torcedores dos Red Sox preferem agora? Roger Clemens, que manteve a linha e se comportou como um profissional na noite de sábado, ganhando o jogo para sua equipe, apesar de sua ira evidente? Ou Martinez, o menino que atira a bola num adversário depois de perder a vantagem e em seguida aponta para a própria cabeça e para Jorge Posada, jogador dos Yankees, ameaçadoramente, como quem diz: "Você é o próximo?". A torcida dos Red Sox não gosta de ouvir, mas Martinez só atrapalhou no último sábado, foi uma vergonha para o beisebol. Ele escapa porque é Pedro, e a diretoria dos Sox o protege. Será que pelo menos uma vez ele poderia admitir que errou?[32]

Assim como Billy Beane, Pedro Martinez não sabia tolerar a frustração, não sabia buscar dentro de si mesmo e transformar uma derrota importante em uma vitória importante. Tampouco era capaz, como Billy Beane, de admitir seus erros e aprender com eles. Por haver se desesperado em vez de fazer o seu trabalho, os Yankees venceram a partida e ganharam as eliminatórias por um jogo de diferença.

Os repórteres que estavam no avião concordaram com o fato de que o caráter é tudo. Confessaram, porém, não saber de onde provinha. Mas creio que, a esta altura, começamos a compreender que a origem do caráter é o mindset.

Agora sabemos que existe um mindset que mergulha as pessoas na noção de que têm talento, de que são especiais. Quando as coisas vão mal, elas perdem o foco e a capacidade, pondo em risco tudo o que desejavam conseguir — neste caso, tudo o que a equipe e a torcida desejavam ardentemente.

Também sabemos que existe um mindset que ajuda as pessoas a lidar com os reveses, indica-lhes boas estratégias e as leva a agir em seu próprio interesse.

Mas esperem. A história ainda não acabou. Um ano depois, os Sox e os Yankees novamente se enfrentaram num desempate valendo o campeonato da Liga Americana. Quem ganhasse quatro jogos das eliminatórias seria o campeão da Liga e iria disputar a World Series.

Os Yankees venceram os primeiros três jogos e o humilhante destino de Boston parecia estar novamente selado.

Mas, naquele ano, Boston advertira suas prima-donas. Vendera um jogador, tentara vender outro (ninguém o quis) e dera o recado: isto é uma equipe, e não uma coleção de estrelas. Temos de nos esforçar uns pelos outros.

Quatro partidas depois, os Red Sox eram os campeões da Liga Americana. Em seguida, venceram a World Champions. Foi a primeira vez, desde 1904, que a equipe de Boston conseguiu vencer os Yankees em uma disputa de campeonato da Liga, demonstrando duas coisas. Primeiro, que a maldição terminara. Segundo, que é possível aprender a ter caráter.

Mais sobre o caráter

Vamos começar do começo, com Pete Sampras e o mindset de crescimento.[33] Em 2000, Sampras tentou em Wimbledon sua 13ª vitória no Grand Slam de tênis. Se vencesse, quebraria o recorde de doze vitórias nos principais torneios, em poder de Roy Emerson. Embora tivesse conseguido chegar à final, não tinha jogado bem durante o torneio e não estava muito otimista quanto a suas possibilidades contra o jovem e poderoso Patrick Rafter.

Sampras perdeu o primeiro set, e estava prestes a perder o segundo. No tiebreaker, o escore era 4 a 1 contra ele. Conforme ele mesmo admitiu: "Senti que a vitória estava escapando". Que teria feito McEnroe? Que teria feito Pedro Martinez? Que fez Sampras?

Assim relatou William Rhoden: "Ele [...] procurou um quadro de referência em que pudesse se apoiar". Sampras disse: "Quando há uma possibilidade de virar o jogo, você pensa em partidas anteriores nas quais perdeu o primeiro set [...] mas reagiu e venceu os três seguintes. Há tempo. A gente reflete sobre as experiências passadas, sobre a capacidade de reagir".

De repente, Sampras ganhou cinco pontos seguidos, e depois isso aconteceu mais duas vezes. Tinha vencido o segundo set e ainda estava no jogo.

"Ontem à noite", disse Rhoden, "Sampras demonstrou todas as qualidades dos heróis: a perda do primeiro set, a vulnerabilidade da derrota iminente e, depois, a reação e o triunfo final."

Jackie Joyner-Kersee estimulou-se durante um ataque de asma por ocasião do último campeonato mundial. Estava em meio à prova de oitocentos metros, a última do heptatlo, quando percebeu que o ataque estava próximo. "Continue movendo os braços", instruiu ela a si própria.[34] "Não vai ser muito forte, portanto continue. Você pode conseguir. O ataque não vai ser muito forte. Você tem ar suficiente. Já está na frente [...] corra o máximo que puder nesses duzentos metros finais, Jackie." Foi dando as instruções a si mesma até chegar à vitória. "Tenho de dizer que este foi meu maior triunfo, considerando as adversárias e os problemas que tive [...]. Se eu realmente queria ganhar, tinha de reunir forças."

Em sua última Olimpíada, o pior aconteceu. Uma grave contusão no tendão obrigou-a a abandonar o heptatlo. Ficou arrasada. Já não podia participar de sua prova preferida, mas poderia competir na de salto em distância, alguns dias mais tarde? Os primeiros cinco saltos apontaram para uma resposta negativa. Ela não estava sequer próxima do nível necessário para obter uma medalha. Mas no sexto conseguiu a medalha de bronze, mais preciosa do que as de ouro que já tinha. "A energia para aquele sexto salto veio de todas as minhas decepções ao longo dos anos [...]. Juntei todas as minhas dores e as transformei em um desempenho poderoso."[35]

Joyner-Kersee também mostrou ter as qualidades das heroínas: a derrota, a vulnerabilidade do fracasso iminente e, em seguida, a reação e o triunfo final.

Caráter, coração, força de vontade e mentalidade de campeão

Pode ser chamado por vários nomes, mas é a mesma coisa. É o que faz você treinar e é o que lhe permite ir buscar no fundo de si mesmo aquilo que é preciso encontrar quando mais necessita.

Lembram-se de McEnroe, contando tudo o que deu errado e o fez perder as partidas que perdeu? Em um momento estava muito frio, em outro fazia muito calor, às vezes estava com ciúmes, outras vezes com raiva, e muitas, muitas vezes estava preocupado com outros problemas. Mas, como nos diz Billie Jean King, a marca do campeão é a capacidade de vencer quando as coisas não vão muito bem, quando você não está jogando bem e suas emoções não são as que deveriam ser.[36] Eis como ela aprendeu o que significa ser campeã.

King estava na final do torneio de Forest Hills, jogando contra Margaret Smith (mais tarde, Margaret Smith Court), que estava no auge de sua forma. King havia jogado contra ela mais de uma dúzia de vezes e só vencera uma. No primeiro set, King jogou maravilhosamente bem. Não perdeu uma jogada sequer e conseguiu uma boa vantagem. De repente, o set terminou. Smith tinha ganhado.

No segundo set, King novamente conseguiu uma vantagem dominante e estava sacando para ganhar. Quando se deu conta, Smith havia vencido o set e o jogo.

Inicialmente, King ficou perplexa. Nunca antes tinha conseguido impor uma vantagem tão grande num jogo tão importante. Mas depois ela teve um momento *Eureca!* Imediatamente, compreendeu o que significava ser campeã: uma pessoa capaz de elevar o nível do jogo quando necessário. Quando a vitória parece se afastar, essas pessoas conseguem de repente "reagir e ficar três vezes mais potentes".[37]

Jackie Joyner-Kersee também teve seu momento *Eureca!*[38] Tinha quinze anos e estava competindo no heptatlo da Olimpíada Juvenil da Associação de Atletismo. Tudo dependia da última prova, a corrida de oitocentos metros, que a assustava. Estava exausta, e a adversária era uma especialista nas provas de distância, cujos tempos ela jamais conseguira igualar. Dessa vez, ela conseguiu. "Sentia uma espécie de euforia. Eu tinha provado ser capaz de vencer, se me dedicasse o suficiente [...] aquela vitória me mostrou que eu não somente era capaz de competir com as maiores atletas do país, mas que podia realmente me *obrigar* a vencer."

Frequentemente considerada a melhor jogadora de futebol do mundo, Mia Hamm diz que sempre lhe perguntavam: "Mia, qual é a coisa mais importante que uma jogadora de futebol deve ter?".[39] Sem hesitar, ela respondia: "Firmeza mental". E não estava falando de uma característica inata. Diante de onze jogadoras dispostas a derrubar você, quando se sente cansada ou está machucada, quando os árbitros estão contra você, você não pode deixar que isso prejudique sua concentração. Como se faz isso? É preciso *aprender* a fazê-lo. "Esse", diz Hamm, "é um dos aspectos mais difíceis do futebol e é com ele que tenho de lutar a cada jogo e a cada treino."[40]

A propósito, Hamm se achava a melhor jogadora do mundo?[41] Não. "E por causa disso", diz ela, "talvez um dia eu consiga ser."

No esporte, sempre há situações de "ou vai ou racha", quando o jogador tem de se superar ou então tudo estará perdido. O famoso golfista Jack Nicklaus esteve nessa situação muitas vezes durante sua longa carreira profissional no Torneio da PGA, quando a vitória dependia de uma única tacada.[42] Se você tivesse de adivinhar, quantas dessas tacadas acha que ele errou? A resposta é uma. Uma!

É preciso ter mentalidade de campeão. Assim os atletas menos talentosos do que os adversários vencem as partidas. John Wooden, lendário técnico de basquete, conta uma de minhas histórias favoritas.[43] Certa vez, quando ainda era técnico de escola de ensino médio, um dos jogadores se sentiu infeliz por não ter sido escalado para os jogos importantes. O atleta, Eddie Pawelski, pediu a Wooden que lhe desse uma oportunidade, e o técnico acedeu. "Está bem, Eddie", disse ele. "Vou dar uma chance a você. Está escalado de saída para o jogo de amanhã contra Fort Wayne Central."

"De repente", recorda Wooden, "fiquei imaginando de onde poderiam ter vindo aquelas palavras." Havia três equipes lutando pelo primeiro lugar no estado de Indiana; uma era a dela e a outra era Fort Wayne Central, com a qual tinham de jogar no dia seguinte.

Nessa noite, Wooden escalou Eddie para iniciar o jogo. Achou que ele só aguentaria um ou dois minutos, especialmente porque seria marcado por Armstrong, o mais duro dos jogadores do estado, da equipe adversária.

"Eddie literalmente acabou com ele", conta Wooden. "Armstrong marcou o menor número de pontos de sua carreira. Eddie marcou doze, e nosso time mostrou o melhor equilíbrio da temporada [...]. Mas, além de marcar pontos, ele jogou muito bem na defesa, nos rebotes e na armação das jogadas." Eddie nunca mais saiu da equipe titular e foi escolhido o melhor jogador nos dois anos seguintes.

Todas essas pessoas possuíam caráter. Nenhum deles se achava especial, nascido com o direito de vencer. Eram pessoas que se esforçaram, que aprenderam a manter a concentração sob pressão, e que, quando necessário, foram além de sua capacidade normal.

Manter-se em primeiro lugar

Caráter é o que lhe permite alcançar o topo e *permanecer lá*. Darryl Strawberry, Mike Tyson e Martina Hingis chegaram ao topo, mas não permaneceram lá. Seria por terem vários problemas pessoais e sofrerem contusões? Sim, mas isso aconteceu também com outros campeões. Ben Hogan foi atropelado por um ônibus e ficou fisicamente arrasado, mas conseguiu voltar ao topo.

"Creio que a aptidão pode nos levar ao topo", diz o técnico John Wooden, "mas é preciso caráter para manter-se no alto [...]. É tão fácil [...] começar a achar que você é capaz de 'ligar-se' automaticamente, sem uma preparação adequada.[44] É preciso verdadeiro caráter para continuar a se esforçar, e se esforçar ainda mais, depois de chegar lá. Quando você ler alguma coisa sobre um atleta ou equipe que vence sempre, lembre-se: 'Mais do que habilidade, eles têm caráter.'"

Vamos examinar o significado do caráter ainda mais profundamente, e ver a maneira pela qual o mindset de crescimento pode criá-lo. Stuart Biddle e seus colegas verificaram o mindset de adolescentes e jovens adultos, no que diz respeito à habilidade atlética.[45] Os de mindset fixo eram os que acreditavam no seguinte:

"Você tem certo nível de habilidade esportiva, e não há muito que possa fazer para mudar esse nível".

"Para ser bom nos esportes, é preciso ter um dom natural".

Em contraste, os de mindset de crescimento concordaram que:

"Por melhor que você seja no esporte, *sempre* poderá melhorar, caso se esforce".

"Para ser bem-sucedido nos esportes, é preciso aprender técnicas e habilidades, e praticá-las regularmente."

Os de mindset de crescimento foram os que demonstraram mais caráter ou coração. Eram os que tinham mentalidade de campeões. O que quero dizer com isso? Vamos ver as conclusões a que chegaram esses pesquisadores do esporte, e então entenderemos.

O QUE É SUCESSO?

Conclusão nº 1: Para os de mindset de crescimento, sucesso significava fazer o melhor possível, aprender e se aperfeiçoar.[46] E isso é exatamente o que encontramos nos campeões.

"Para mim, a alegria do atletismo nunca esteve no fato de vencer", diz Jackie Joyner-Kersee.[47] "Encontro tanta satisfação no processo quanto nos resultados. Não me importo em perder, desde que veja que houve melhoria, ou sinta que fiz o melhor que podia. Quando perco, volto aos treinamentos e trato de trabalhar mais."

Essa ideia — a de que o sucesso pessoal se dá quando você faz o melhor que pode para conseguir o melhor resultado possível — era fundamental na vida de John Wooden. Com efeito, diz ele, "houve muitas, muitas partidas que me deram tanto prazer quanto os dez campeonatos nacionais que ganhamos, simplesmente porque nos preparamos muito bem e jogamos muito perto de nosso nível de capacidade".[48]

Tiger Woods e Mia Hamm são dois competidores dos mais tenazes que já existiram. Adoram vencer, mas, para eles, o mais importante é o esforço que fizeram, mesmo quando não venceram. Podem se orgulhar disso. McEnroe e Beane, não.

Depois do torneio de Masters de 1998, Woods ficou decepcionado por não haver repetido a vitória do ano anterior, mas sentiu-se bem por terminar entre os dez primeiros: "Minha toalha ficou realmente molhada durante a semana. Estou muito feliz pela maneira como consegui esse resultado".[49]

Ou então, num Torneio Aberto da Grã-Bretanha, no qual ficou em terceiro: "Às vezes, a gente fica mais satisfeito com um resultado quando as coisas não saem completamente perfeitas, quando a gente não está fazendo um bom *swing*".[50]

Tiger é um homem altamente ambicioso.[51] Quer ser o melhor, até mesmo o melhor de todos os tempos. "Mas o mais importante é eu ser o melhor que possa."

Mia Hamm nos diz: "Depois de qualquer jogo ou treino, se você sair de campo sabendo que deu tudo o que podia, sempre será vencedor".[52] Por que o país se apaixonou pela equipe dela? "Viram que realmente amamos o que fazemos e que damos tudo o que temos umas às outras e a cada partida."[53]

Para as pessoas de mindset fixo, o sucesso tem a ver, pura e simplesmente, com a afirmação de sua superioridade. Ser alguém que vale mais do que todos os *ninguéns*. "Houve uma época, confesso", diz McEnroe, "em que eu me sentia tão grande que quase não conseguia passar pelas portas."[54] Onde estão as palavras a respeito do esforço e da satisfação de ser o melhor para si mesmo? Não aparecem. "Algumas pessoas não gostam de ensaiar; só querem representar.[55] Outros gostam de treinar cem vezes antes de jogar. Eu pertenço ao primeiro grupo." Lembre-se: no mindset fixo o esforço não é motivo de orgulho. É algo que levanta dúvidas sobre o talento.

O QUE É FRACASSO?

Conclusão nº 2: As pessoas com mindset de crescimento consideraram os reveses motivadores. São informativos. Eles nos fazem acordar.[56]

Somente uma vez Michael Jordan tentou evitar o esforço. Foi no ano em que voltou aos Bulls, depois da temporada que passou jogando beisebol, e aprendeu a lição. Os Bulls foram eliminados nas rodadas decisivas. "Não se pode sair e achar que é possível voltar e dominar o jogo.[57] Daqui em diante, estarei física e mentalmente preparado." Suas palavras não poderiam ser mais verdadeiras. Os Bulls venceram o campeonato da NBA nos três anos seguintes.

Michael Jordan abraçava seus fracassos.[58] Com efeito, em um de seus anúncios favoritos para a Nike, ele diz: "Errei mais de 9 mil arremessos à cesta. Perdi quase trezentas partidas. Vinte e seis vezes os companheiros confiaram em mim para o arremesso final, que poderia decidir o jogo, e eu errei". Podem ter certeza de que a cada vez ele voltou ao ginásio e treinou a jogada cem vezes.

Eis como reagiu o grande jogador de basquete Kareem Abdul-Jabbar, quando foi proibida, nos jogos universitários, sua jogada preferida, a bola enterrada na cesta (mais tarde, isso foi novamente permitido).[59] Muitos pensaram que isso impediria sua ascensão. Em vez disso, ele treinou com o dobro do empenho para aprimorar o arremesso batendo na tabela, o gancho do alto e o salto com meia-volta no ar. Havia absorvido o mindset de crescimento do técnico Wooden e o utilizou bem.

No mindset fixo, as adversidades o engessam.

John McEnroe nunca conseguiu suportar a ideia de perder. Ainda pior era perder para um amigo ou parente. Isso o faria menos especial. Por exemplo, torceu desesperadamente para que seu amigo Peter perdesse no jogo final em Maui, depois que Peter o vencera numa rodada anterior.[60] Queria tanto esse resultado que não conseguiu assistir à partida. Em outra ocasião, jogou contra seu irmão Patrick numa final em Chicago, e disse a si mesmo: "Meu Deus, se perder para Patrick, será o fim.[61] Vou me atirar da torre Sears".

Eis como o fracasso o motivava.[62] Em 1979, ele jogou duplas mistas no torneio de Wimbledon. Não jogou duplas mistas durante os vinte anos seguintes. Por quê? Ele e sua parceira perderam três sets consecutivos. Além disso, por duas vezes McEnroe teve o saque quebrado, mas isso não aconteceu com nenhum dos demais jogadores, nem mesmo uma vez. "Essa foi a vergonha final. Eu disse: 'Chega. Não vou jogar mais. Não suporto isso'."

Em 1981, McEnroe comprou uma bela guitarra preta Les Paul.[63] Naquela semana, foi assistir a Buddy Guy tocar na Checkerboard Lounge, em Chicago. Em vez de se sentir inspirado para ter aulas ou praticar, voltou para casa e quebrou a guitarra em mil pedaços.

Eis como os reveses motivavam Sergio Garcia, outro menino de ouro com problemas de atitude.[64] Garcia entrara no mundo do golfe como um tufão, com suas grandes tacadas e seu jeito juvenil e encantador; parecia Tiger mais jovem. Mas, quando seu desempenho caiu, seu charme também desapareceu. Despediu vários *caddies*, culpando-os quando as coisas iam mal. Certa vez, perdeu uma jogada ao escorregar e pôs a culpa no sapato. A fim de castigar o sapato, atirou-o longe com um pontapé. Infelizmente, quase acertou um dos árbitros. São esses os engenhosos remédios para o fracasso no mindset fixo.

Conclusão nº 3: As pessoas de mindset de crescimento nos esportes (assim como na aula de química preparatória para medicina) dominam os processos que levam ao sucesso – e que o conservam.[65]

Por que a habilidade de Michael Jordan não pareceu diminuir com a idade?[66] Já mais velho, ele perdeu energia e agilidade, mas, para compensar, esforçou-se ainda mais em seu condicionamento e em sua movimentação, como o arremesso com salto e meia-volta e o célebre arremesso na trajetória descendente. Começou na liga como enterrador e saiu como o jogador mais completo de todos os tempos.

Tiger Woods também dominou o processo. O golfe é como uma amante fugidia. Quando pensamos que a conquistamos, ela certamente nos abandonará. O famoso técnico Butch Harmon diz que "o *swing* no golfe é a coisa mais difícil de ser aperfeiçoada num esporte [...] na prática não se pode repetir completamente um *swing* confiável. É sempre uma obra inacabada".[67] Por isso, mesmo os maiores astros do golfe não ganham sempre, e podem até passar muito tempo sem ganhar (como aconteceu com Woods mesmo no auge de sua carreira). E é também por essa razão que é fundamental dominar o processo.

Com isso em mente, o pai de Tiger tratou de ensiná-lo a cuidar de sua atenção e de sua estratégia.[68] O velho Woods costumava fazer exclamações ruidosas e atirar objetos justamente quando o jovem Tiger ia fazer o *swing*. Isso o ajudou a controlar as distrações. (Conhecemos alguém que poderia ter aproveitado esse tipo de treinamento?) Quando tinha três anos de idade, o pai já o ensinava a pensar na estratégia do golfe. Uma vez, o pequeno Tiger atirou a bola atrás de um grupo de árvores, e o velho Woods perguntou qual era o seu plano.

Woods deu continuidade ao que seu pai iniciou, assumindo o controle de todos os elementos de seu jogo. Experimentou constantemente coisas que deram certo e que não deram, mas também tinha um plano de longo prazo que o orientava: "Conheço meu jogo, sei o que quero realizar e sei como chegar lá".[69]

Da mesma forma que Michael Jordan, Tiger Woods administrou sua motivação. Para isso, transformou o treinamento em diversão. "Adoro trabalhar minhas tacadas, experimentando-as de várias maneiras, e provar a mim mesmo que sou capaz de acertar determinada tacada se quiser."[70] E fez isso pensando em um rival oculto, que o desafiaria. "Ele faz o percurso em doze tacadas.[71] Preciso de uma razão para me esforçar tanto. Ele está em algum lugar. Ele faz com doze tacadas."

Mark O'Meara, parceiro de golfe e amigo de Woods, teve oportunidade de escolher.[72] Não é fácil jogar ao lado de alguém tão extraordinário quanto Woods. A escolha de O'Meara foi a seguinte: podia ter inveja e sentir-se diminuído pela categoria superior de Woods, ou então podia aprender com ele. Escolheu este último caminho. O'Meara era um daqueles jogadores talentosos que parecia nunca realizar todo o seu potencial. Sua escolha – a de dominar seu jogo – o fez mudar.

Aos 21 anos Tiger Woods já tinha ganhado o Torneio dos Masters. Naquela noite, ele dormiu abraçado ao prêmio, a famosa jaqueta verde. Um ano depois, vestiu Mark O'Meara com a jaqueta que este havia conquistado.

McEnroe não falava muito em assumir o controle. Quando estava no auge, pouco falou em aperfeiçoar seu jogo para manter-se em primeiro lugar. Quando jogava mal, ouviu-se muito pouca análise (a não ser para encontrar um culpado) e reflexão sobre si mesmo. Por exemplo, durante parte do ano de 1982, ele não se saiu tão bem quanto se esperava dele, e disse que "aconteceram pequenas coisas que me tiraram de meu jogo habitual durante várias semanas a cada vez, e me impediram de dominar os torneios".[73]

Sempre vítima de forças externas. Por que não assumiu o controle e aprendeu a manter um bom desempenho, apesar delas? Não é isso o que faz o mindset fixo. Na verdade, em vez de combater essas forças ou resolver seus problemas, ele diz que preferiria praticar um esporte de equipe, para poder esconder suas deficiências: "Quando você não está no ponto máximo, é muito mais fácil disfarçar isso num esporte de equipe".[74]

McEnroe admite também que seus acessos de raiva dentro da quadra muitas vezes serviam para esconder uma falha e somente pioravam as coisas. Mas o que fazia ele? Nada. Desejava que alguém fizesse algo em seu lugar.[75] "Quando você não consegue se controlar, quer que alguém o faça por você – por isso é que eu lamentava muito não participar de um esporte de equipe [...] os colegas me ajudariam, me orientariam."

Ou então: "O sistema cada vez mais me deixava me comportar assim [...]. Na verdade, eu gostava cada vez menos dele".[76] Ele se zangou com o sistema! Alô, John. Essa é a *sua* vida. Alguma vez pensou em assumir a responsabilidade?

Não, porque no mindset fixo você não assume o controle de suas capacidades e de suas motivações. Espera que o talento o leve adiante, e, quando isso não acontece, bem, o que mais poderia ter feito? Você não se sente progredir, e se acha um produto acabado. E os produtos acabados têm de se proteger, lamentar e encontrar culpados. Tudo, menos assumir o controle.

O QUE SIGNIFICA SER UMA ESTRELA?

O craque do time tem menos responsabilidades do que os demais jogadores? Seu papel é somente jogar bem e ganhar os jogos? Ou o craque tem *mais* responsabilidades do que os outros? O que acha Michael Jordan?

"Em nossa sociedade, às vezes é difícil conseguir desempenhar um papel, em vez de tentar ser superestrela", diz Jordan.[77] "O talento de um supercraque é capaz de ganhar jogos, mas os campeonatos são conquistados pela equipe."

O técnico John Wooden afirma ter sido mediano, tanto em tática quanto em estratégia.[78] Mas como fez para ganhar dez campeonatos nacionais? Uma das principais razões, diz ele, é que sabia como fazer os jogadores desempenharem determinados papéis como parte de uma *equipe*.

> Creio, por exemplo, que eu poderia ter feito de Kareem [Abdul-Jabbar] o maior cestinha da história universitária. Poderia ter conseguido isso fazendo o time jogar centrado nessa capacidade que ele tinha. Mas teríamos ganhado três campeonatos nacionais, enquanto ele esteve na Universidade de Los Angeles (UCLA)? Nunca.[79]

No mindset fixo, os atletas querem ver seu talento reconhecido. Isso significa agir como superestrela, e não "simplesmente" como membro da equipe. Mas, como aconteceu com Pedro Martinez, essa atitude prejudica as vitórias importantes que eles desejam conseguir.

A história de Patrick Ewing é reveladora, porque ele poderia ter sido um dos grandes nomes do basquete. No ano em que foi um dos candidatos à escolha por parte dos clubes profissionais, e era de longe o jogador mais cobiçado, a sorte coube à equipe dos Knicks, de Nova York, que ficaram felizes em acrescentar Ewing ao time. Agora tinham "torres gêmeas", Ewing e Bill Cartwright, o pivô central bom de cesta, ambos com 2,10 m. Tinham a oportunidade de se tornar uma equipe verdadeiramente excepcional.

Precisavam de Ewing para jogar na posição de atacante de ponta. Ele não gostou da ideia. O pivô é a grande estrela do time. E talvez ele não tivesse certeza de ser capaz de acertar os tiros à distância, como o atacante tem de fazer. O que aconteceria se realmente tivesse se empenhado em aprender a jogar nessa posição? (Alex Rodriguez, então o melhor *shortstop* do beisebol, concordou em jogar na terceira base quando foi contratado pelos Yankees. Teve de treinar tudo novamente, e durante algum tempo não rendeu tanto quanto estava acostumado.) O que aconteceu de fato foi que Cartwright foi jogar no Bulls, e os Knicks de Ewing nunca conseguiram ganhar um campeonato.

Há também a história do jogador de futebol americano Keyshawn Johnson, outro atleta imensamente talentoso que se dedicava ao reconhecimento de sua própria grandeza. Uma vez lhe perguntaram antes de um jogo como ele se comparava ao principal jogador do outro time, e a resposta foi: "Você quer comparar uma lanterna com uma estrela. As lanternas não duram muito. As estrelas ficam no céu para sempre".[80]

Seria ele um jogador de equipe? "Jogo para a equipe, mas antes de tudo sou um indivíduo [...]. Quando estou de posse da bola, tenho de ser o número um. Não o número dois ou o número três. Se eu não for o número um, não sirvo para mais nada. Não posso fazer nada por você."[81] Que significa *isso*? Com essa definição de "*jogador para a equipe*", Johnson foi vendido pelos Jets e acabou dispensado pelos Buccaneers de Tampa Bay.

Notei uma coisa interessante. Quando alguns craques são entrevistados depois do jogo, dizem "nós". Fazem parte do time e pensam em si mesmos dessa maneira. Outros, ao serem entrevistados, dizem "eu", e se referem aos companheiros como algo separado de si próprios — pessoas que têm o privilégio de participar de sua grandeza.

Todo esporte é um esporte de equipe

Na verdade, praticamente todos os esportes são, de certa forma, esportes de equipe. Até mesmo nos esportes individuais, como o tênis ou o golfe, os grandes atletas possuem uma equipe: técnicos, treinadores, *caddies*, gerentes, mentores. Compreendi isso quando li a respeito de Diana Nyad, detentora do recorde feminino de natação em mar aberto. Que esporte poderia ser mais solitário do que a natação? Bem, talvez você precise de um barco a remo para acompanhá-lo e certificar-se de que tudo vai bem.

Quando Nyad traçou seu plano, o recorde de natação em mar aberto, tanto para homens quanto para mulheres, era de 96 quilômetros.[82] Ela queria chegar a 160. Depois de meses de trabalho árduo, considerou-se pronta. Mas foi acompanhada por uma equipe de assistentes (para medir os ventos, as correntes e alertar para obstáculos), mergulhadores (que procuravam tubarões), especialistas da Nasa (que davam conselhos sobre nutrição e resistência física; ela precisava de 1100 calorias por hora e perdeu treze quilos no trajeto!) e treinadores que conversavam com ela durante incontroláveis calafrios, náuseas, alucinações e desespero. Seu novo recorde era de 165,957 quilômetros. Seu nome estava no livro dos recordes, mas, para isso, foram necessárias 51 outras pessoas.

OUVINDO OS MINDSETS

É possível perceber os mindsets já nos jovens atletas. Basta prestar atenção.

Estamos em 2004, Iciss Tillis é a estrela da equipe feminina de basquete da Universidade Duke, onde, com 1,92 m de altura, joga na posição de atacante.[83] No seu armário de material esportivo há uma foto do pai, James "Quick" Tillis, para motivá-la. "Mas a foto não é uma homenagem a ele", diz a jornalista esportiva Viv Bernstein. "Está ali para lembrar o que ela não deseja ser."

Nos anos 1980, Quick Tillis era um pugilista competitivo. Em 1981, disputava o título de campeão mundial dos pesos pesados; em 1985, estava no filme *A cor púrpura* (como pugilista), e em 1986 foi o primeiro lutador que conseguiu sustentar uma luta inteira (dez rounds) contra Mike Tyson. Mas nunca chegou ao topo.

Diz Iciss Tillis, que está no último ano da universidade: "Este é o ano em que temos de ganhar o campeonato nacional. Sinto que poderei ser um fracasso. [Eu me sentiria] regressando ao passado para terminar como meu pai: um ninguém".

Ora, isso é a síndrome alguém-ninguém: *Se eu vencer, serei alguém; se perder, serei ninguém.*

A raiva de Tillis contra o pai pode ser justificada, porque ele a abandonou quando ela era criança. Mas esse modo de pensar acaba por prejudicá-la. "Talvez ninguém mais possua essa combinação de tamanho físico, habilidade, rapidez e visão no basquete universitário feminino", diz Bernstein. "Mas poucos diriam que Tillis é melhor do que as duas melhores jogadoras do país: Diana Taurasi, de Connecticut, e [Alana] Beard [de Duke]." O desempenho de Tillis frequentemente desmente sua capacidade.

O fato de que as pessoas tenham grandes expectativas em relação a ela e queiram que jogue melhor lhe causa frustração. "Sinto-me como se tivesse de entrar na quadra e fazer um triplo dobrado [marcar dois algarismos no total de pontos, nos rebotes e nos passes], enterrar a bola em 360 graus [saltar, girar completamente o corpo no ar e enfiar a bola na cesta de cima para baixo], para que as pessoas digam: 'Ora, ela não é tão ruim assim'."

Não creio que as pessoas desejem o impossível, mas simplesmente querem vê-la utilizar ao máximo seu grande talento. Creio desejarem que desenvolva a capacidade necessária para atingir seus objetivos.

Preocupar-se em acabar sendo um ninguém não é a atitude que motiva e sustenta os campeões. (Embora seja difícil, talvez Tillis devesse admirar o pai por haver tentado triunfar, em vez de desprezá-lo por não haver conseguido.) Ser alguém não depende de ganhar ou perder. É ser alguém que buscou a vitória com tudo o que tinha. Se você se dedicar com todo o seu ser, Iciss Tillis, não apenas nos jogos, mas também nos treinos, você já será alguém.

Eis o outro mindset: aos dezessete anos, Candace Parker, com 1,87 m, estava no último ano do ensino médio em Naperville, próximo a Chicago, e ia jogar na equipe das Lady Vols no Tennessee, com a grande técnica Pat Summitt.[84]

O pai de Candace é muito diferente do de Iciss, e lhe ensinou outra lição: "Se você se esforçar em alguma coisa, receberá de volta o esforço que empregou".

Muitos anos antes, quando o pai era o técnico da equipe em que Candace jogava, ele perdeu a calma com ela durante um jogo de campeonato. Ela não estava saltando para pegar os rebotes, fazia arremessos de forma indolente, de longe, em vez de usar sua altura perto da cesta, e não se esforçava na defesa. "Agora volte à quadra e trate de jogar direito!" Que aconteceu então? Ela entrou, marcou vinte pontos no segundo tempo e conseguiu dez rebotes. O outro time foi arrasado. "Ele me incendiou. E eu sabia que ele tinha razão."

Agora Candace é que se incendeia. Em vez de já estar satisfeita por ser uma estrela, ela procura melhorar cada vez mais. Ao voltar de uma cirurgia no joelho, sabia o que tinha de fazer: aperfeiçoar o sentido de tempo, os nervos e o fôlego. Quando viu que os arremessos de três pontos não estavam entrando, pediu ao pai que fosse ao ginásio para trabalhar com ela. "Seja no basquete ou na vida cotidiana", diz ela, "nada é garantido."

Poucas semanas depois, as profecias dos mindsets se tornavam realidade. Duas coisas aconteceram. Uma, infelizmente, é que a equipe de Tillis foi eliminada do campeonato. A outra é que Candace Parker se tornou a primeira mulher na história a vencer o campeonato de enterradas na cesta – contra cinco homens.

Caráter, coração e mentalidade de campeão. É isso o que faz grandes atletas e é isso o que surge do mindset de crescimento, com seu foco no desenvolvimento, na automotivação e na responsabilidade.

Embora os melhores atletas sejam altamente competitivos e desejem ser os melhores, a grandeza não nasce do ego do mindset fixo, com sua síndrome alguém-ninguém. Muitos atletas de mindset fixo podem ter sido "talento nato", mas, quer saber de uma coisa? Como diz John Wooden, já esquecemos a maioria deles.

DESENVOLVA SEU MINDSET

- Há esportes em que você sempre se considerou incompetente? Bem, talvez você seja, talvez não. Não é algo que você possa saber sem ter se esforçado muito. Alguns dos melhores atletas do mundo não começaram como fenômenos. Se você tem paixão por um esporte, esforce-se para ver o que acontece.
- Às vezes, ter um dom fenomenal é uma maldição. Esses atletas permanecem no mindset fixo e não lidam bem com a adversidade. Há algum esporte em que tudo parecia fácil até que de repente você se chocou com uma barreira? Procure adotar um mindset de crescimento e tente novamente.

- "Caráter" é um conceito importante no mundo dos esportes, e deriva do mindset de crescimento. Pense nas vezes em que você teve de buscar forças no fundo de si mesmo, em jogos difíceis. Pense nos campeões de mindset de crescimento mencionados neste capítulo, e em como conseguem fazê-lo. O que você pode fazer da próxima vez para ter certeza de que seu mindset é de crescimento nos momentos de dificuldade?
- Os atletas de mindset de crescimento encontram o sucesso no aprendizado e no aperfeiçoamento, e não apenas na vitória. Quanto mais você conseguir fazer isso, mais recompensas os esportes trarão — para você e para seus companheiros!

5. Negócios: mindset e liderança

A ENRON E O MINDSET DO TALENTO

Em 2001, uma notícia sacudiu o mundo empresarial. A Enron — exemplo de firma de sucesso, a empresa do futuro — havia naufragado. O que aconteceu? Como uma promessa tão espetacular pôde se transformar em desastre monumental? Teria sido incompetência? Teria sido corrupção?

Foi o mindset. Segundo Malcolm Gladwell, num artigo na revista *New Yorker*, as empresas norte-americanas passaram a ter obsessão pelo talento.[1] Com efeito, os gurus da McKinsey & Company, a principal firma de consultoria em gestão no país, afirmavam que o sucesso empresarial nos tempos atuais *exigia* "o mindset do talento". Assim como há talento nato nos esportes, diziam eles, há também talento nato para os negócios. Assim como os clubes esportivos contratam talentos fenomenais por enormes somas de dinheiro, as empresas também não deveriam conter as despesas no recrutamento de talentos, pois essa é a arma secreta, a chave para vencer os concorrentes.

Gladwell escreveu: "Esse 'mindset do talento' é a nova ortodoxia do mundo dos negócios nos Estados Unidos". Ele definiu a cultura institucional da Enron e semeou sua ruína.

A Enron recrutou grandes talentos, pessoas com títulos extraordinários, o que não é propriamente negativo. Pagava-os muito bem, o que não é condenável. Mas, confiando exclusivamente no talento, a Enron fez algo fatal. Ao criar uma cultura que adorava o talento, a Enron obrigou seus funcionários a agir como se fossem extraordinariamente talentosos. Basicamente, obrigou-os a adotar um mindset fixo. E já conhecemos isso muito bem. Sabemos, por nossos estudos, que pessoas de mindset fixo não reconhecem suas deficiências nem as corrigem.

Lembram-se do estudo em que entrevistamos alunos da Universidade de Hong Kong, na qual tudo é em inglês?[2] Os alunos de mindset fixo se preocupavam tanto em não parecer deficientes que se recusaram a seguir um curso para aperfeiçoar seu inglês. Não viviam em um mundo psicológico no qual pudessem correr esse risco.

E lembram-se de como induzimos estudantes a adotar um mindset fixo elogiando sua inteligência, como fez a Enron com seus funcionários extraordinários?[3] Mais tarde, depois de lhes apresentar alguns problemas difíceis, pedimos aos alunos que escrevessem uma carta a alguém em outra escola, descrevendo suas experiências em nosso estudo. Ficamos chocados ao ler suas cartas. Quase 40% deles mentiram sobre as notas que tinham tirado, e sempre para mais. O mindset fixo havia tornado a deficiência intolerável.

Gladwell conclui que as pessoas que vivem num ambiente que as valoriza pelo seu talento nato têm graves dificuldades com qualquer ameaça a sua imagem: "Elas não seguem um caminho que resolva o problema. Não enfrentam os investidores e o público, admitindo que estavam erradas. Preferem mentir".

Obviamente, uma empresa incapaz de se corrigir não pode prosperar.

Se a Enron foi vítima de seu mindset fixo, podemos concluir que as empresas que prosperam têm mindset de crescimento? Vejamos.

ORGANIZAÇÕES QUE CRESCEM

Jim Collins se dispôs a descobrir por que algumas empresas passam de boas a excelentes.[4] O que lhes terá permitido dar o salto para a grandeza, e assim permanecerem, enquanto outras empresas semelhantes continuaram simplesmente sendo boas?

Para encontrar a resposta a essa pergunta, ele e sua equipe de pesquisa desenvolveram um estudo de cinco anos. Selecionaram onze empresas cujos dividendos haviam aumentado extraordinariamente em relação a outras do mesmo ramo, e que mantiveram essa diferença durante pelo menos quinze anos. Compararam cada uma delas com outra do mesmo tipo de atividade que possuía recursos semelhantes, mas que não conseguira dar o mesmo salto. Estudaram também um terceiro grupo de empresas: as que tinham passado de boas a excelentes, mas não se mantiveram no mesmo patamar.

O que diferenciava as empresas progressistas das demais? Havia diversos fatores importantes, como relata Collins em seu livro *Empresas feitas para vencer*, mas um que era absolutamente crucial: o tipo de líder que *em todos os casos* havia levado a firma à excelência. Não eram os tipos carismáticos, místicos, que destilavam ego e talento autoproclamado. Eram pessoas discretas, que faziam perguntas constantemente e tinham coragem de enfrentar as respostas mais brutais, isto é, olhar de frente os fracassos, inclusive os próprios, sempre mantendo a fé no sucesso final.

Isso parece familiar? Collins especula sobre os motivos pelos quais esses líderes possuíam tais qualidades específicas, por que essas qualidades se juntam daquela forma e como eles chegaram a adquiri-las. Mas nós sabemos. Eles tinham o mindset de crescimento. Acreditavam no desenvolvimento humano. Suas características são as seguintes:

Não estão sempre tentando provar que são melhores do que os demais. Por exemplo, não consideram que a hierarquia correta comece com eles próprios no topo, não reivindicam crédito pelas contribuições de outras pessoas nem prejudicam os demais a fim de parecerem poderosos.

Em vez disso, estão sempre tentando *melhorar*. Cercam-se das pessoas mais capazes que conseguem encontrar, enfrentam diretamente seus próprios erros e deficiências e procuram saber com franqueza quais as qualificações de que eles mesmos e suas empresas necessitarão no futuro. Por causa disso, podem progredir com uma confiança baseada em fatos e não como resultado de fantasias a respeito de seu talento.

Collins relata que Alan Wurtzel, CEO da gigantesca cadeia de comércio de aparelhos eletrônicos Circuit City, organizou debates entre os membros da diretoria. Em vez de simplesmente procurar impressionar os diretores, utilizou-os para aprender. Juntando também os executivos, ele discutiu, questionou e investigou até obter, aos poucos, um panorama mais claro sobre o ponto em que se encontrava a empresa e para onde deveria ir. "Eles costumavam me chamar de promotor público, porque eu me concentrava em uma pergunta", disse Wurtzel a Collins.[5] "Sabe, como um buldogue. Eu não desistia até entender. Por quê, por quê, por quê?"

Wurtzel se considerava um "cavalo de arado", um trabalhador esforçado, um homem normal, mas assumiu uma empresa prestes a falir e durante os quinze anos seguintes transformou-a numa empresa que deu a seus acionistas maior rendimento total que qualquer outra firma da Bolsa de Nova York.

UM ESTUDO SOBRE MINDSET E DECISÕES GERENCIAIS

Robert Wood e Albert Bandura realizaram um estudo fascinante com alunos de graduação em administração de empresas, muitos dos quais possuíam experiência de gerência.[6] No estudo, *criaram* gerentes tipo Enron e tipo Wurtzel, colocando as pessoas em diferentes mindsets.

Wood e Bandura deram a esses líderes empresariais em formação uma tarefa complexa de gerência, na qual eles tinham de dirigir uma organização simulada, uma empresa de móveis. Nessa tarefa computadorizada, tinham de colocar os funcionários nos lugares certos e motivá-los. A fim de descobrir a melhor forma de fazê-lo, era preciso rever constantemente suas decisões, baseando-se nas informações que recebiam sobre a produtividade da empresa.

Os pesquisadores dividiram os alunos em dois grupos. Um deles recebeu o mindset fixo. Disseram-lhes que a tarefa era destinada a medir suas capacidades básicas subjacentes. Quanto maior a capacidade, melhor o desempenho. O outro grupo recebeu o mindset de crescimento. Afirmaram-lhes que a capacidade gerencial se desenvolvia com a prática e que a tarefa lhes daria oportunidade de cultivar suas aptidões.

O encargo era difícil porque foram dados aos estudantes padrões elevados que teriam de satisfazer, e eles não conseguiram, especialmente nas primeiras tentativas. Assim como na Enron, os do grupo de mindset fixo não aprenderam com seus erros.

Mas os de mindset de crescimento continuaram a aprender. Sem se preocupar com a avaliação, ou com a proteção de suas capacidades fixas, encaravam diretamente seus erros, utilizavam as informações recebidas e alteravam suas estratégias quando necessário. Tornaram-se cada vez mais competentes para compreender como distribuir e motivar seus empregados, e a produtividade cresceu. Na verdade, terminaram muito mais produtivos do que os de mindset fixo. Mais do que isso, ao longo dessa tarefa bastante pesada conservaram uma saudável confiança. Funcionaram como Alan Wurtzel.

LIDERANÇA E O MINDSET FIXO

Ao contrário de Alan Wurtzel, os líderes das empresas usadas por Collins como comparação demonstraram claramente todos os sintomas do mindset fixo.

Líderes que tinham mindset fixo, como em geral as demais pessoas com o mesmo tipo de mindset, vivem num mundo em que alguns são superiores e outros são inferiores. Precisam constantemente afirmar sua superioridade, e a empresa nada mais é do que uma plataforma para esse fim.

Tipicamente, os líderes das empresas usadas como comparação se preocupavam com sua "reputação de grandeza pessoal", tanto que com frequência preparavam a falência da firma quando seu tempo na direção terminava. Assim diz Collins: "Afinal, haverá melhor prova de sua grandeza pessoal do que a falência da firma depois que você a deixa?".[7]

Em mais de dois terços desses líderes, os pesquisadores reconheceram "um ego pessoal de proporções gigantescas", que ou apressava a ruína da empresa ou a mantinha lá embaixo no ranking. Um desses líderes foi Lee Iacocca, chefe da Chrysler, que conseguiu uma miraculosa recuperação para a companhia e depois passou tanto tempo acariciando sua fama na segunda metade de sua gestão que a Chrysler resvalou novamente para a mediocridade.

Muitas dessas companhias usadas como comparação funcionavam segundo um modelo que Collins batizou de "um gênio com mil ajudantes". Em vez de formar uma equipe extraordinária de gerentes, como as empresas que passavam de boas a excelentes, elas operavam segundo a premissa de mindset fixo de que os grandes gênios não precisam de grandes equipes. Precisam apenas de subordinados para executar suas ideias brilhantes.

Não se esqueçam de que esses grandes gênios tampouco querem ter grandes equipes. Pessoas de mindset fixo desejam ser os únicos mandachuvas, para que, ao se compararem com os que estão à sua volta, se sintam superiores. Em várias autobiografias de CEO que li, pouco encontrei sobre programas de aprendizado ou de desenvolvimento dos funcionários. Em todas as autobiografias de CEO com mindset de crescimento sempre há uma profunda preocupação com o desenvolvimento pessoal e uma extensa discussão sobre o assunto.

Finalmente, como na Enron, os gênios se recusavam a olhar as próprias deficiências. Collins nos conta que a cadeia de distribuição de gêneros alimentícios Kroger, que progredia de boa a excelente, encarou de forma valente os indícios de problemas nos anos 1970, que mostravam a extinção dos mercadinhos.[8] Enquanto isso, sua congênere A&P, que já foi a maior organização varejista do mundo, fechou os olhos. Por exemplo, a A&P abriu um novo tipo de loja, uma superloja, que parecia ser mais bem-sucedida do que o tipo antigo, mas logo a fechou. Não quiseram saber daquilo. Em contraste, a Kroger eliminou ou modificou todas as lojas isoladas que não se ajustavam ao novo modelo de superloja e no final dos anos 1990 tornou-se a principal cadeia de venda de alimentos do país.

CEOs e o grande ego

Como CEO e grande ego podem ter se tornado sinônimos? Se as pessoas mais discretas, de mindset de crescimento, são as verdadeiras impulsionadoras da indústria, por que tantas empresas procuram líderes míticos, ainda que possam se mostrar mais dedicados a si mesmos do que à empresa?

A culpa é de Iacocca. Segundo James Surowiecki, num artigo da *Slate*, a ascensão de Iacocca mudou as empresas norte-americanas.[9] Antes dele, os tempos dos grandes chefes e magnatas pareciam ultrapassados. Na concepção do público, o CEO de uma empresa era "um engravatado, bem tratado e bem pago, mas essencialmente inexpressivo e sem personalidade definida". Com Iacocca, isso mudou. Os jornalistas começaram a dar a executivos apelidos como "o próximo J. P. Morgan", ou "o próximo Henry Ford". E os executivos de mindset fixo começaram a querer se ajustar a esses rótulos.

Surowiecki chega a atribuir a essa mudança os recentes escândalos, pois, à medida que essa tendência prosseguia, os CEOs foram se tornando super-heróis. Mas as pessoas que cultuam seu ego e buscam a próxima oportunidade de promover sua imagem não são as mesmas que impulsionam a saúde duradoura das empresas.

Talvez Iacocca seja apenas um indivíduo carismático que esteja levando a culpa pelo declínio da civilização. Isso é justo? Vamos olhá-lo mais de perto, e também outros CEOs de mindset fixo: Albert Dunlap, da Scott Paper e da Sunbeam; Jerry Levin e Steve Case, da AOL Time Warner; e Kenneth Lay e Jeffrey Skilling, da Enron.

Veremos que todos começam com a crença de que algumas pessoas são superiores; todos sentem a necessidade de provar e exibir *a própria* superioridade; todos utilizam seus subordinados para alimentar essa necessidade, em vez de promover o desenvolvimento dos funcionários; e todos acabam sacrificando suas empresas em função disso. O mindset fixo nos ajuda a compreender de onde vêm os egos gigantescos, como funcionam e por que acabam derrotando a si mesmos.

LÍDERES DE MINDSET FIXO EM AÇÃO

Iacocca: Eu sou um herói

Warren Bennis, guru no tema da liderança, estudou os grandes líderes empresariais.[10] Eles afirmaram que sua intenção não era serem líderes. Não estavam interessados em se provar. Simplesmente fizeram aquilo de que gostavam, com tremendo ímpeto e entusiasmo, e deu no que deu.

Iacocca não era assim.[11] Claro, amava a indústria automobilística, porém, mais do que isso, ansiava ser um mandachuva na Ford. Queria a todo custo obter a aprovação de Henry Ford II, e adorava os aspectos régios de seu cargo. Essa era a medida pela qual ele se avaliava, as coisas que provariam que ele era alguém. Usei a palavra "régios" de propósito. Iacocca nos diz que a Casa de Vidro, como é conhecida a matriz da Ford, era um palácio, e Henry Ford era o rei. Mais do que isso: "Se Henry Ford era o rei, eu era o príncipe herdeiro".[12] "Eu era o protegido especial de Sua Majestade."[13] "Todos nós [...] tínhamos uma boa vida na corte real.[14] Participávamos de algo melhor do que a primeira classe: a classe real [...]. Havia garçons vestidos de paletós brancos em serviço o dia inteiro, e almoçávamos juntos no restaurante dos executivos [...]. Diariamente vinham de avião da Inglaterra filés de linguado."

Iacocca realizou grandes coisas na Ford, como a concepção e promoção do modelo Mustang, e sonhava em suceder Henry Ford como CEO da empresa. Mas Ford tinha outros planos e, para grande raiva e assombro de Iacocca, finalmente o obrigou a sair. É interessante notar que Iacocca ficou chocado e nutriu uma ira duradoura contra Henry Ford. Afinal, ele vira Ford despedir executivos graduados, e ele próprio, Iacocca, também despedira muitos deles. Conhecia o jogo das grandes corporações. Mesmo assim, seu mindset fixo lhe tolhia a visão: "Sempre conservei a ideia de que eu era diferente, que de alguma forma eu era *mais inteligente, ou tinha mais sorte* do que o resto. Nunca pensei que aquilo fosse acontecer comigo" (grifo meu).[15]

A crença de sua aparente superioridade o cegara. Revelou-se então o outro lado do mindset fixo. Ficou pensando se Henry Ford descobrira alguma deficiência nele.[16] Talvez não fosse realmente superior, e por isso não podia pedir para sair. Anos mais tarde, sua segunda mulher lhe disse que se conformasse. "Você não imagina o favor que Henry Ford lhe fez. Ser despedido por Ford levou você à grandeza. Você está mais rico, mais famoso e mais influente por causa de Henry Ford. Agradeça a ele."[17] Poucos anos depois, ele se divorciou dela.

Assim, o rei que o definira como competente e valioso agora o rejeitava por ter falhas. Com energia feroz, Iacocca lançou-se na imensa tarefa de salvar as aparências, e junto com elas a Chrysler Motors. A Chrysler, que já tinha sido uma próspera rival da Ford, estava às portas da morte, mas Iacocca, como novo CEO, tratou rapidamente de contratar as pessoas certas, lançar novos modelos e agir junto ao governo para obter empréstimos salvadores. Poucos anos depois de sua saída humilhante da Ford, conseguiu escrever uma autobiografia triunfante e nela declarar: "Hoje, eu sou um herói".[18]

Em pouco tempo, entretanto, a Chrysler estava novamente em dificuldades.[19] O mindset fixo de Iacocca não descansava. Ele precisava provar sua grandeza — a si mesmo, à Ford e ao mundo — sempre mais e mais. Passava horas em que deveria estar trabalhando para a empresa fazendo coisas que promoveriam sua imagem, e gastou dinheiro da empresa em coisas que impressionariam Wall Street e aumentariam o valor das ações da Chrysler. Mas fez isso em vez de investir em novos projetos de automóveis ou em aperfeiçoamentos industriais que manteriam a empresa rentável a longo prazo.

Também se preocupava com a história, com a maneira pela qual seria julgado e lembrado, mas não direcionava essa preocupação para procurar desenvolver a empresa. Muito pelo contrário. Segundo um de seus biógrafos, preocupava-se com a possibilidade de que seus subordinados obtivessem crédito por novos projetos bem-sucedidos, e por isso hesitava em aprová-los.

Quando a Chrysler começou a ter problemas, receou que seus subordinados fossem considerados os novos salvadores, e tratou de se livrar deles. Temia ser apagado da história da Chrysler e, por isso, aferrou-se desesperadamente ao cargo até muito tempo depois de já ter perdido a eficácia.

Iacocca teve uma oportunidade de ouro para fazer diferença, deixar um importante legado. A indústria norte-americana de automóveis enfrentava o maior desafio de todos os tempos. Os carros japoneses importados conquistavam o mercado do país. Era simples: tinham melhor aparência e funcionavam melhor. Os funcionários de Iacocca haviam estudado detalhadamente a Honda e fizeram excelentes sugestões a ele.

Mas, em vez de aceitar o desafio e produzir automóveis melhores, Iacocca, atolado em seu mindset fixo, respondia com críticas e desculpas. Passou à ofensiva, proferindo raivosos comentários contra os japoneses e exigindo que o governo norte-americano impusesse tarifas e cotas que os detivessem. Num editorial contra Iacocca, o *New York Times* advertiu, "a solução está em fabricar carros melhores neste país, e não em justificativas coléricas contra o Japão".[20]

Iacocca tampouco se firmava como líder de seus operários. Na verdade, se encolhia, passando a ser o tirano isolado, mesquinho e punitivo que acusara Henry Ford de ser. Não apenas despedia os que o criticavam, mas pouco fazia para recompensar aqueles que tanto se sacrificaram para salvar a empresa. Mesmo quando estava obtendo lucros, não parecia ter muito interesse em compartilhá-los com eles. Os salários continuaram baixos, e as condições de trabalho, precárias. No entanto, quando a Chrysler entrou novamente em crise, ele manteve seu estilo opulento de vida. Gastou 2 milhões de dólares para reformar a suíte da empresa no Waldorf, em Nova York.

Finalmente, enquanto ainda havia tempo para salvar a Chrysler, a diretoria encontrou uma forma de facilitar sua saída. Deram-lhe uma vultosa aposentadoria, encheram-no de opções para compra de ações e mantiveram muitos de seus privilégios de executivo. Mas ele ficou fora de si de tanta raiva, em especial porque seu sucessor aparentemente geria bem a companhia. Assim, procurando recuperar o trono, juntou-se a uma tentativa hostil de apropriação, que punha em risco o futuro da Chrysler.[21] Não deu certo. Mas confirmou-se a suspeita de que ele colocava seu ego à frente do bem-estar da empresa.

Iacocca vivia no mindset fixo. Embora tivesse começado amando a indústria automobilística e tendo ideias originais, a necessidade de provar sua superioridade passou a dominar seu prazer e sua criatividade, acabando por anulá-los. À medida que o tempo passava, e ele reagia cada vez menos aos desafios apresentados pelos competidores, recorreu às armas principais do mindset fixo: culpar os outros, encontrar justificativas e afastar críticos e rivais.

E, como frequentemente acontece no mindset fixo, por causa de todas essas coisas, Iacocca perdeu o reconhecimento que tanto ambicionava.

Quando os estudantes são reprovados ou os atletas perdem jogos, compreendem que pisaram na bola. Mas o poder dos CEOs lhes permite criar um mundo que funciona noite e dia para satisfazer sua necessidade de reconhecimento. Permite que se cerquem unicamente das boas notícias sobre seu desempenho e sobre o sucesso da empresa, sem se importarem com os sinais de perigo. Isso, como sabemos, é a doença do CEO e um dos riscos do mindset fixo.

Andei pensando ultimamente se Iacocca se recuperou da doença do CEO. Ele está arrecadando dinheiro (e dando muito do seu) para pesquisas pioneiras sobre diabetes. Trabalha no desenvolvimento de veículos que respeitem o meio ambiente. É possível que, livre da tarefa de procurar se afirmar, agora esteja interessado nas coisas a que realmente dá valor.

Albert Dunlap: sou um superastro

Albert Dunlap salvou empresas moribundas, embora eu não esteja certa de que "salvar" seja a palavra mais adequada.[22] Ele não as preparou para prosperar no futuro. Ergueu-as a um ponto em que podia vendê-las com lucro, despedindo, por exemplo, milhares de trabalhadores. E realmente ganhou dinheiro. Conseguiu 100 milhões de dólares ao reformar e vender a Scott Paper. Cem milhões por pouco mais de um ano e meio de trabalho. "Se eu mereci isso? É claro que sim. Sou um superastro em meu campo de atividade, assim como Michael Jordan no basquete e Bruce Springsteen no rock and roll."[23]

Iacocca ainda falava em dar importância ao trabalho de equipe, ao papel dos pequenos funcionários e outras coisas boas. Albert Dunlap nem sequer fingia: "Se você é um homem de negócios, está nisso com um único objetivo: ganhar dinheiro".[24]

Ele conta com orgulho um incidente ocorrido numa reunião com funcionários da Scott Paper. Uma mulher se levantou e perguntou: "Agora que a empresa está se recuperando, podemos voltar a fazer doações?".[25] Ele respondeu: "Se você quiser dar do seu bolso, é problema seu e eu a incentivo a fazê-lo. Mas esta empresa existe para ganhar dinheiro [...]. A resposta, em uma palavra, é não".

Não estou aqui para dizer que o mundo dos negócios não trata de dinheiro, mas, mesmo assim, quero perguntar: por que Dunlap se preocupava tanto com ele?

Deixemos que ele responda. "Progredir no mundo se tornou para mim uma questão de amor-próprio, como uma criança que procura provar que vale alguma coisa [...]. Até hoje, continuo a achar que tenho de me provar e voltar a me provar."[26] E se ele precisa pôr-se à prova, precisa de uma medida. A satisfação dos empregados, a responsabilidade comunitária e as contribuições para caridade não são boas medidas. Não podem ser reduzidas a um número que represente o valor que ele atribui a si mesmo. Mas os lucros dos acionistas podem.

Em suas próprias palavras: "O termo mais ridículo que se ouve hoje em dia nas reuniões de diretoria é 'stakeholders'".[27] A palavra se refere aos empregados, à comunidade e a outras firmas — como fornecedores — com as quais uma empresa trata. "Não se pode medir o sucesso por meio do interesse de um grande grupo de pessoas que de algum modo dependem da empresa. Mas *pode-se* medir o sucesso por meio da forma pela qual esse grupo progride."

O percurso de longa distância não despertava o interesse de Dunlap. A tarefa de realmente aprender tudo a respeito de uma empresa e encontrar modos de fazê-la crescer não lhe dava a sensação de ser um super-herói. "Eu acabava ficando entediado em todos os lugares onde estivesse."[28] Em seu livro, há um capítulo inteiro intitulado "Como impressionar os analistas", mas não há nenhum que diga como se faz uma empresa funcionar. Em outras palavras, tudo se resume a Dunlap dando provas de sua genialidade.

Em 1996, Dunlap assumiu o controle da Sunbeam.[29] Em seu típico estilo "Al, o motosserra", ele fechou ou vendeu dois terços das fábricas da Sunbeam e despediu metade dos 12 mil funcionários. Ironicamente, as ações da Sunbeam subiram tanto que isso acabou com seu plano de vender a empresa. Era cara demais para ser comprada! Agora ele tinha de administrar a firma. Agora tinha de fazer com que fosse rentável, ou pelo menos que parecesse rentável. Mas, em vez de consultar sua equipe ou descobrir o que era possível fazer, ele inflou as receitas, despediu os que o questionavam e ocultou a situação cada vez mais difícil da empresa. Menos de dois anos depois do estrelato autoproclamado em seu livro (e um ano após uma revisão ainda mais autoelogiosa), Dunlap não resistiu e foi demitido. Quando saiu, a Sunbeam estava sendo investigada pela Comissão de Títulos e Valores e se esperava uma declaração de inadimplência técnica de um empréstimo bancário de 1,7 bilhão de dólares.

Dunlap nada entendeu sobre Michael Jordan e Bruce Springsteen. Esses superastros chegaram ao topo e lá permaneceram por muito tempo porque estavam sempre se autoanalisando, enfrentavam os desafios e continuavam a crescer. Al Dunlap se achava inerentemente superior, e por isso preferiu não aprender o que poderia tê-lo ajudado a ter sucesso.

Os mais inteligentes da sala

Sim, parece que a história rumou inevitavelmente de Iacocca aos magnatas da década de 1990, e ninguém exemplifica isso melhor do que Kenneth Lay e Jeffrey Skilling, os chefões da Enron.

Ken Lay, fundador da empresa, *chairman* e CEO, considerava-se um grande visionário.[30] Segundo Bethany McLean e Peter Elkind, autores de *The Smartest Guys in the Room* [Os mais inteligentes da sala], Lay desprezava as pessoas que faziam a empresa funcionar. Tratava com desdém Rich Kinder, presidente da Enron, que arregaçava as mangas e tentava fazer com que a empresa atingisse suas metas. Kinder era quem tornava possível o estilo de vida principesco de Lay. Era também o único nas altas esferas da firma que constantemente perguntava se estavam enganando a si mesmos: "Estaremos fumando nossa própria maconha? Estaremos bebendo nosso próprio uísque?".[31]

Naturalmente, seus dias estavam contados. Mas, à sua maneira sensata e astuta, ao partir, ele conseguiu comprar o único ativo da Enron que tinha valor intrínseco, os dutos de energia, que a empresa via com desprezo. Na metade de 2003, a empresa de Kinder tinha um valor de mercado de 7 bilhões de dólares.

Embora estivesse concentrado na visão que tinha de si mesmo e na maneira opulenta pela qual queria sustentá-la, Lay desejava ser considerado um "homem bom e reflexivo", com uma doutrina de respeito e integridade.[32]

Mesmo quando a Enron alegremente consumia a vida de suas vítimas, ele escreveu para sua equipe: "A rudeza, a insensibilidade e a arrogância não têm lugar aqui [...]. Trabalhamos com clientes e possíveis clientes de maneira aberta, honesta e sincera". Assim como com Iacocca e outros, a percepção — em geral, a percepção de Wall Street — era absolutamente importante. A realidade, nem tanto.

Junto a Lay estava Jeff Skilling, sucessor de Rich Kinder como presidente e chefe de operações e, mais tarde, CEO. Skilling não era apenas inteligente; dele se dizia ser "a pessoa mais inteligente que já conheci", de "um brilho incandescente". No entanto, utilizava a capacidade mental não para aprender, mas para intimidar. Quando se achava mais inteligente do que os outros, o que acontecia quase sempre, tratava-os rudemente. Qualquer pessoa que discordasse dele simplesmente não era suficientemente inteligente para "sacar". Um co-CEO, com excelente habilidade gerencial, foi chamado certa vez para ajudá-lo, numa época difícil da vida de Skilling, mas este o tratou com desprezo: "Ron não 'sacou'".[33] Quando analistas financeiros ou corretores de Wall Street procuraram pressionar Skilling para que fosse além de suas explicações ligeiras, ele os tratou como se fossem burros. "Bem, isso é tão evidente. Como é que vocês não entendem?"[34] Na maioria das vezes, os homens de Wall Street, sempre preocupados com seus próprios intelectos, fingiam compreender.

Na qualidade de gênio da empresa, Skilling tinha confiança absoluta em suas ideias. Considerava-as tão boas que achava que a Enron deveria proclamar lucros tão logo ele ou seus auxiliares tivessem as ideias que deveriam gerar esses lucros. Essa é uma extensão radical do mindset fixo: *Meu gênio não apenas me define e me legitima. Também define e legitima a empresa. É isso o que cria valor. Minha genialidade é lucro.* Uau!

Na verdade, foi assim que a Enron passou a funcionar. Como relatam McLean e Elkind, a Enron registrou "milhões de dólares de lucro em certo negócio, antes que este tivesse gerado um níquel sequer de receita".[35] Claro que, depois do ato de criação, ninguém se preocupava com o acompanhamento. Isso não era tarefa digna deles. Por isso, com bastante frequência o lucro não acontecia. Se gênio e lucros eram a mesma coisa, não importava que às vezes executivos da Enron desperdiçassem milhões de dólares competindo uns com os outros. Como disse Amanda Martin, executiva da Enron: "Dar uma lição em um dos colegas era sinal de criatividade e grandeza".[36]

Skilling não apenas se considerava mais inteligente do que qualquer outra pessoa, mas também achava que tinha mais sorte, como Iacocca. Segundo pessoas que o conheciam bem, achava-se capaz de derrotar as probabilidades. Por que se sentiria vulnerável? Nunca havia nada errado. Skilling ainda não admite que tenha ocorrido algo errado. O mundo simplesmente não "sacou".

Colisão de dois gênios

Os gênios da casa também quase derrubaram a AOL e a Time Warner.[37] Steve Case, da AOL, e Jerry Levin, da Time Warner, eram *dois* CEOs de mindset fixo que fundiram suas empresas. Consegue adivinhar o que aconteceu?

Case e Levin tinham muita coisa em comum. Ambos cultivavam uma aura de suprema inteligência. Ambos procuravam intimidar as pessoas com seu brilho. E todos sabiam que ambos costumavam reivindicar o que não mereciam. Como gênios da casa, nenhum deles queria ouvir reclamações, e ambos se dispunham a despedir quem não "jogasse em equipe", isto é, quem não preservasse a fachada que haviam construído.

Quando a fusão efetivamente ocorreu, a AOL tinha tantas dívidas que a outra empresa se viu às portas da falência. Você poderia pensar que os dois CEOs trabalhariam em conjunto, unindo esforços para salvar a empresa que haviam criado. Mas, ao contrário, cada qual tratou de aumentar seu poder pessoal.

Levin foi o primeiro a cair, mas Case continuava a não tentar fazer com que as coisas dessem certo. Com efeito, quando o substituto de Levin, Richard Parsons, mandou alguém cuidar de reerguer a AOL, Case se opôs veementemente. Quem recuperasse a AOL ficaria com o mérito. Assim como fizera Iacocca, era melhor deixar que a empresa desabasse do que permitir que outro príncipe fosse coroado. Case foi finalmente aconselhado a renunciar ao cargo, e ficou furioso. Como Iacocca, negou qualquer responsabilidade pelos problemas da empresa e jurou se vingar daqueles que tinham se voltado contra ele.

Por causa dos gênios da casa, a AOL e a Time Warner terminaram o ano de 2002 com uma perda de quase 100 bilhões de dólares. Foi o maior prejuízo anual na história dos Estados Unidos.

Iacocca, Dunlap, Lay e Skilling, Case e Levin. Eles nos mostram o que pode acontecer quando pessoas de mindset fixo passam a gerir empresas. Em cada caso, um homem brilhante colocou a companhia em perigo porque provar a si mesmo e a seu legado era o mais importante. Não eram pessoas perversas, no sentido comum da palavra. Não tinham intenção de prejudicar. Mas, em momentos críticos de decisão, optaram por aquilo que os faria se sentirem bem a seus olhos e aos olhos alheios, em vez de preferir o que seria melhor para os objetivos de longo prazo da empresa. Pôr a culpa em outros, esconder os erros, elevar artificialmente o preço das ações, esmagar rivais e críticos, espezinhar os pequenos: eram esses os procedimentos operativos que normalmente usavam.

O que é fascinante é o fato de que, enquanto levavam suas empresas no caminho da ruína, todos esses líderes se sentiam invulneráveis e invencíveis. Em muitos casos, dedicavam-se a atividades altamente competitivas e enfrentavam ataques de rivais ferozes. Mas viviam uma realidade diferente.

Era um mundo de grandeza e mérito. Kenneth Lay tinha um grande sentido de mérito. Mesmo na época em que ganhava milhões de dólares anuais na Enron, contraiu grandes empréstimos pessoais na empresa, deu emprego e contratos a parentes e usou os aviões da firma como se fossem de sua família. Mesmo nos anos difíceis da Chrysler, Iacocca organizava festas opulentas para a elite da empresa. Em todas elas, como um rei, dava a si mesmo um presente dispendioso, cuja fatura era mandada aos executivos. Falando dos dirigentes da AOL, um antigo funcionário afirmou: "Estamos falando de homens que se consideravam com direito a tudo".[38]

Não admira que esses líderes acreditassem ser invencíveis, envoltos no manto da realeza, rodeados por aduladores que exaltavam suas virtudes e ocultavam os problemas. O mindset fixo criava neles um reino mágico no qual o brilho e a perfeição do rei eram constantemente confirmados. Com esse mindset, eles se sentiam completamente realizados. Por que iriam abandonar aquele reino e enfrentar a feia realidade das imperfeições e dos fracassos?

Como diz Morgan McCall, em seu livro *High Flyers* [Voando alto]:[39]

> Infelizmente, muitas vezes as pessoas *gostam* das coisas que prejudicam seu crescimento [...]. As pessoas gostam de utilizar suas qualidades [...] para obter

> resultados rápidos e espetaculares, ainda que [...] não estejam desenvolvendo as aptidões de que mais tarde necessitarão. Preferem acreditar que possuem as boas qualidades que todos afirmam [...] e não levar a sério, tanto quanto deveriam, suas deficiências. Não gostam de ouvir más notícias nem de receber críticas. [...] Há um tremendo risco [...] em abandonar uma coisa que somos capazes de fazer bem para tentar dominar algo novo.

E o mindset fixo faz com que isso pareça ainda mais arriscado.

Chefes cruéis

McCall prossegue dizendo que, quando líderes se sentem inerentemente melhores do que os demais, podem começar a acreditar que é possível ignorar as necessidades e os sentimentos dos outros. Nenhum dos chefes de mindset fixo que examinamos tinha grande preocupação com as pessoas comuns, e muitos decididamente menosprezavam aqueles que se encontravam abaixo deles na hierarquia das empresas. Aonde isso leva? Sob o pretexto de "manter os funcionários na linha", esses chefes são capazes de maltratá-los.

Iacocca fazia brincadeiras cruéis com seus executivos, a fim de fazê-los perder o prumo. Os colegas de Jerry Levin, da Time Warner, o equiparavam ao brutal imperador romano Calígula. Skilling era conhecido por ridicularizar rudemente os menos inteligentes do que ele.

Harvey Hornstein, especialista em liderança corporativa, escreve em seu livro *Brutal Bosses* [Chefes cruéis] que esse tipo de abuso representa o desejo dos chefes de "realçar sua própria sensação de poder, competência e valor, à custa dos subordinados".[40] Lembram-se de que verificamos em nossos estudos como as pessoas de mindset fixo procuram comparar-se com pessoas em pior situação do que elas? O princípio é o mesmo, mas há uma diferença importante: esses chefes têm o poder de *colocar* as pessoas em situação pior. E, quando o fazem, sentem-se melhor consigo mesmos.

Hornstein descreve Paul Kazarian, antigo CEO da Sunbeam-Oster.[41] Ele se considerava um "perfeccionista", mas isso era apenas um eufemismo para alguém que trata mal os demais. Quando se irritava com os subordinados, lhes atirava objetos. Um dia, por haver desagradado Kazarian, o auditor virou alvo de um jarro de suco de laranja.

Às vezes, as vítimas são pessoas que os chefes consideram menos talentosas. Isso pode alimentar seu senso de superioridade. Mas, frequentemente, as vítimas são os *mais* competentes, porque são os que representam a maior ameaça a um chefe de mindset fixo. Um engenheiro de uma grande construtora de aviões entrevistado por Hornstein se referiu assim a seu chefe: "Seus alvos eram geralmente aqueles entre nós que éramos mais competentes. Quer dizer, se alguém realmente se preocupa com nosso desempenho, não vai atormentar os que estão trabalhando melhor".[42] Mas é o que fazem aqueles que na verdade se preocupam com a própria competência.

Quando os chefes humilham os demais, há uma mudança no ambiente. Tudo começa a girar em torno da satisfação do chefe. Em *Empresas feitas para vencer*, Collins nota que, em muitas das empresas usadas para comparação (as que não evoluíram de boas para excelentes, ou que o fizeram e se desvalorizaram novamente), o líder se tornava a principal causa de preocupação.[43] "No momento em que um líder faz com que ele próprio se torne a principal realidade com que se importam as pessoas, em vez de fazer com que a principal realidade seja a própria realidade, temos uma receita para a mediocridade, ou coisa pior."

Nas décadas de 1960 e 1970, o banco Chase Manhattan era presidido por David Rockefeller, um líder excessivamente controlador. Segundo Collins e Porras, no livro *Feitas para durar*, seus gerentes viviam diariamente assustados com a perspectiva de sua desaprovação.[44] Ao fim de cada dia, suspiravam de alívio: "Que bom! Mais um dia se passou e não estou em apuros". Mesmo muito depois de seu auge, os principais gerentes hesitavam em apresentar uma ideia nova porque "talvez David não goste". Collins e Porras relatam que Ray MacDonald, da Burroughs, ridicularizava publicamente os gerentes pelos erros que cometessem, a ponto de inibir as inovações.[45] Em consequência, embora a Burroughs estivesse à frente da IBM nos estágios iniciais da indústria de computação, a empresa acabou ficando ultrapassada. O mesmo aconteceu com a Texas Instruments, outra empresa líder nesses animadores estágios iniciais da indústria de computação.[46] Quando não gostavam de uma apresentação, Mark Shepherd e Fred Bucy davam gritos, batiam na mesa, insultavam o apresentador e atiravam objetos. Não admira que seus funcionários perdessem o espírito empreendedor.

Quando os chefes se tornam controladores e abusivos, colocam todos no mindset fixo. Isso significa que, em vez de aprender, crescer e levar a empresa adiante, todos passam a se preocupar com o fato de estarem sendo julgados. O processo começa com o medo do chefe de ser julgado e acaba se transformando no medo que todos passam a sentir de serem avaliados. Dificilmente a coragem e a inovação sobrevivem ao mindset fixo de uma empresa.

LÍDERES DE MINDSET DE CRESCIMENTO EM AÇÃO

Andrew Carnegie disse certa vez: "Desejo ter como epitáfio: 'Aqui jaz um homem que teve a sabedoria de trazer para seu serviço gente que sabia mais do que ele'".[47]

Bem, vamos abrir a janela e deixar entrar um pouco de ar. O mindset fixo é muito opressivo. Mesmo quando esses líderes estão correndo pelo globo em recepções com figurões internacionais, seu mundo sempre parece pequeno e contido, porque suas mentalidades estão sempre concentradas em uma coisa: *Reconheçam-me!*

Quando entramos no mundo dos líderes de mindset de crescimento, tudo muda. Ilumina-se, expande-se, enche-se de energia, de possibilidades. Você pode pensar: *Ora, isso parece divertido!* Nunca me passou pela cabeça dirigir uma empresa, mas, quando fiquei sabendo o que esses líderes tinham feito, pareceu-me a coisa mais excitante do mundo.

Selecionei três dentre eles para examinar, em contraste com os de mindset fixo. Escolhi Jack Welch, da General Electric, porque é uma figura mítica, com um ego que ele controla; não se trata de uma pessoa direta, mas naturalmente discreta, que pensa no crescimento. Também escolhi Lou Gerstner (o homem que veio salvar a IBM) e Anne Mulcahy (a mulher que fez a Xerox reviver) como figuras contrastantes com relação a Alfred Dunlap, também especialista em recuperação.

Jack Welch, Lou Gerstner e Anne Mulcahy são também fascinantes por haverem transformado suas empresas. Conseguiram isso eliminando o mindset fixo e elegendo em seu lugar uma cultura de crescimento e trabalho de equipe. Ver Gerstner e a IBM é como observar a Enron transformada na meca do mindset de crescimento.

Como eram líderes que possuíam mentalidade de crescimento, começaram pela crença no potencial e no desenvolvimento humanos, tanto nos deles próprios quanto nos de outras pessoas. Em vez de usar a firma como veículo para a própria grandeza, usaram-na como máquina de crescimento – para si mesmos, os empregados e a empresa como um todo.

Warren Bennis disse que muitos chefes são entusiasmados e entusiasmantes, mas não avançam para lugar algum.[48] Essas pessoas, não. Não falam como nobres. Falam em trajetos. Trajetos inclusivos, cheios de aprendizado e de satisfação.

Jack: ouvir, dar crédito e instruir

Quando Jack Welch assumiu a GE em 1980, a empresa estava avaliada em 14 bilhões de dólares.[49] Vinte anos depois, Wall Street estimou-a em 490 bilhões. Era a empresa mais valiosa do mundo. A revista *Fortune* considerou Welch "o mais universalmente admirado, estudado e imitado entre os CEOs de seu tempo. [...] É impossível calcular seu impacto econômico total, mas deve ser um impressionante múltiplo de seu desempenho na GE".[50]

Para mim, o mais impressionante foi um artigo na página de opinião do *New York Times* de autoria de Steve Bennett, CEO da Intuit.[51]

> Aprendi a instruir os funcionários quando estive na General Electric com Jack Welch. [...] Ele se dirigia diretamente ao funcionário que estivesse na linha de frente a fim de saber o que estava acontecendo. Em certo momento, no início da década de 1990, eu o vi em uma fábrica de refrigeradores em Louisville. [...] Ele foi diretamente à linha de montagem para ouvir o que eles tinham a dizer. Converso frequentemente com os empregados da linha de frente. Aprendi isso com Jack.

Essa citação é eloquente. Jack era evidentemente um homem ocupado. Um homem importante. Mas não dirigia a empresa como fazia Iacocca – a partir da luxuosa sede, onde seus contatos mais frequentes eram com os garçons de luvas brancas. Welch nunca deixou de visitar as fábricas e ouvir os trabalhadores. Estes eram pessoas que ele respeitava, com as quais aprendia e que, em troca, ele instruía.

Há também a ênfase no trabalho em equipe, e não no régio "eu". Na sua autobiografia, percebe-se desde o início, já na dedicatória e na nota do autor, que alguma coisa nele é diferente. Não é o "eu sou um herói" de Lee Iacocca ou "eu sou um superastro" de Alfred Dunlap, embora pudesse facilmente reivindicar ambos os títulos.

Em vez disso, ele diz: "Detesto ter de usar a primeira pessoa. Quase tudo o que fiz na vida foi realizado junto com outras pessoas. [...] Por favor, lembrem-se de que, cada vez que virem a palavra "eu" nestas páginas, isso se refere a todos aqueles colegas e amigos e a alguns que eu possa ter deixado escapar".[52]

Ou: "[Essas pessoas] encheram minha jornada de grande alegria e aprendizado. Frequentemente fazem com que eu pareça melhor do que sou".[53]

Já percebemos que o "eu, eu, eu" dos CEOs famintos por reconhecimento se transforma no *nós* do líder de mindset de crescimento.

É interessante reparar que, antes que Welch conseguisse eliminar da empresa o mindset fixo, foi preciso erradicá-lo de si próprio. E, creiam, foi preciso muito esforço. Ele nem sempre foi o líder que aprendeu a ser. Em 1971, era candidato a uma promoção, e o chefe de recursos humanos da GE redigiu um memorando cauteloso.[54] Registrou que, apesar dos muitos pontos fortes de Welch, a promoção dele "tem mais riscos do que o normal". Prosseguiu dizendo que Welch era arrogante, não sabia receber críticas e se apoiava demasiadamente em seu talento em vez de em seu esforço e em sua competente equipe. Não eram bons sinais.

Felizmente, cada vez que o sucesso lhe subiu à cabeça, alguém o advertiu. Um dia, o jovem "doutor" Welch, muito bem-vestido num terno chique, entrou em seu novo conversível.[55] Tratou de fechar a capota e recebeu em cheio um jato de óleo escuro e pegajoso, que lhe arruinou tanto o terno quanto a pintura de seu querido automóvel. "Lá estava eu, me achando um grande homem, e rapidamente veio a advertência que me levou de volta à realidade. Foi uma lição importante."

Há um capítulo inteiro, intitulado "Muito cheio de mim", que fala da época em que tratava de aquisições e achava que não era capaz de errar. Então comprou a empresa Kidder, Peabody, um banco de investimentos em Wall Street, cuja cultura era semelhante à da Enron. Foi um desastre que fez a GE perder centenas de milhões. "Nunca esqueci a experiência com a Kidder."[56] Ela ensinou-lhe que "há uma diferença muito tênue entre autoconfiança e orgulho exagerado. Dessa vez, o orgulho venceu e me deu uma lição que jamais esquecerei".

O que ele aprendeu foi o seguinte: a verdadeira autoconfiança é "a coragem de se abrir — acolher as mudanças e as novas ideias, qualquer que seja sua fonte".[57] A verdadeira autoconfiança não se reflete num título, num terno caro, num belo carro ou numa série de aquisições. Reflete-se em seu mindset: sua disposição para crescer.

Bem, a humildade é um começo, mas que dizer das habilidades gerenciais?

A partir de suas experiências, Welch compreendeu cada vez mais o tipo de líder que desejava ser: um gerente voltado para o crescimento — um guia, e não um juiz. Quando era um jovem engenheiro na GE, certa vez causou uma explosão química que arrancou o telhado do prédio em que trabalhava.[58] Emocionalmente abalado pelo que acontecera, foi dirigindo o carro 160 quilômetros até a sede da empresa, a fim de enfrentar seus superiores e explicar o sucedido. Mas, ao chegar, foi recebido de maneira compreensiva e alentadora. Nunca se esqueceu disso. "A reação de Charlie me causou profunda impressão. [...] Se estivermos gerenciando pessoas que evidentemente se afligem com um erro, nossa tarefa é ajudá-los a atravessar a má fase."

Aprendeu como selecionar pessoas: segundo seu mindset e não pelo seu pedigree. Inicialmente, os títulos acadêmicos o impressionavam. Contratou engenheiros diplomados pelo MIT, por Princeton e pela Caltech. Mas, depois de algum tempo, percebeu que o mais importante não era isso. "Acabei compreendendo que o que realmente procurava eram pessoas com paixão e desejo de realizar. O currículo não me dizia muita coisa sobre esse apetite interior."[59]

Chegou então a chance de ser o CEO. Cada um dos três candidatos precisava convencer o presidente em exercício de que era o melhor para assumir o cargo. Welch fez sua campanha com base em sua capacidade de crescimento. Não afirmou ser um gênio nem que era o maior líder que já existira. Prometeu desenvolvimento. Obteve o cargo e cumpriu a promessa.

Abriu imediatamente um diálogo e os canais para receber feedbacks honestos. Tratou rapidamente de perguntar aos executivos do que gostavam e do que não gostavam na empresa e o que achavam que era preciso mudar. Sim, eles foram surpreendidos. Na verdade, estavam tão habituados a adular os chefes que nem sequer conseguiam pensar nas respostas àquelas perguntas.

Em seguida, Welch fez saber sua doutrina: Esta empresa tem a ver com crescimento, e não com presunção.

Acabou com o elitismo, ao contrário de nossos líderes de mindset fixo. Certa tarde, deu uma palestra em um clube frequentado pela elite de executivos da GE.[60] Aquele era o lugar onde os inovadores e os que tinham ideias deveriam ser vistos e ouvidos. Para surpresa deles, não os elogiou. Disse: "Não encontrei nada de valioso naquilo que vocês estão fazendo". Então, pediu-lhes que pensassem em funções que fizessem mais sentido para eles e para a empresa. Um mês depois, o presidente do clube procurou Welch, trazendo uma sugestão: transformar o clube em uma força de voluntários para a comunidade. Depois de vinte anos, esse programa, aberto a todos os funcionários, já possuía 42 mil membros. Gerenciavam programas de ensino em escolas dos bairros pobres e construíam parques, playgrounds e bibliotecas em comunidades carentes. Agora contribuíam para o crescimento alheio, e não para seus próprios egos.

Livrou-se dos chefes cruéis. Iacocca tolerava e até mesmo admirava chefes desse tipo, capazes de fazer com que os trabalhadores produzissem. Serviam para o que ele queria. Welch admitiu que muitas vezes também fingia ignorar a existência de tais chefes. Mas, na organização que agora tinha em mente, não poderia mais fazer isso. Diante de quinhentos gerentes, "expliquei por que pedi a quatro funcionários que saíssem da empresa no ano anterior, embora seu desempenho financeiro fosse adequado. [...] Pedi que fossem embora por não praticarem nossos valores".[61] A maneira correta de aumentar a produtividade era o aconselhamento, e não o terror.

Valorizava o trabalho em equipe, e não a genialidade individual. Durante muitos anos, a GE, assim como a Enron, recompensara o autor único de uma ideia, mas agora Welch passou a recompensar a equipe que punha a ideia em funcionamento. "Em consequência, os líderes foram estimulados a compartilhar com suas equipes o reconhecimento pelas ideias, e a não receber sozinhos todo o crédito. Isso fez grande diferença na maneira pela qual nos relacionávamos uns com os outros."[62]

Jack Welch não foi uma pessoa perfeita, mas estava dedicado ao crescimento. Essa devoção manteve seu ego sob controle, conservou-o ligado à realidade e em contato com sua humanidade. Afinal, fez com que seu trajeto fosse próspero e gratificante para milhares de pessoas.

Lou: erradicar o mindset fixo

No final da década de 1980, a IBM tinha se transformado em uma Enron, exceto por isto: a diretoria percebeu que a empresa estava com problemas.

A cultura dominante era de condescendência e elitismo. No interior da empresa, imperava a velha síndrome *nós somos nobres, mas eu sou mais nobre do que você*. Não havia trabalho de equipe, somente guerrilhas. Havia contratos, mas não acompanhamento. Ninguém se preocupava com os clientes. Mas isso talvez não tivesse tido importância se os negócios não estivessem sofrendo em decorrência.

Em 1993, os executivos da IBM procuraram Lou Gerstner e pediram-lhe que viesse ser o novo CEO. Ele recusou. Pediram novamente. "Você deve isso ao país. Vamos falar com o presidente Clinton para que lhe diga que aceite. Por favor, por favor, por favor. Queremos exatamente o mesmo tipo de estratégia e mudança de cultura que você operou na American Express e na RJR."[63]

Ele acabou cedendo, embora não soubesse bem por quê. Mas agora a IBM tinha um líder que acreditava no crescimento pessoal e em criar uma cultura empresarial que o promovesse. Como fez para produzir isso na IBM?

Primeiro, como fizera Welch, abriu os canais de comunicação verticais e horizontais da empresa. Seis dias depois de chegar, mandou um memorando a cada empregado da IBM, dizendo: "Durante os próximos meses, pretendo visitar todas as seções e escritórios que eu puder. E, sempre que possível, quero conhecer muitos de vocês para ver como podemos, juntos, fortalecer a empresa".[64]

Dedicou a eles seu livro: "Este livro é dedicado aos milhares de funcionários da IBM que nunca abandonaram sua empresa, seus colegas e a si mesmos. São eles os verdadeiros heróis da reinvenção da IBM".[65]

Atacou o elitismo, como fizera Welch. À semelhança da Enron, toda a cultura se resumia na busca de status pessoal dentro da firma. Gerstner dissolveu a comissão de gerência, o mais elevado núcleo de poder dos executivos da IBM, e frequentemente procurou competência fora dos altos escalões. No mindset de crescimento, não é apenas um grupo selecionado que tem algo a oferecer. "A hierarquia significa muito pouco para mim. Vamos reunir em volta de uma mesa as pessoas que podem ajudar a resolver um problema, qualquer que seja sua posição."[66]

Em seguida, o trabalho em equipe. Gerstner demitiu os políticos, os que se entregavam a intrigas internas, e recompensou os que ajudavam seus colegas. Impediu que as divisões da IBM se prejudicassem entre si diante dos clientes para fazer negócios por conta própria. Passou a basear as gratificações dos executivos mais no desempenho geral da empresa do que no de suas unidades específicas. A mensagem era: não queremos coroar alguns príncipes; precisamos trabalhar como uma equipe.

Assim como na Enron, a obtenção de um contrato era valorizada; o restante era considerado sem importância. Gerstner ficou abismado com a constante falta de acompanhamento dos contratos e das decisões e com a ilimitada tolerância da empresa com esse estado de coisas. Exigiu e inspirou uma execução melhor. A mensagem era: a genialidade não é suficiente; precisamos executar a tarefa.

Finalmente, Gerstner concentrou-se no cliente. Os clientes da IBM se sentiam traídos e estavam irritados. A empresa voltara-se tanto para si mesma que já não atendia às necessidades deles em matéria de computadores. Estavam também em desacordo com os preços. Sentiam-se frustrados com a burocracia na IBM e irritados porque ela não os ajudava a integrar seus sistemas. Numa reunião com 175 gerentes de tecnologia da informação das maiores empresas do país, Gerstner anunciou que a IBM passaria a colocar o cliente em primeiro lugar e sustentou o que dizia anunciando um corte drástico nos preços dos computadores mainframe. A mensagem era: não somos uma realeza hereditária; servimos para a satisfação dos clientes.

No final dos primeiros e árduos meses, Gerstner recebeu um boletim de Wall Street que dizia: "Nada aconteceu [com as ações da IBM] porque ele nada fez".[67]

Decepcionado, mas sem se deixar abater, Gerstner prosseguiu sua campanha contra a nobreza e recuperou a IBM de sua "experiência quase fatal". Essa foi a corrida de cem metros. Nesse ponto, Dunlap pegaria seu dinheiro e escaparia. O que havia a fazer era tarefa ainda mais difícil: manter essas diretrizes, enquanto a IBM recuperava a liderança na indústria do ramo. Essa era a maratona. Quando Gerstner devolveu a IBM a seus executivos, em março de 2002, o valor das ações aumentara 800%, e a IBM era "a primeira no mundo em serviços de tecnologia da informação, hardware, avanços em software (excluídos os computadores pessoais) e chips para computadores projetados sob medida e de alto desempenho". E o mais importante: a IBM voltava a definir o rumo futuro da indústria.

Anne: aprendizado, firmeza e compaixão

Se a IBM tivesse dívidas de 17 bilhões de dólares e classificação de crédito destruída, fosse objeto de uma investigação da Comissão de Títulos e Valores e suas ações tivessem caído de 63,69 dólares para 4,43 cada uma, que empresa seria? A Xerox.

Foi essa a Xerox cuja direção Anne Mulcahy assumiu em 2000.[68] Não somente a empresa não se diversificara, mas já não conseguia sequer vender suas copiadoras. Três anos depois, porém, a Xerox teve quatro trimestres consecutivos de lucros, e em 2004 a *Fortune* afirmou que Mulcahy havia realizado "a melhor operação de recuperação desde Lou Gerstner".[69] Como ela conseguiu isso?

Mulcahy entrou num incrível clima de aprendizado, *transformando-se* na CEO de que a Xerox precisava para sobreviver. Ela e seus principais colaboradores, como Ursula Burns, aprenderam as minúcias de todos os aspectos dos negócios. Por exemplo, como explica Betsy Morris, da *Fortune*, Mulcahy fez o curso completo de balancetes.[70] Aprendeu tudo sobre dívidas, estoques, impostos e moeda, de maneira a ser capaz de prever o impacto de cada decisão sua no balanço da empresa. Todos os fins de semana, ela levava para casa volumosos fichários e os estudava como se fosse fazer uma prova final na segunda-feira. Quando assumiu o comando, os funcionários das unidades da Xerox não conseguiam lhe dar respostas simples sobre o que tinham, o que vendiam ou quais eram suas funções. Ela se tornou a CEO que sabia todas essas respostas, ou onde ir buscá-las.

Ela era rigorosa.[71] Dizia a todos a verdade nua e crua que precisavam conhecer, como, por exemplo, que o modelo de negócios da Xerox não era viável ou que a empresa estava prestes a ficar sem recursos financeiros. Cortou em 30% o número de empregados, mas não era "Al Motosserra". Em vez disso, aguentou o impacto emocional de suas decisões, caminhando pelos corredores, conversando com os funcionários e dizendo-lhes: "Sinto muito". Era firme, mas compassiva. Com efeito, acordava no meio da noite preocupada com o que aconteceria aos empregados restantes e aos aposentados, caso a empresa falisse.

Preocupava-se constantemente com o moral e o desenvolvimento de seus funcionários, tanto que, mesmo com os cortes, se recusou a sacrificar as partes maravilhosas e originais da cultura da Xerox. A Xerox era conhecida em toda a indústria do ramo como a empresa que dava festas de aposentadoria e patrocinava reuniões de aposentados. Como os funcionários lutavam ombro a ombro com ela, Mulcahy recusou-se a abolir os aumentos de salários; num gesto destinado a elevar o moral, permitia que faltassem ao trabalho no dia do aniversário. Queria salvar tanto o corpo *quanto* o espírito da Xerox, não para si própria ou para seu ego, mas para todos os que se esforçavam ao máximo em favor da empresa.

Depois de trabalhar arduamente durante dois anos, Mulcahy viu sua foto na revista *Time* junto às dos famosos dirigentes da Tyco e da WorldCom, responsáveis por dois dos maiores desastres de gerência empresarial de nosso tempo.[72]

No entanto, um ano depois, ela percebeu que sua dedicação finalmente estava dando resultados, quando um dos membros da diretoria, ex-CEO da Procter & Gamble, lhe disse: "Nunca imaginei que voltaria a me orgulhar de ter meu nome ligado a esta empresa. Eu estava enganado".[73]

Mulcahy estava vencendo a corrida de cem metros. Agora vinha a maratona. Poderia a Xerox ganhá-la também? Talvez tivesse descansado sobre os louros por muito tempo, resistindo à mudança e perdendo várias oportunidades. Ou talvez o mindset de crescimento — a missão de Mulcahy de transformar a si mesma e a empresa — pudesse salvar mais uma instituição norte-americana.

Jack, Lou e Anne — três líderes confiantes no crescimento, repletos de paixão, acreditando que a liderança é feita de crescimento e paixão, e não de brilho. Ao final de tudo, os líderes de mindset fixo estavam cheios de amargura, mas os de mindset de crescimento estavam repletos de gratidão. Olhavam agradecidos para seus funcionários, que haviam tornado possível sua fantástica trajetória. Consideravam-nos seus verdadeiros heróis.

CEO é sinônimo de sexo masculino?

Quando vemos os livros escritos pelos CEOs, ou a respeito deles, achamos que isso é verdade. Os líderes de bom a excelente retratados por Jim Collins (e seus líderes não tão competentes, usados como comparação) eram todos homens. Talvez isso seja porque os homens têm estado no topo há mais tempo.

Há alguns anos, seria difícil pensar em mulheres no cargo mais elevado de uma grande empresa. Com efeito, muitas das mulheres que dirigiram grandes empresas tiveram de criá-las, como Mary Kay Ash (magnata de cosméticos), Martha Stewart ou Oprah Winfrey. Ou então herdá-las, como Katharine Graham, ex-diretora do jornal *Washington Post*.

As coisas estão começando a mudar. As mulheres hoje em dia detêm mais posições importantes nas grandes empresas.[74] Já foram CEOs não apenas da Xerox, mas também do eBay, da Hewlett-Packard, da MTV Networks, que pertence à Viacom, da Time, Inc, que faz parte da Time Warner, da Lucent Technologies e da Rite Aid. No Citigroup, PepsiCo e Verizon, tem havido mulheres presidentes ou diretoras financeiras. Com efeito, a revista *Fortune* chamou Meg Whitman, do eBay, "talvez [...] a melhor CEO dos Estados Unidos" na "empresa mais quente do mundo".[75]

Pode ser que dentro de alguns anos eu seja capaz de escrever todo este capítulo tendo mulheres como personagens principais. Por outro lado, espero que não. Espero que em poucos anos seja difícil encontrar líderes com mindset fixo, homens ou mulheres, na direção de nossas empresas mais importantes.

UM ESTUDO SOBRE PROCESSOS DE GRUPO

O pesquisador Robert Wood e seus colegas realizaram outro excelente estudo.[76] Desta vez criaram *grupos* de gerência, trinta equipes com três pessoas em cada. Metade dos grupos tinha três pessoas de mindset fixo, e a outra metade, três de mindset de crescimento.

Os de mindset fixo acreditavam que "as pessoas possuem certo grau de capacidade gerencial e não podem fazer muito para mudar esse panorama". Em contraste, os de mindset de crescimento acreditavam que "as pessoas podem mudar substancialmente sua capacidade básica para dirigir outras pessoas". Assim, um dos grupos achava que se possuíam ou não as qualidades; o outro acreditava que as qualidades podem se desenvolver com a experiência.

Cada um dos grupos já trabalhava havia algumas semanas quando receberam a tarefa conjunta que já mencionei antes: uma tarefa complexa de gerência na qual tinham de dirigir uma organização simulada, uma empresa de móveis. Você se recorda de que nessa tarefa é preciso adequar as pessoas às funções e motivá-las para obter o máximo de produtividade. Mas, então, em vez de trabalhar individualmente, os membros dos grupos podiam debater suas escolhas e o retorno que obtinham, trabalhando juntos para aperfeiçoar as decisões.

Os grupos de mindset fixo e de mindset de crescimento partiram com a mesma capacidade, mas, à medida que o tempo passava, os de mindset de crescimento funcionaram visivelmente melhor do que os outros. E a diferença foi aumentando quanto mais se estendia o tempo em que trabalhavam. Novamente, os de mindset de crescimento aproveitaram seus erros e suas avaliações muito mais do que os de mindset fixo. Mais interessante, no entanto, foi a maneira pela qual os grupos funcionaram.

Os membros dos grupos de mindset de crescimento davam opiniões e expressavam desacordo com muito mais franqueza, quando tratavam das decisões gerenciais tomadas. Todos participavam do processo de aprendizado. Nos grupos de mindset fixo, que se preocupavam com quem era inteligente ou burro ou com a desaprovação de suas ideias, esse debate aberto e produtivo não aconteceu. Em vez disso, parecia mais um pensamento de grupo.

PENSAMENTO DE GRUPO VERSUS NÓS PENSAMOS

No início da década de 1970, Irving Janis popularizou o termo "groupthinking", ou pensamento de grupo.[77] Isso ocorre quando todos os membros de um grupo começam a pensar de forma parecida. Ninguém discorda. Ninguém assume atitude crítica. Isso pode levar a decisões catastróficas, e, como sugere o estudo de Wood, muitas vezes é produto de mindset fixo.

O pensamento de grupo pode ocorrer quando as pessoas confiam demais em um líder talentoso ou genial. Foi isso o que levou à desastrosa invasão da baía dos Porcos, o plano secreto e mal-arquitetado dos Estados Unidos para invadir Cuba e derrubar Castro. Os conselheiros do presidente Kennedy, normalmente astutos, não avaliaram bem a situação. Por quê? Porque o consideravam extraordinário e tudo o que fizesse somente poderia ter êxito.

Segundo Arthur Schlesinger, uma pessoa de dentro da Casa Branca, os homens que rodeavam Kennedy tinham absoluta fé em sua capacidade e em sua sorte. "Tudo tinha dado certo para ele desde 1956. Contra todas as probabilidades, ganhara a indicação para a candidatura e a eleição. Todos à sua volta acreditavam que ele possuía o toque de Midas e que não poderia perder."[78]

Schlesinger diz ainda: "Se algum conselheiro graduado tivesse se oposto àquela aventura, creio que Kennedy a teria cancelado. Mas ninguém se manifestou contrário a ela".[79] Para impedir que algo semelhante lhe acontecesse, Winston Churchill organizou um departamento especial.[80] Outros poderiam ter admiração reverencial por sua personalidade titânica, mas a função do departamento, segundo relata Jim Collins, era dar a Churchill todas as más notícias. Assim Churchill podia dormir tranquilo, sabendo que o pensamento de grupo não tinha levado a uma falsa sensação de segurança.

O pensamento de grupo pode acontecer quando o grupo se deixa levar por seu próprio brilho e superioridade. Os executivos da Enron acreditavam que, por serem brilhantes, todas as suas ideias eram brilhantes. Nada jamais daria errado. Um consultor externo perguntou várias vezes ao pessoal da Enron: "Onde vocês acham que reside sua vulnerabilidade?".[81] Ninguém respondeu. Ninguém sequer entendeu a pergunta. "Chegamos a um ponto", disse um dos altos executivos, "em que pensávamos ser à prova de bala."[82]

Alfred P. Sloan, ex-CEO da General Motors, apresenta um agradável contraste.[83] Ele presidia um grupo de formuladores de política em alto nível, que parecia haver chegado a um consenso. "Senhores", disse ele, "entendo que todos estão de completo acordo com a decisão a ser tomada. [...] Nesse caso, proponho que adiemos novos debates sobre este tema até nossa próxima reunião, a fim de nos dar tempo de desenvolver um desacordo e talvez chegarmos a compreender melhor toda a situação."

Heródoto, que escreveu no século V a.C., relata que os antigos persas utilizavam uma variante da técnica de Sloan, a fim de impedir o pensamento de grupo.[84] Sempre que um grupo chegava a uma decisão estando sóbrios, voltavam a considerá-la mais tarde, quando estavam bêbados.

O pensamento de grupo também pode acontecer quando um líder de mindset fixo castiga os que discordam dele. Pode ser que as pessoas não deixem de pensar criticamente, mas deixam de se manifestar de maneira crítica. Iacocca procurava calar quem criticasse suas ideias e decisões, ou se livrar deles. Afirmou que os novos carros, de formas mais arredondadas, pareciam batatas voadoras, o que encerrou a discussão.[85] Ninguém pôde discordar, e os carros quadrados da Chrysler foram perdendo fatias cada vez maiores do mercado.

David Packard, por outro lado, deu uma medalha a um funcionário por haver discordado dele.[86] O cofundador da Hewlett-Packard conta essa história. Há vários anos, num laboratório da empresa, um jovem engenheiro recebeu ordem de abandonar o desenvolvimento de um monitor no qual trabalhava. Em resposta, ele saiu "de férias", viajando pela Califórnia e visitando clientes em potencial para mostrar-lhes o monitor e avaliar seu interesse. Os clientes adoraram a inovação, e ele continuou a desenvolvê-la, acabando por convencer seu gerente a colocá-la em produção. A Hewlett-Packard vendeu mais de 17 mil desses monitores e colheu receitas de 35 milhões de dólares. Mais tarde, numa reunião de engenheiros da empresa, Packard deu ao jovem uma medalha por "extraordinária irreverência e rebeldia além dos limites normais dos deveres de um engenheiro".

Há muitas maneiras pelas quais o mindset fixo cria o pensamento de grupo. Os líderes são considerados deuses que nunca se enganam. Um grupo pode arrogar-se talentos e poderes especiais. Os líderes suprimem o desacordo, a fim de inflar seus egos. Ou, então, os funcionários concordam com os líderes para conseguir-lhes o reconhecimento. Por isso o mindset de crescimento é muito importante no momento de tomar as grandes decisões. Como demonstrou Robert Wood em seu estudo, o mindset de crescimento, ao libertar as pessoas das ilusões ou da carga da aptidão fixa, leva a um debate pleno e aberto das informações disponíveis e à tomada de decisões sensatas.

A GERAÇÃO ELOGIADA CHEGA AO MERCADO DE TRABALHO

Teremos problemas para encontrar líderes no futuro? Hoje, em qualquer revista ou estação de rádio ouvimos falar sobre o problema dos elogios no local de trabalho.[87] Poderíamos ter percebido isso antes.

Falamos sobre todos os pais bem-intencionados que tentaram elevar a autoestima dos filhos dizendo para eles o quanto são inteligentes e talentosos. E falamos sobre todos os efeitos negativos desse tipo de elogio. Bem, esses filhos do louvor já entraram no mercado de trabalho, e com certeza muitos podem não funcionar sem ter um rótulo para cada movimento. Em vez de bônus anuais, algumas empresas estão dando bônus trimestrais ou mesmo mensais. Em vez de funcionário do mês, é funcionário do dia. As empresas estão contratando consultores para ensiná-los como melhor recompensar essa geração superelogiada. Temos agora uma força de trabalho cheia de pessoas que precisam de reafirmação constante e que não podem ser criticadas. Essa não é uma receita de sucesso nos negócios, onde assumir riscos, mostrar persistência e corrigir os erros são fatores essenciais.

Por que as empresas perpetuam o problema? Por que estão mantendo as mesmas práticas equivocadas dos pais que superelogiam, e ainda pagando a consultores para lhes mostrar como fazer isso? Talvez precisemos nos afastar do problema e olhar por outra perspectiva. Se os tipos errados de elogio levam crianças pelo caminho da dependência, da fragilidade e do se sentir no direito, talvez os tipos corretos de elogio possam levar a um caminho de trabalho duro e maior resistência. Mostramos em nossa pesquisa que com os tipos corretos de feedback mesmo os adultos podem ser motivados a escolher tarefas desafiadoras e a confrontar seus erros.

Como esse feedback pareceria ou soaria no local de trabalho? Em vez de apenas dar uma recompensa aos funcionários pela ideia mais inteligente ou um elogio pelo desempenho brilhante, eles seriam elogiados pela proatividade, por encararem uma tarefa difícil, por batalharem e aprenderem alguma coisa nova, por não se intimidarem com um revés, ou por estarem abertos e atuantes sob a crítica. Talvez pudessem ser elogiados por não precisarem de elogios constantes! Por um senso distorcido de como seria amar seus filhos, muitos pais nos anos 1990 (e, infelizmente, nos anos 2000) abdicaram de sua responsabilidade. Embora as corporações não estejam normalmente em posição de retomar o que os pais interromperam, talvez precisem desta vez. Se as empresas não desempenharem um papel no desenvolvimento de uma força de trabalho mais madura e com mindset de crescimento, de onde virão os líderes do futuro?

NEGOCIADORES NASCEM NEGOCIADORES?

Um dos pontos-chave em que o empresário bem-sucedido deve ser bom é na negociação. Na verdade, é difícil imaginar como uma empresa pode obter êxito sem negociadores capacitados no controle. Laura Kray e Michael Haselhuhn mostraram que os mindsets têm um impacto importante no sucesso da negociação.[88] Em um estudo, eles ensinaram às pessoas tanto de mindset fixo quanto de mindset de crescimento as habilidades da negociação. Metade dos participantes leu o artigo "Negotiation Ability, Like Plaster, Is Pretty Stable Over Time" [A capacidade de negociação, assim como a argamassa, é muito estável ao longo do tempo]. A outra metade leu um artigo chamado "Negotiation Ability Is Changeable and Can Be Developed" [A capacidade de negociação é mutável e pode ser desenvolvida]. Para dar um sabor especial aos artigos, o de mindset de crescimento começava dizendo: "Embora se costumasse acreditar que a capacidade de negociação era uma habilidade fixa, com a qual as pessoas nasciam ou não, especialistas agora acreditam que saber negociar é uma habilidade dinâmica, que pode ser cultivada e desenvolvida ao longo do tempo".

Os participantes foram então convidados a selecionar o tipo de atividade de negociação que queriam. Poderiam escolher entre uma que mostrasse suas habilidades de negociação, embora não fossem aprender nada de novo, ou outra em que poderiam cometer erros e ficar confusos, mas na qual aprenderiam algumas habilidades úteis para a negociação. Quase metade (47%) das pessoas às quais foi ensinado o mindset fixo sobre as habilidades de negociação escolheu a atividade que simplesmente mostrava suas próprias habilidades, mas apenas 12% daquelas a quem foi ensinado o mindset de crescimento se preocuparam em prosseguir com essa tarefa de exibicionismo. Significa que 88% das pessoas que aprenderam o mindset de crescimento queriam se aprofundar na atividade que melhoraria suas habilidades de negociação.

No estudo seguinte, Kray e Haselhuhn acompanharam as pessoas enquanto elas se envolviam em negociações. Novamente, à metade das pessoas foi dado um mindset fixo sobre habilidades de negociação e à outra metade foi dado um mindset de crescimento. As pessoas, duas de cada vez, envolviam-se em uma negociação de emprego. Em cada dupla, um era o candidato e o outro o recrutador, e negociavam acerca de oito questões, incluindo salário, férias e benefícios. No final da negociação, as pessoas com mindset de crescimento eram claros vencedores, rendendo quase o dobro que aqueles com mindset fixo. As pessoas que aprenderam o mindset de crescimento perseveravam nos pontos difíceis e nos impasses para obter resultados mais favoráveis.

Em três estudos finais, os pesquisadores observaram alunos de MBA matriculados em um curso de negociação. Eles avaliaram os mindsets que os alunos já tinham, perguntando o quanto concordavam com afirmações de mindset fixo ("O tipo de negociador que uma pessoa é não pode ser muito mudado, é muito básico", "Bons negociadores nascem desse jeito") e afirmações de mindset de crescimento ("Todas as pessoas podem mudar até suas qualidades mais básicas de negociação", "Nas negociações, a experiência é um grande professor"). Como antes, descobriram que, quanto mais mindset de crescimento os alunos tinham, melhor eles iam na atividade de negociação. Mas o mindset de crescimento faz as pessoas boas apenas em conseguir seus próprios interesses? Muitas vezes as negociações exigem que as pessoas compreendam e tentem servir aos interesses de outras pessoas também. Idealmente, no fim de uma negociação, ambas as partes sentem que suas necessidades foram atendidas. Em um estudo com uma atividade de negociação mais desafiadora, aqueles com mindset de crescimento foram capazes de ir além das falhas iniciais, construindo um acordo que contemplasse os interesses subjacentes de *ambas* as partes. Portanto, aqueles com mindset de crescimento não obtêm resultados mais favoráveis apenas para si mesmos, mas, mais importante, geram soluções criativas que conferem benefícios a todas as partes.

Decididamente, um mindset de crescimento promoveu um aprendizado maior. Os alunos de MBA que confirmaram um mindset de crescimento no primeiro dia do curso de negociação tiveram notas maiores no fim do curso, semanas depois. A nota foi baseada no desempenho nos trabalhos escritos e nas discussões e apresentações durante as aulas, e refletiu uma compreensão mais profunda da teoria e da prática de negociação.

TREINAMENTO CORPORATIVO: GESTORES NASCEM GESTORES?

Milhões de dólares e milhares de horas são gastos a cada ano na tentativa de ensinar líderes e gestores a treinar seus funcionários e lhes dar um feedback efetivo. No entanto, muito desse treinamento é ineficiente, e muitos líderes e gestores permanecem orientadores deficientes. Isso acontece porque essa habilidade não pode ser treinada? Não, não é por essa razão. A pesquisa lança luz sobre o porquê de o treinamento corporativo frequentemente fracassar.

Estudos de Peter Heslin, Don VandeWalle e Gary Latham mostram que muitos gestores não acreditam em mudança pessoal.[89] Esses gestores de mindset fixo buscam simplesmente o talento existente — julgam os funcionários como competentes ou incompetentes logo de início, e isso é tudo. Fazem pouco treinamento em desenvolvimento, e, quando os funcionários *realmente* melhoram, talvez não percebam, mantendo-se presos à impressão inicial. Além disso, são muito menos propensos a buscar ou aceitar feedback crítico de seus funcionários. Por que treinar funcionários se eles não podem mudar e por que obter feedback deles se você não pode mudar?

Gestores com um mindset de crescimento acham bom ter talento, mas entendem que esse é apenas o ponto de partida. Esses gestores são mais comprometidos com o desenvolvimento de seus funcionários, e com o próprio. Dão muito mais treinamento em desenvolvimento, notam melhoras no desempenho dos funcionários e recebem bem suas críticas.

Ainda mais estimulante: o mindset de crescimento pode ser ensinado aos gestores. Heslin e seus colegas conduziram um rápido workshop baseado em princípios psicológicos bem estabelecidos. (A propósito, com algumas mudanças, pode ser facilmente utilizado para promover um mindset de crescimento em professores ou técnicos esportivos.) O workshop começa com um vídeo e um artigo científico sobre como o cérebro muda com o aprendizado. Como em nosso workshop sobre "Cerebrologia" (descrito no capítulo 8), é sempre empolgante para as pessoas entender como o cérebro é dinâmico e como muda com o aprendizado. O artigo segue falando sobre como é possível mudar ao longo da vida e como com treinamento e prática as pessoas podem desenvolver suas capacidades na maioria das atividades. Embora os gestores, naturalmente, queiram encontrar a pessoa certa para um trabalho, a pessoa realmente certa nem sempre aparece. No entanto, o treinamento e a experiência podem muitas vezes extrair e desenvolver as qualidades necessárias para um desempenho bem-sucedido.

O workshop leva então os gestores por uma série de exercícios em que a) eles avaliam por que é importante entender que pessoas podem desenvolver suas habilidades; b) pensam em áreas nas quais tinham baixo rendimento mas em que agora se desempenham bem; c) escrevem a um protegido esforçado sobre como suas habilidades podem ser desenvolvidas; e d) relembram as vezes em que viram pessoas aprender a fazer coisas que nunca imaginaram conseguir fazer. Em cada caso, refletem sobre por que e como a mudança acontece.

Depois do workshop, houve uma rápida mudança na prontidão com que os gestores participantes detectaram melhorias no desempenho do funcionário, no quanto estavam dispostos a treinar um funcionário ineficiente e na quantidade e qualidade de suas sugestões de treinamento. Além disso, essas mudanças persistiram no período de seis semanas em que foram acompanhados. O que isso significa? Primeiro, que nossa melhor aposta não é simplesmente contratar os gestores mais talentosos que pudermos encontrar e deixá-los livres, mas buscar gestores que também incorporem um mindset de crescimento: entusiasmo para aprender e ensinar, abertura para dar e receber feedback e habilidade para enfrentar e superar obstáculos.

Significa que também precisamos treinar líderes, gestores e funcionários para acreditarem no crescimento, além de treiná-los nos pormenores da comunicação eficaz e do aconselhamento. Sem dúvida, um workshop sobre mindset de crescimento pode ser um bom primeiro passo em qualquer programa de treinamento. Finalmente, significa criar um ambiente de mindset de crescimento em que os indivíduos possam prosperar. O que envolve:

- Apresentar habilidades como algo que pode ser aprendido;
- Transmitir que a empresa valoriza o aprendizado e a perseverança, não só a genialidade ou o talento pronto;
- Dar feedback de forma que promova o aprendizado e o sucesso futuro;
- Apresentar gestores como recursos para o aprendizado.

Sem uma crença no desenvolvimento humano, muitos programas de treinamento corporativo se tornam exercícios de valor limitado. Com uma crença no desenvolvimento, esses programas dão sentido à expressão "recursos humanos" e se tornam um meio de explorar um enorme potencial.

LÍDERES NASCEM LÍDERES?

Quando Warren Bennis entrevistou grandes líderes, "todos eles concordaram que os líderes se fazem, não nascem feitos, e são feitos mais por si próprios do que por meios externos".[90] Bennis está de acordo: "Acredito [...] que todos, qualquer que seja a idade ou circunstância, são capazes de transformar-se".[91] Isso não quer dizer que todos se tornarão líderes. Infelizmente, gerentes e até mesmo diretores e CEOs, em sua maioria, tornam-se chefes, e não líderes. Exercem o poder, em vez de transformarem a si mesmos, a seus funcionários e a sua organização.

Por que isso acontece? John Zenger e Joseph Folkman assinalam que a maioria das pessoas, quando ocupa o lugar de gerente pela primeira vez, inicia um período de muito aprendizado.[92] Recebem muito treinamento e assistência, são abertas a ideias e pensam com muita profundidade na forma pela qual desempenharão suas funções. Procuram desenvolver-se. Mas logo que aprendem as noções básicas, deixam de tentar melhorar. Pode ser que isso dê muito trabalho, ou talvez não percebam até onde o aperfeiçoamento as levará. Contentam-se em cumprir seus deveres, e não em transformar-se em líderes.

Ou, como argumenta Morgan McCall, muitas organizações acreditam no talento nato e não procuram pessoas que tenham *potencial* de desenvolvimento.[93] Não apenas essas organizações estão perdendo uma boa reserva de possíveis líderes, mas sua crença no talento nato pode até mesmo prejudicar as próprias pessoas que pensam ser talento nato, transformando-as em pessoas arrogantes, defensivas e que se recusam a aprender. A lição é a seguinte: criar uma organização que dê valor ao desenvolvimento da aptidão — e então ver os líderes emergirem.

MINDSETS ORGANIZACIONAIS

Quando pensamos em Lou Gerstner e Ann Mulcahy, vemos o tipo de empresa que eles desejavam criar — e criaram. Essas empresas abraçavam o desenvolvimento de todas as capacidades dos funcionários, e não a adoração a um punhado de "gênios" ungidos, o que levantou uma questão.

Claramente, o líder de uma organização pode ter um mindset fixo ou de crescimento, mas uma organização como um todo pode ter um mindset? Pode ter uma crença de que o talento é simplesmente fixo ou, em vez disso, uma crença predominante de que talento pode e deve ser desenvolvido em todos os funcionários? E, se sim, que impacto isso terá sobre a empresa e os funcionários? Para descobrir, estudamos um grupo de grandes empresas, integrantes da lista de empresas *Fortune 500* e *Fortune 1000*.[94]

Uma empresa pode apoiar mais de um mindset fixo que afirma que qualquer funcionário "tem isso" ou não tem: chamamos isso de "cultura de gênio". Ou pode apoiar mais de um mindset de crescimento, que afirme que pessoas podem crescer e se aperfeiçoar por meio de esforço, boas estratégias e bom aconselhamento: chamamos isso de "cultura de desenvolvimento".

Para determinar o mindset das empresas, perguntamos a uma amostra diversificada de funcionários em cada empresa o quanto eles concordavam com afirmações como estas sobre sua empresa: *Quando está sendo bem-sucedida, esta empresa parece acreditar que as pessoas têm um nível específico de talento, e elas não podem realmente mudar isso (mindset fixo). Esta empresa valoriza a inteligência natural e o talento para os negócios mais do que quaisquer outras características (mindset fixo). Esta empresa valoriza genuinamente o desenvolvimento das pessoas e o crescimento de seus funcionários (mindset de crescimento).*

Compilamos as respostas e descobrimos que havia um forte consenso dentro de cada empresa sobre se suas crenças e seus valores eram de mindset fixo ou de crescimento. Agora estamos prontos para analisar o impacto do mindset em toda a empresa: sobre a confiança dos funcionários na organização, sua sensação de empoderamento e comprometimento e seu nível de colaboração, inovação e o comportamento ético que foi adotado em cada empresa.

O que encontramos foi fascinante. As pessoas que trabalham em organizações com mindset de crescimento têm mais confiança em sua empresa e maior senso de propriedade sobre seu trabalho. Por exemplo, quando funcionários foram convidados a avaliar afirmações como "As pessoas são confiáveis nesta organização", aqueles nas empresas com mindset de crescimento expressaram muito mais concordância. Ao lado disso, também relataram que eram muito mais comprometidos com suas empresas e mais dispostos a se esforçar por ela: "Tenho um forte senso de propriedade e comprometimento com o futuro desta empresa". Aqueles que trabalham em empresas com mindset fixo, no entanto, expressaram mais interesse em mudar de emprego.

É bom que funcionários em empresas com mindset de crescimento sintam confiança e tenham comprometimento, mas e a rapidez e a inovação? São coisas com as quais as empresas devem se preocupar, e realmente se preocupam. Talvez uma empresa tenha de sacrificar um pouco o conforto e a lealdade para estar na vanguarda. Talvez uma crença no talento fixo motive inovação.

Não parece ser esse o caminho.

Na verdade, os funcionários das empresas com mindset de crescimento são mais propensos a dizer que suas organizações apoiam assumir riscos (calculados), inovação e criatividade. Por exemplo, eles concordaram *muito* mais fortemente com afirmações como: "Esta empresa apoia genuinamente assunção de riscos e me apoiará mesmo que eu falhe" e "As pessoas são encorajadas a ser inovadoras nesta empresa — a criatividade é bem-vinda".

Os funcionários nas empresas com mindset fixo não apenas dizem que suas empresas são menos propensas a apoiá-los quanto aos riscos e à inovação, mas também tendem a concordar muito mais que suas empresas são comumente implacáveis e antiéticas: "Nesta empresa há muita trapaça, tomada de atalhos e corte de custos exagerado" ou "Nesta empresa as pessoas frequentemente escondem informações e mantêm segredos". Não faz muito sentido quando pensamos sobre isso: Quando empresas premiam o talento nato, então todos querem ser o superstar, todos querem brilhar mais do que os outros, e as pessoas talvez sejam mais propensas a trapacear ou a cortar custos para vencer. O trabalho de equipe pode entrar em queda livre.

Assim, funcionários de empresas com mindset de crescimento têm uma visão mais positiva de sua empresa, mas essa admiração é recíproca? Sim! Os supervisores dessas empresas têm opiniões significativamente mais positivas de seus funcionários — e sobre os pontos da empresa com que devem se preocupar. Esses supervisores avaliam seus funcionários como mais colaborativos e mais comprometidos em aprender e crescer. E mais inovadores. E com um potencial de gestão muito maior. Essas são todas as coisas que fazem uma empresa mais ágil e com mais chances de se colocar na vanguarda.

Amo esta descoberta: Supervisores de empresas com mindset de crescimento viram um potencial de gestão muito maior nos membros de sua equipe do que os supervisores de empresas com mindset fixo. Eles observaram futuros líderes em formação. Amo a ironia. Empresas com mindset fixo supostamente buscam por talento, contratam o talento, recompensam o talento — mas, aí, olhavam ao redor e diziam: "Onde está o talento?". O talento não estava florescendo.

Nossos resultados nos mostram que é possível tecer um mindset fixo ou de crescimento dentro da estrutura de uma organização para criar uma cultura de gênio ou uma cultura de desenvolvimento. Todos sabem que os modelos de negócios do passado já não são válidos, e que as empresas modernas devem se reinventar constantemente para se manterem vivas. Quais empresas você acha que têm mais chances de prosperar no mundo atual?

• O lugar em que você trabalha é de mindset fixo ou de crescimento? Você acha que as pessoas estão simplesmente julgando você ou o ajudando a se desenvolver? Talvez você possa transformar seu ambiente de trabalho, fazendo-o ter mais mindset de crescimento, a começar por você mesmo. Há formas pelas quais você possa ser menos defensivo em relação a seus erros? Poderia aproveitar melhor as informações que recebe? Há formas pelas quais você possa criar mais experiências de aprendizado para si?

• Como *você* age em relação às outras pessoas em seu local de trabalho? Você é um chefe de mindset fixo, que se concentra mais em seu poder do que no bem-estar de seus empregados? Costuma afirmar seu status diminuindo os outros? Tenta prejudicar empregados de alta capacidade porque ameaçam você?

Pense em maneiras de ajudar seus empregados a se desenvolver em seu trabalho: aprendizados? Workshops? Sessões de *coaching*? Pense em como você pode começar a considerar seus empregados como colaboradores, como equipe, e tratá-los assim. Faça uma lista de estratégias e experimente-as. Faça isso, ainda que pense em si próprio como um chefe de mindset de crescimento. O apoio bem direcionado e as informações que promovem o crescimento nunca são demais.

• Se você é o dirigente de uma empresa, olhe para ela de uma perspectiva de mindset de crescimento. Será preciso fazer como Lou Gerstner? Pense com seriedade em como eliminar o elitismo e criar uma cultura de autoanálise, comunicação aberta e trabalho de equipe. Leia o excelente livro de Gerstner, *Quem disse que os elefantes não dançam?*, para ver como se faz.

• Seu local de trabalho está organizado para promover o pensamento de grupo? Se estiver, todo o processo de tomada de decisões tem problemas. Crie formas de estimular opiniões alternativas e crítica construtiva. Designe pessoas para fazer o papel de advogado do diabo, defendendo pontos de vista opostos, para que você perceba as deficiências de sua posição. Faça com que as pessoas debatam os diferentes ângulos do assunto. Crie uma caixa de sugestões anônimas para a qual os empregados tenham de contribuir como parte do processo decisório. Lembre-se: as pessoas são capazes de pensar de forma independente e, ao mesmo tempo, trabalhar em equipe. Ajude-as a desempenhar ambos os papéis.

6. Relacionamentos: mindsets apaixonados (ou não)

O que é que se diz sobre o curso do amor verdadeiro: que ele nunca é tranquilo? Bem, o caminho *em direção* ao amor verdadeiro tampouco é tranquilo. Essa estrada é frequentemente repleta de desapontamentos e corações partidos. Algumas pessoas permitem que essas experiências lhes deixem cicatrizes e as impeçam de formar relacionamentos satisfatórios no futuro. Outras conseguem se curar e seguir adiante. O que as diferencia?[1] Para saber, recrutamos mais de cem pessoas e pedimos que nos contassem uma experiência de rejeição terrível.

> Assim que cheguei a Nova York, me senti incrivelmente solitária. Não conhecia ninguém e achei que realmente não pertencia a este lugar. Depois de cerca de um ano de sofrimento, conheci Jack. Posso dizer que nos entendemos imediatamente, parecia que já nos conhecíamos havia muito tempo. Não demorou muito até que resolvêssemos viver juntos, e passamos a fazer tudo juntos. Eu achava que ficaria toda a minha vida com ele, e ele dizia achar o mesmo. Passamos dois anos realmente felizes. Certo dia cheguei em casa e encontrei um bilhete. Ele dizia que precisava ir embora, que não tentasse encontrá-lo. Nem sequer me chamava de "meu amor". Nunca mais soube dele. Às vezes, quando o telefone toca, eu ainda penso que pode ser ele.

Ouvimos diversas variações dessa história. Pessoas de ambos os tipos de mindset contaram fatos semelhantes. Quase todas, em algum momento de suas vidas, tinham se apaixonado e saíram machucadas. O que variava, e de maneira drástica, era a forma pela qual lidaram com isso.

Depois que contaram suas histórias, fizemos perguntas para prosseguir no tema: O que isso significou para você? Como lidou com isso? Que expectativas você tinha?

As pessoas de mindset fixo sentiram-se julgadas e rotuladas pela rejeição. Rotuladas permanentemente. Era como se tivesse havido um veredicto e alguém tivesse gravado em suas testas: DETESTÁVEL. E elas reagiram com fúria.

Como o mindset fixo não lhes proporciona uma fórmula para curar as feridas, nada podiam fazer a não ser esperar pela possibilidade de ferir a pessoa que as magoara. Lydia, a protagonista da história que contei acima, disse-nos que experimentara um sentimento intenso e duradouro de amargura: "Eu me vingaria dele, o faria sofrer como pudesse, se tivesse oportunidade. Ele merece".

De fato, o principal objetivo das pessoas de mindset fixo ficou perfeitamente claro: vingança. Um homem disse: "Ela levou minha dignidade, quando se foi. Não se passou um dia sem pensar como posso fazê-la pagar". Durante o estudo, perguntei a uma de minhas amigas, de mindset fixo, como tinha sido seu divórcio. Nunca esquecerei a resposta dela: "Se eu pudesse escolher entre eu ser feliz e ele infeliz, sem dúvida preferiria que ele sofresse o máximo possível".

A expressão "doce vingança", que exprime a ideia de que com a vingança vem a redenção, deve ter sido cunhada por uma pessoa de mindset fixo, porque pessoas de mindset de crescimento não têm grande interesse em vingar-se. As histórias que contaram eram igualmente dolorosas, mas suas reações não poderiam ser mais diversas.

Para elas, tratava-se de compreender, perdoar e seguir adiante. Embora muitas vezes se sentissem profundamente feridas pelo que acontecera, queriam aprender com a experiência: "Aquele relacionamento, e a forma pela qual terminou, realmente me ensinou a importância da comunicação. Eu costumava achar que o amor vence todos os obstáculos, mas agora sei que é preciso ajudá-lo". O mesmo homem prosseguiu: "Também aprendi alguma coisa sobre a pessoa certa para mim. Acho que cada relacionamento nos ensina um pouco mais a esse respeito".

Há uma expressão francesa que diz: *Tout comprendre c'est tout pardonner*. Compreender tudo é perdoar tudo. É claro que isso pode ser um exagero, mas é um bom ponto de partida. Para as pessoas de mindset de crescimento, o objetivo principal era o perdão. Ouvi isto de uma mulher: "Não sou nenhuma santa, mas sei que foi para minha própria tranquilidade interior que tive de perdoar e esquecer. Ele me feriu, mas eu tinha toda uma vida pela frente e por nada neste mundo queria ficar vivendo no passado. Um dia, eu simplesmente disse: 'Boa sorte para ele e boa sorte para mim'".

Graças ao mindset de crescimento, essas pessoas não se sentiram permanentemente marcadas. Por causa dele, procuraram aprender algo útil a respeito de si mesmas e de seus relacionamentos, algo que pudessem utilizar, a fim de terem melhores experiências no futuro. E sabiam como seguir adiante e abraçar o futuro.

Minha prima Cathy personifica o mindset de crescimento. Há vários anos, depois de 23 anos de casamento, o marido a deixou. Em seguida, para piorar as coisas, ela sofreu um acidente e machucou a perna. Certa noite de sábado, sozinha em casa, ela disse a si mesma: "Quem disse que vou ficar sentada aqui, sentindo pena de mim mesma?". (Talvez essa frase pudesse ser o mantra do mindset de crescimento.) Ela saiu e foi a uma festa, mesmo com o problema na perna, e lá conheceu o futuro marido.

A família Contos não mediu as despesas.[2] Nicole Contos, com seu magnífico vestido de noiva, chegou à igreja num Rolls-Royce. O arcebispo esperava para celebrar o matrimônio, e centenas de amigos e parentes, vindos de todo o mundo, aguardavam o casamento. Tudo estava perfeito, até que um dos padrinhos se aproximou de Nicole e lhe deu a notícia. O noivo não viria. Pode-se imaginar o choque e a dor?

Pensando nas centenas de convidados, a família resolveu manter a recepção e o jantar. Em seguida, reunindo-se em torno de Nicole, perguntaram o que ela queria fazer. Demonstrando grande coragem, ela mudou de roupa e, num vestido preto decotado, compareceu à festa e dançou sozinha a música "I Will Survive". Não era a dança que ela havia esperado, mas isso a transformou em um símbolo de coragem na imprensa de todo o país no dia seguinte. Nicole foi como o jogador de futebol que correu para o lado errado. Era um acontecimento que poderia tê-la marcado e diminuído. Em vez disso, engrandeceu-a.

É interessante. Nicole falou várias vezes sobre a dor e o trauma de ser abandonada no altar, mas nunca usou a palavra "humilhada". Se tivesse julgado a si mesma, sentindo-se uma pessoa falha e indigna — humilhada —, teria saído correndo para se esconder. Mas sua dor clara e limpa lhe permitiu ficar rodeada do amor de seus amigos e parentes e iniciar o processo de cura.

Aliás, o que acontecera ao noivo? Segundo se soube, ele foi para o Taiti, fazendo sozinho a viagem de lua de mel. E o que aconteceu a Nicole? Poucos anos depois, com o mesmo vestido e na mesma igreja, casou-se com um excelente marido. Teve medo? Não, disse ela: "Eu sabia que ele estaria ali".

Se pensarmos na maneira pela qual a rejeição fere e enraivece as pessoas de mindset fixo, não nos admiraremos ao saber que as crianças que seguem esse mindset são as que reagem às provocações e intimidações com ideias de retaliação violenta. Mais tarde voltarei a esse assunto.

RELACIONAMENTOS SÃO DIFERENTES

Em seu estudo sobre pessoas superdotadas, Benjamin Bloom incluiu pianistas, escultores, nadadores olímpicos, tenistas, matemáticos e pesquisadores em neurologia.[3] Deixou de fora, porém, pessoas que tinham jeito para relacionamentos interpessoais. Esse era seu plano. Afinal, há muitas profissões nas quais as aptidões interpessoais desempenham papel importante: professores, psicólogos, administradores, diplomatas. No entanto, por mais que Bloom tentasse, não conseguia encontrar uma forma de medir a habilidade social com a qual todos concordassem.

Às vezes nem sequer temos certeza de que isso seja uma aptidão. Quando vemos pessoas de grande traquejo social, na verdade não pensamos nisso como um dom. Pensamos nelas como pessoas simpáticas ou encantadoras. Quando vemos um casal que se dá excepcionalmente bem, não achamos que os dois sejam competentes em construir relacionamentos; dizemos que são pessoas legais, ou que têm química. O que significa isso?

Significa que, como sociedade, não compreendemos as aptidões sociais. No entanto, os relacionamentos entre pessoas são extremamente importantes. Talvez por isso o livro *Inteligência emocional*, de Daniel Goleman, tenha sido tão bem recebido.[4] Ele afirma: há habilidades socioemocionais, e posso lhe dizer quais são.

Os mindsets acrescentam outra dimensão. Ajudam-nos a compreender melhor por que as pessoas frequentemente não aprendem as habilidades de que necessitam nem usam as que possuem. Por que se lançam com tanta esperança em novos relacionamentos somente para sofrer. Por que muitas vezes o amor se transforma em um campo de batalha terrivelmente sangrento. E o mais importante, ajudam-nos a entender por que certas pessoas *conseguem* construir relacionamentos prazerosos e duradouros.

MINDSETS QUE SE APAIXONAM

Até agora, ter mindset fixo significava acreditar que nossas características pessoais são fixas. Mas nos relacionamentos aparecem outros dois elementos: o parceiro e a própria relação. Agora é possível ter mindset fixo com relação a *três* coisas. Pode-se acreditar que *nossas* qualidades sejam fixas, que as do *parceiro* sejam fixas e que as qualidades do *relacionamento* sejam fixas — que ele seja inerentemente bom ou ruim, que deva acontecer ou que não deva acontecer. Agora tudo isso é objeto de julgamento.

Para o mindset de crescimento, todas essas coisas podem ser aperfeiçoadas. Todas elas — você, seu parceiro e o relacionamento — têm capacidade para crescer e mudar.

No mindset fixo, o ideal é a compatibilidade instantânea, perfeita e perpétua. Assim como deve ser. Assim como cavalgar ao sol poente. Assim como "viveram felizes para sempre".

Muita gente quer sentir que seu relacionamento é especial e não apenas um acontecimento fortuito. Isso parece estar certo. Nesse caso, qual é o problema do mindset fixo? Há dois problemas.

1. Se você precisa se esforçar, é porque não era para ser

Um problema é que pessoas de mindset fixo esperam que tudo o que é bom aconteça automaticamente. Os parceiros não se esforçam para ajudar um ao outro na solução de seus problemas, ou para aprender novas habilidades. Isso acontecerá por mágica, por meio do amor entre ambos, um pouco como aconteceu com a Bela Adormecida, cujo estado de coma foi curado pelo beijo do príncipe, ou com Cinderela, cuja vida triste foi repentinamente transformada por seu príncipe.

As amigas de Charlene lhe falaram sobre Max, um novo músico que tinha chegado à cidade. Viera tocar violoncelo na orquestra sinfônica. Na noite seguinte, Charlene foi com as amigas assistir ao concerto e, quando foram aos bastidores ao final da apresentação, Max tomou a mão de Charlene e disse: "Da próxima vez, vamos fazer com que seja mais longo". Ela ficou impressionada com o jeito intenso e romântico dele, e ele, com os modos encantadores e a aparência exótica dela. Quando saíram, a intensidade aumentou. Pareciam entender-se profundamente. Gostavam das mesmas coisas — restaurantes, analisar pessoas, viajar. Ambos pensavam: *Onde você estava esse tempo todo?*

No entanto, com o tempo, Max começou a se mostrar instável. Na verdade, ele era assim. Mas logo de início não se notava. Quando estava de mau humor, preferia ficar sozinho. Charlene queria saber o que o estava perturbando, mas isso o irritava. "Deixe-me sozinho", insistia ele, cada vez com mais rispidez. Mas Charlene sentia-se desprezada.

Além disso, seus momentos de mau humor nem sempre aconteciam em ocasiões convenientes. Às vezes, os dois tinham combinado de sair. Outras vezes, haviam planejado um jantarzinho a sós. Ou ele queria desistir, ou ela tinha de suportar o silêncio emburrado dele. Se ela tentava puxar uma conversa leve, ele se mostrava decepcionado: "Pensei que você tivesse me entendido".

Os amigos, vendo que os dois se gostavam, insistiram para que se esforçassem para resolver o problema. Mas ambos achavam, com muita tristeza, que, se o relacionamento fosse o que deveria ser, não seria preciso fazer esforço. Se o relacionamento fosse o que deveria ser, cada um seria capaz de compreender e respeitar as necessidades do outro. Assim, foram se afastando e acabaram por terminar o namoro.

No mindset de crescimento, a excitante chama inicial também pode acontecer, mas as pessoas com esse mindset não esperam por passes de mágica. Acreditam que um relacionamento bom e duradouro decorra do esforço e da vontade de resolver as inevitáveis diferenças.

Mas pessoas de mindset fixo não aceitam isso. Lembram-se da ideia, fruto do mindset fixo, de que quem tem talento não precisa se esforçar? A mesma crença se aplica aos relacionamentos: se os parceiros são compatíveis, tudo deveria decorrer naturalmente.

Todos os especialistas em relacionamento, sem exceção, discordam dessa afirmação.

Aaron Beck, renomado psiquiatra, diz que uma das crenças mais destrutivas de uma relação é esta: "Se é preciso que façamos esforço, deve haver algo seriamente errado em nosso relacionamento".[5]

John Gottman, eminente pesquisador de relacionamentos, diz: "Todos os casamentos exigem um esforço para se manter nos trilhos; há uma tensão constante [...] entre as forças que unem e as que podem separar".[6]

Assim como nas realizações pessoais, essa crença — a de que o sucesso não deveria exigir esforço — priva as pessoas do elemento mais importante para que o relacionamento floresça. Provavelmente por isso muitas relações azedam: porque as pessoas acreditam que amar significa nunca precisar fazer nada que exija esforço.

LEITURA DA MENTE

A noção de que casais deveriam ser capazes de ler a mente um do outro faz parte da crença na falta de necessidade de esforço. *Nós somos um só. Meu parceiro deveria perceber o que penso, sinto e preciso, e eu deveria saber o que ele pensa, sente e precisa.* Mas isso é impossível. A leitura da mente, em vez da comunicação, inevitavelmente sai pela culatra.

Elayne Savage, notável psicóloga de famílias, conta o caso de Tom e Lucy.[7] Depois de três meses juntos, Tom disse a Lucy que havia um descompasso no relacionamento dos dois. Lucy, lendo seus pensamentos, achou que Tom queria dizer que a amava menos do que ela a ele. Sentiu-se desencorajada. Deveria romper a relação antes que ele o fizesse? No entanto, depois de uma sessão de terapia, Lucy reuniu coragem para descobrir o que ele queria dizer com aquilo. A verdade era que Tom usara um termo musical para comunicar seu desejo de afinar o relacionamento e levá-lo a um nível mais elevado.

Quase caí na mesma armadilha. Havia conhecido meu marido poucos meses antes, e tudo parecia estar indo muito bem. Mas uma tarde, quando estávamos juntos, ele me disse: "Preciso de mais espaço". Fiquei perplexa. Não podia acreditar no que ouvia. Estaria completamente enganada sobre nosso relacionamento? Finalmente, reuni toda a minha coragem. "O que você quer dizer com isso?", perguntei. "Preciso que você chegue um pouquinho para o lado no sofá, para me dar mais espaço", respondeu ele. Ainda bem que perguntei.

É estranho acreditar na leitura dos pensamentos, mas isso faz sentido quando você percebe que muita gente de mindset fixo está convencida de que, *num casal, ambos deveriam ter sempre a mesma opinião*.

Se para você é assim, não é preciso comunicação; basta presumir que seu parceiro vê as coisas da mesma forma que você.

Raymond Knee e seus colegas recebiam casais para debater as opiniões deles sobre seu relacionamento.[8] Os de mindset fixo se sentiam ameaçados e agiam com hostilidade depois de falar até mesmo de *pequenas discrepâncias* na forma pela qual cada um via o relacionamento. Mesmo um desacordo pouco importante ameaçava a crença de que compartilhavam as mesmas opiniões.

É impossível a um casal compartilhar tudo o que o parceiro presume ou espera. Ele pode presumir que a mulher pare de trabalhar e passe a ser sustentada; ela, que também contribuirá para as despesas. Um pode presumir que terão uma casa no subúrbio, e o outro, que viverão num ninho de amor boêmio.

Michael e Robin haviam concluído a universidade e estavam prestes a se casar. Ele era do tipo que gosta de um lar na zona boêmia. Imaginava que depois do casamento iriam gozar a vida jovem e alegre de Greenwich Village. Por isso, ao encontrar o apartamento ideal, achou que ela ficaria encantada. Mas ela, quando o viu, ficou enlouquecida. Durante toda a vida, tinha morado em apartamentos pequenos e apertados, e estava vendo isso acontecer de novo. Achava que os casais devem morar em casas novas, com carros novos estacionados do lado de fora. Ambos sentiram-se traídos, e não melhoraram muito depois disso.

Os casais às vezes acreditam erroneamente que concordam sobre os direitos e deveres de cada um. Preencham o espaço em branco:

"Como marido, tenho o direito de ...., e minha mulher tem o dever de ...."

"Como esposa, tenho o direito de ...., e meu marido tem o dever de ...."

Poucas coisas são capazes de enfurecer mais os parceiros do que a violação de seus direitos. E poucas coisas fazem um parceiro ficar mais furioso do que ver que o outro se sente autorizado a fazer alguma coisa que o primeiro não considera ser seu direito.

John Gottman relata: "Entrevistei homens recém-casados que me disseram orgulhosamente: 'Eu não vou lavar os pratos, nada disso. Isso é coisa de mulher'. Dois anos depois, as mesmas pessoas me perguntam: 'Por que eu e minha mulher não fazemos mais sexo?'".[9]

É claro que um casal pode concordar em assumir os papéis tradicionais. Isso é problema deles. Mas é muito diferente de considerar isso um direito.

Quando Janet (analista financeira) e Phil (corretor de imóveis) se conheceram, ele tinha acabado de comprar um apartamento novo e estava pensando em dar uma festa de inauguração, um jantar para um grupo de amigos. Janet disse: "Vamos fazer a festa", e ele ficou animado. Ela estava pensando na primeira pessoa do plural, em *nós*. Como tinha mais experiência em cozinhar e dar festas, ela tratou da maior parte dos preparativos, e fez isso com prazer. Ficou feliz em vê-lo contente com a possibilidade de realizar aquele evento. O problema começou depois que os convidados chegaram. Phil simplesmente foi à festa. Comportou-se como um convidado. Parecia que era ela quem tinha de fazer todo o trabalho. Janet ficou furiosa.

A maneira madura de agir teria sido chamá-lo à parte e discutir o assunto. Mas ela resolveu dar uma lição, e também passou a agir como convidada. Felizmente, a presunção e a retaliação não se transformaram em rotina no relacionamento. Em vez disso, a regra foi a comunicação. Depois disso os problemas passaram a ser debatidos, e não presumidos.

Um relacionamento sem esforço estará condenado ao fracasso, e não será um bom relacionamento. É preciso se esforçar para se comunicar de maneira adequada e para descobrir e resolver esperanças e crenças conflitantes. Isso não significa que seja impossível "viver felizes para sempre", mas provavelmente que "se esforçaram felizes para sempre".

2. Problemas indicam falhas de caráter

A segunda grande dificuldade decorrente do mindset fixo é a crença de que os problemas são sinal de deficiências profundas. Mas, assim como não há grandes realizações sem dificuldades, também não há excelentes relacionamentos sem conflitos e problemas ao longo do caminho.

Quando pessoas de mindset fixo falam de seus conflitos, atribuem culpa. Às vezes, culpam-se, mas em geral culpam o parceiro. E atribuem a culpa a um *traço* – uma falha do caráter.[10]

Mas não termina aí. Quando as pessoas culpam a personalidade do parceiro pelo problema, sentem-se irritadas e contrariadas em relação a ele.

E não há saída: como as características fixas são a origem do problema, este não pode ser resolvido.

Assim, uma vez descobertas as falhas de seus parceiros, pessoas de mindset fixo passam a desprezá-los e a sentirem-se insatisfeitas com a relação como um todo.[11] (Por outro lado, pessoas de mindset de crescimento veem as imperfeições de seus parceiros e, mesmo assim, consideram o relacionamento satisfatório.)

Às vezes, pessoas de mindset fixo não querem enxergar os problemas do parceiro ou do relacionamento, para não terem de se aborrecer.

Todos achavam que Yvonne estava tendo um caso. Ela recebia telefonemas misteriosos. Muitas vezes se atrasava para buscar as crianças na escola. Passou a "sair mais com as amigas" à noite. Outras vezes, mostrava-se distraída. O marido, Charlie, achava que era apenas uma fase. "Todas as mulheres passam por isso", dizia ele. "Não significa que ela tenha um amante."

O melhor amigo de Charlie insistiu para que ele averiguasse. Mas Charlie achou que, se enfrentasse a realidade – e ela fosse negativa –, seu mundo desmoronaria. No mindset fixo, ele teria de enfrentar a ideia de que ou (1) a mulher que amava era uma pessoa ruim, ou (2) ele não era bom o bastante e a afastara de si, ou (3) o relacionamento estava irremediavelmente comprometido.

Charlie não era capaz de lidar com nenhuma dessas três hipóteses. Não lhe ocorreu que há problemas que podem ser resolvidos, que ela estava mandando um recado que desejava desesperadamente que ele entendesse: *Não me considere algo corriqueiro. Preciso de mais atenção.*

O mindset de crescimento não o faria necessariamente enfrentar a mulher, mas a situação. Ele refletiria sobre o que poderia estar errado. Talvez examinasse a questão com alguém que o aconselhasse e tomasse uma decisão bem pensada sobre o próximo passo. Se *houvesse* problemas a resolver, pelo menos haveria uma possibilidade.

AMBOS PERDEDORES

As amigas de Penélope viviam se queixando de que não existem homens bons. Penélope saía e os encontrava. A cada vez, encontrava um homem maravilhoso e se apaixonava por ele. "Esse é pra valer", dizia ela, começando a ler as revistas de noivas e praticamente redigindo o convite de casamento. Elas acreditavam, porque era sempre alguém que demonstrava muitas qualidades.

Mas, de repente, algo acontecia. Uma vez terminou o relacionamento porque ganhou um presente de mau gosto. Outra, o cara gostava de ketchup na comida e, às vezes, usava sapatos brancos. Outro namorado tinha maus hábitos eletrônicos: não largava o celular e via televisão demais. E essa lista é apenas parcial.

Presumindo que essas características eram fixas, Penélope não estava disposta a conviver com tais defeitos. Mas a maior parte não se referia a problemas graves de caráter que não pudessem ser tratados com alguma comunicação.

Meu marido e eu já estávamos juntos havia quase um ano e, quando meu aniversário se aproximou, dei um recado claro: "Não sou mercenária, mas gosto de um bom presente". Ele disse: "Não é a intenção que vale?". Respondi: "Isso é o que as pessoas dizem quando não têm boas intenções".

"Uma vez por ano", continuei, "cada um de nós tem seu dia. Amo você e pretendo gastar tempo e esforço na escolha de seu presente. Gostaria que você fizesse o mesmo." Ele nunca me decepcionou.

Penélope presumia que, em algum lugar, havia alguém perfeito. O especialista em relacionamentos Daniel Wile diz que escolher um parceiro é escolher um monte de problemas. Não há candidatos sem problemas. O truque é reconhecer as limitações de cada um e construir a partir daí.

OS DEFEITOS VOAM

Brenda e Jack eram clientes de Daniel Wile, que relata o seguinte: Brenda chegou do trabalho e contou a Jack uma história longa e detalhada, sem propósito visível.[12] Ele ficou entediado, mas procurou ocultar o tédio, para ser delicado. Brenda, no entanto, percebeu e, procurando ser mais divertida, começou a contar outra história, também relativa a seu trabalho. Jack estava quase explodindo. Ambos esgrimiam mentalmente características negativas um do outro. Segundo Wile, eles pensavam: *Brenda é chata, Jack é egoísta,* e *nosso relacionamento não presta.*

Na verdade, ambos tinham boas intenções. Brenda temia contar sem rodeios que tivera um grande êxito no trabalho naquele dia. Não queria parecer que estava contando vantagens. Em vez disso, falou de pequenos detalhes de seu projeto. Jack não queria ser indelicado, e por isso, em vez de fazer perguntas ou se mostrar desconcertado, permaneceu calado e esperou o fim da narrativa.

Bastaria que Jack dissesse: "Sabe, meu bem, com tantos detalhes eu perco o fio da meada e fico sem entender. Por que não me diz o motivo de seu entusiasmo por esse projeto? Eu realmente gostaria de saber".

Era um problema de comunicação, e não de personalidade ou de caráter. Mas, no mindset fixo, a culpa chega rápida e furiosamente.

A propósito, adoro essas histórias. Quando eu era menina, o *Ladies' Home Journal* costumava trazer uma seção intitulada: "É possível salvar este casamento?". Em geral, a resposta era afirmativa. Eu devorava aquelas histórias, fascinada pelos vários motivos que podiam acabar com um casamento e ainda mais fascinada pelas maneiras de impedi-lo.

A história de Ted e Karen, contada por Aaron Beck, mostra como duas pessoas de mindset fixo passaram, uma aos olhos da outra, de possuidoras de todas as boas características a donas de todas as más.[13]

Quando Ted e Karen se conheceram, eram opostos que se atraíam. Karen irradiava espontaneidade e leveza. Ted, um homem sério que levava nas costas o fardo do mundo, achou que a presença despreocupada dela transformava sua vida. "Tudo o que ela diz e faz é encantador", rejubilava-se ele.[14] Em troca, Ted representava a "figura paterna", firme como uma rocha, que ela jamais tivera. Ele era exatamente o tipo de pessoa estável e confiável que podia lhe proporcionar uma sensação de segurança.

Mas, poucos anos depois, Ted considerava Karen uma cabeça de vento irresponsável. "Ela nunca leva nada a sério [...] não posso confiar nela."[15] E Karen via em Ted um juiz tirano, que dissecava todos os seus movimentos.

No final, o casamento foi salvo simplesmente porque o casal aprendeu a reagir um ao outro não com rótulos raivosos, mas com ações prestativas. Certo dia, em que Karen estava muito ocupada, Ted chegou do trabalho e encontrou a casa desarrumada. Ele se irritou e pensou em reclamar, mas, utilizando o que aprendera com Beck, perguntou a si mesmo: "Qual é a reação madura?".[16] Respondeu à sua própria pergunta começando a ajudá-la. Estava oferecendo apoio em vez de julgamento.

É POSSÍVEL SALVAR ESTE CASAMENTO?

Aaron Beck aconselha os casais a nunca cultivar estes pensamentos de mindset fixo: *Meu parceiro é incapaz de mudar. Nada pode melhorar nosso relacionamento.*[17] Essas ideias, diz ele, são quase sempre equivocadas.

Às vezes é difícil não pensar assim, como no caso de Bill e Hillary Clinton. Quando era presidente, Clinton mentiu ao país e à mulher sobre seu relacionamento com Monica Lewinsky. Hillary defendeu-o: "Meu marido pode ter seus defeitos, mas nunca mentiu para mim".[18]

A verdade veio à tona, como em geral acontece, especialmente quando ajudada por um promotor especial. Hillary, traída e furiosa, tinha de decidir se Bill era um marido permanentemente ruim e indigno de confiança ou se era uma pessoa que precisava de ajuda.

Esta é uma boa ocasião para destacar um ponto importante: a crença de que os parceiros têm potencial de mudança não deve ser confundida com a crença de que efetivamente *mudarão*. O parceiro tem de querer mudar, dedicar-se a mudar e agir concretamente para a mudança.

O casal Clinton procurou aconselhamento, e passou um dia por semana nesse processo durante um ano inteiro. Por meio do aconselhamento, Bill passou a entender que, por ser filho de pais alcoólatras, aprendera a ter uma vida dupla.[19] Por um lado, aprendera a suportar responsabilidades excessivas muito cedo — por exemplo, ainda menino, ao proibir severamente o padrasto de bater na mãe. Por outro lado, havia outra parte de sua vida em que assumia pouca responsabilidade, fazendo de conta que tudo estava bem, acontecesse o que acontecesse. Por isso, foi capaz de aparecer na TV e afirmar veementemente que não tinha envolvimento com Lewinsky. Estava naquele espaço de irresponsabilidade e elevada negação.

As pessoas insistiam com Hillary para que o perdoasse. Certa noite, Stevie Wonder ligou para a Casa Branca e perguntou se podia visitá-la.[20] Fizera uma canção sobre o poder do perdão, e a tocou para ela.

Mas Hillary não perdoaria uma pessoa que considerava mentirosa e falsa. Somente perdoaria um homem que ela acreditasse estar dedicado a enfrentar seus problemas e que estivesse procurando se aperfeiçoar.

O PARCEIRO COMO INIMIGO

Com o mindset fixo, em um momento seu parceiro é a luz de sua vida, no seguinte é seu adversário. Por que as pessoas transformariam o ser amado em inimigo?

Quando você fracassa em outros empreendimentos, é difícil ficar culpando outra pessoa. Mas, quando alguma coisa vai mal num relacionamento, é fácil culpar o outro. Com efeito, no mindset fixo há um número limitado de opções. Uma é culpar nossas próprias características permanentes; outra é culpar as do parceiro. É claro que o mais tentador é empurrar a culpa para o outro.

Como herança de meu mindset fixo, ainda sinto um ímpeto irresistível de me defender e responsabilizar o outro quando alguma coisa vai mal num relacionamento. "A culpa não é minha!" Para lidar com esse mau hábito, eu e meu marido inventamos uma terceira pessoa, um homem imaginário, chamado Maurice. Sempre que começamos a pensar em quem botar a culpa, invocamos o pobre Maurice e a atribuímos a ele.

Lembram-se de como é difícil perdoar, para os que têm mindset fixo? Em parte isso acontece porque se sentem marcados por uma rejeição ou pelo fim da relação. Mas também significa que, se perdoarem o parceiro ou a parceira, se o considerarem uma pessoa de bem, terão de assumir uma parcela maior da culpa: se meu parceiro é uma boa pessoa, eu devo ser uma má pessoa. Deve ser minha a culpa.

O mesmo pode acontecer com os pais. Se o relacionamento com um dos pais é complicado, de quem é a culpa? Se seus pais não o amaram o bastante, eram eles maus progenitores ou você não merecia ser amado? São essas as assustadoras perguntas que nos perturbam no mindset fixo. Há saída?

Vivi muito esse dilema. Minha mãe não me amava. Durante a maior parte de minha vida, lidei com isso culpando-a e sentindo-me amargurada. Mas simplesmente me proteger já não me satisfazia. Eu ansiava por um relacionamento de amor com minha mãe. Ainda assim, a última coisa que eu queria ser era uma dessas crianças que suplicam a aprovação de um progenitor que se distancia. Então, compreendi uma coisa. Eu controlava uma parte do relacionamento, a minha parte. Podia ficar com a minha metade. Pelo menos, podia ser a filha amorosa que desejava ser. De certa forma, não importava o que ela fizesse. Eu estaria sempre adiante de onde estava agora.

Como isso terminou? Experimentei uma poderosa sensação de crescimento ao deixar de lado minha amargura e me apresentar ao relacionamento. O resto não é realmente importante, porque eu não estava em busca de reconhecimento, mas vou contar assim mesmo. Aconteceu uma coisa inesperada. Três anos depois, minha mãe me disse: "Se alguém me dissesse que eu não amava meus filhos, eu me sentiria ofendida. Mas agora compreendo que isso era verdade. Não sei se isso era porque nossos pais não nos amavam, ou porque eu estava muito preocupada comigo mesma, ou porque eu não sabia o que era o amor; mas agora eu sei".

Desde aquela época até a morte dela, 25 anos depois, ficamos cada vez mais próximas. Já éramos pessoas animadas, mas ficamos ainda mais extrovertidas na presença uma da outra. Certa vez, depois que ela teve um derrame, os médicos me avisaram que ela não estava falando e que talvez nunca mais viesse a falar novamente. Entrei no seu quarto, ela me olhou e disse: "Carol, adoro seu vestido".

O que me permitiu dar aquele primeiro passo, escolher o crescimento e me arriscar a ser rejeitada? No mindset fixo, eu tinha necessidade da culpa e da amargura. Isso fazia com que me sentisse mais virtuosa, mais poderosa e mais íntegra do que pensar que estava errada. O mindset de crescimento me permitiu deixar de lado a culpa e seguir em frente. O mindset de crescimento me deu uma mãe.

Lembro-me de que quando éramos crianças e fazíamos alguma coisa errada, como deixar cair sorvete no sapato, virávamos para nosso amigo e dizíamos: "Veja o que você me fez fazer". Culpar o outro pode fazer com que nos sintamos menos idiotas, mas continuamos com o sorvete no sapato, e passamos a ter um amigo na defensiva. Num relacionamento, o mindset de crescimento nos permite passar além da culpa, compreender o problema e procurar resolvê-lo — junto com o outro.

COMPETIÇÃO: QUEM É O MELHOR?

No mindset fixo, em que é preciso constantemente provar nossa competência, é fácil entrar em competição com o parceiro. Quem é o mais inteligente, o mais talentoso e o mais agradável?

Susan tinha um namorado que se preocupava com o fato de que ela fosse o centro das atenções e ele, um simples acompanhante. Se ela fosse alguém, ele seria ninguém. Mas Martin estava longe de ser ninguém. Era muito bem-sucedido, até mesmo reverenciado, em seu campo de atividade. Era também bem-apessoado e estimado. Então, no começo, Susan não deu importância a isso. Um dia, foram a uma conferência fora da cidade. Chegaram separadamente, e, ao se registrar no hotel, Susan conversara com os simpáticos funcionários da portaria. Na mesma noite, quando os dois passaram juntos pelo saguão, todos a cumprimentaram calorosamente. Martin apenas resmungou. Em seguida, tomaram um táxi para ir jantar. Próximo ao fim do trajeto, o motorista começou a elogiá-la: "Trate bem dela. Sim, senhor, ela merece". Martin franziu a testa. O fim de semana inteiro foi assim, e quando voltaram para casa o relacionamento estava muito tenso.

Martin não era ativamente competitivo. Não procurava ofuscar Susan, simplesmente lamentava a popularidade dela, que parecia maior do que a dele. Mas alguns parceiros desistem com mais facilidade.

Cynthia, uma cientista, era muito competente em quase tudo o que fazia, tanto que deixava seus parceiros um pouco por baixo. Isso poderia não causar problemas se ela não acabasse sempre se aventurando no território deles. Ela se casou com um ator e começou a escrever peças e atuar nelas — magnificamente. Dizia que estava apenas procurando compartilhar a vida e os interesses dele. Logo seu hobby começou a ofuscar de tal modo a carreira dele que ele achou que precisava se afastar do relacionamento para voltar a se encontrar. Ela acabou se casando com um músico que era excelente cozinheiro, e rapidamente passou a tocar piano e a inventar receitas incríveis. Mais uma vez, o marido deprimido acabou por ir embora. Cynthia não deixava espaço para a identidade de seus parceiros; precisava se igualar a eles ou ultrapassá-los em quaisquer aptidões que tivessem.

Há muitas maneiras adequadas de apoiar os parceiros ou demonstrar interesse em suas vidas. Essa não é uma delas.

DESENVOLVER-SE NO RELACIONAMENTO

Quando as pessoas entram em um relacionamento, encontram um parceiro que é diferente delas e não sabem como lidar com as diferenças. Num bom relacionamento, elas desenvolvem essa capacidade, e, à medida que o fazem, ambos crescem e o relacionamento se aprofunda. Mas, para que isso aconteça, é preciso que ambos sintam que estão do mesmo lado.

Laura teve sorte. Podia ser egoísta e manter-se na defensiva, gritar e fazer cara feia que James nunca tomava isso em termos pessoais e sempre achava que ela estava presente quando precisava dela. Por isso, quando ela se alterava, ele a acalmava e fazia com que falasse sobre o problema. Com o tempo, ela aprendeu a deixar de gritar e fechar a cara.

À medida que a atmosfera de confiança aumentava, cada um começou a se interessar vitalmente pelo desenvolvimento do outro. James estava abrindo uma empresa e Laura passava horas com ele, debatendo os planos e alguns dos problemas que ele estava encontrando. Laura sempre sonhara em escrever livros infantis. James a fez falar de suas ideias e preparar um primeiro rascunho. Insistiu com ela para que entrasse em contato com um ilustrador conhecido. No contexto do relacionamento, cada um dos parceiros ajudava o outro a fazer as coisas que tinha vontade de fazer e tornar-se a pessoa que desejava ser.

Não faz muito tempo, eu conversava com uma amiga sobre a opinião de algumas pessoas a respeito da importância dos pais na educação de uma criança — alguns acham que os pais não fazem grande diferença. Para explicar essa posição, ela comparava isso com o relacionamento num casamento: "É como os parceiros em um casamento. Cada um chega a essa relação já completamente formado, e não se deve pretender modificar o parceiro".

"Ora, não", respondi. "Para mim, o casamento é justamente estimular o desenvolvimento do parceiro, na mesma medida em que ele estimula o nosso."

Mas eu não falava de uma coisa do tipo *My Fair Lady*, na qual se procura operar uma mudança completa no parceiro, que passa a achar que não é bom o bastante como é. Estou falando em parceiros que se ajudam, dentro do relacionamento, a atingir seus próprios objetivos e a realizar seu próprio potencial. Isso é o mindset de crescimento em ação.

As amizades, como as parcerias, são oportunidades para realçar o desenvolvimento um do outro, e para se valorizar mutuamente. As duas coisas são importantes. Amigos podem compartilhar a sabedoria e a coragem para tomar decisões que os engrandeçam, e assegurar um ao outro que possuem boas qualidades. Apesar dos perigos dos elogios, há momentos em que precisamos que alguém nos confirme algo a nosso respeito: "Diga-me que não sou uma pessoa ruim por ter rompido com meu namorado". "Diga-me que não sou burro, mesmo não tendo passado nos exames."

Com efeito, essas ocasiões nos dão a possibilidade de proporcionar apoio e passar uma mensagem de crescimento: "Você se dedicou a esse relacionamento durante três anos, e ele não fez nenhum esforço para melhorar as coisas. Acho que tem razão em seguir adiante com sua vida". Ou então: "O que aconteceu naquele exame? Você compreendeu bem a matéria? Estudou o suficiente? Acha que precisa de um professor particular? Vamos conversar sobre isso".

Mas, como em todos os relacionamentos, a necessidade das pessoas de se provarem a si mesmas pode inclinar o fiel da balança na direção errada. Sheri Levy realizou um estudo que não tratava especificamente da amizade, mas que demonstra um ponto importante e pertinente.

Levy mediu a autoestima de adolescentes do sexo masculino e depois perguntou-lhes até que ponto acreditavam em estereótipos negativos sobre as meninas. Por exemplo, até que ponto achavam que elas eram piores em matemática, ou que eram menos racionais do que os meninos? Em seguida, mediu-lhes novamente a autoestima.

Os que tinham mindset fixo demonstraram um aumento de autoestima ao endossar os estereótipos. Achar que as meninas eram mais burras e menos racionais fazia com que se sentissem melhor consigo mesmos. (Os meninos de mindset de crescimento mostraram menor probabilidade de concordar com os estereótipos, e, mesmo quando o faziam, seu ego não inflava.)

Essa mentalidade pode intervir nas amizades. A questão é: *Quanto mais por baixo você estiver, melhor eu me sentirei.*

Certo dia, eu conversava com uma amiga querida e muito sábia. Estava desconcertada pela maneira como ela suportava o comportamento de algumas de suas amigas. Na verdade, estava espantada até mesmo pelo fato de que tivesse aquelas amigas. Uma delas, muitas vezes, agia de forma irresponsável; outra flertava descaradamente com seu marido. A resposta da minha amiga foi que todos têm virtudes e defeitos e que, na verdade, se procurarmos somente pessoas perfeitas, nosso círculo social ficará empobrecido. Havia, no entanto, uma coisa que ela não suportava: pessoas que a fizessem se sentir mal consigo mesma.

Todos conhecemos pessoas assim. Podem ser brilhantes, encantadoras e divertidas, mas, quando estamos em sua companhia, sentimo-nos diminuídos. Você pode perguntar: "Estarei querendo me enganar?". Mas em geral são eles que procuram se elevar afirmando a própria superioridade e a sua inferioridade. Isso pode ser feito diminuindo você de maneira ativa, ou tratando-o de forma descuidada. De qualquer jeito, você é o veículo para a confirmação do valor deles (e também é sua vítima).

Eu estava na festa de cinquenta anos de uma amiga, e a irmã dela fez um discurso, supostamente em sua homenagem. A irmã falou do insaciável apetite sexual de minha amiga e de como ela ficaria feliz se encontrasse um homem mais jovem para se casar, capaz de aguentar sua energia. "Sempre de brincadeira", ela falou da aparência, da inteligência e da capacidade maternal de minha amiga. Depois de um elogio daquele tipo, lembrei-me do ditado: "Com amigos assim, você não precisa de inimigos".

É difícil perceber quando os amigos não nos desejam o melhor. Certa noite, tive um sonho muito nítido. Alguém, uma pessoa que eu conhecia bem, entrava em minha casa e tirava uma por uma todas as coisas de que eu mais gostava. No sonho, eu via o que estava acontecendo, mas não sabia quem era. Num certo momento, pedi ao intruso: "Por favor, poderia não levar este aí, que significa muito para mim". Mas a pessoa continuou a levar tudo o que tinha valor. Na manhã seguinte, percebi quem era e o que aquilo significava. Durante todo o ano anterior, um amigo íntimo tinha me chamado muitas vezes para que eu o ajudasse em seu trabalho. Eu concordara. Ele estava muito tenso, e, no início, fiquei satisfeita em usar em seu benefício a capacidade que possuía. Mas aquilo não tinha fim, não era recíproco, e, além de tudo, ele me castigou: "Não pense que você seria capaz de fazer um trabalho tão bom. Você pode me ajudar a polir meu trabalho, mas jamais seria tão criativa". Ele precisava me diminuir para se sentir bem. Meu sonho me avisava que era hora de tomar uma decisão.

Receio que também tenha sido culpada, por estar usando o mindset fixo. Não costumo diminuir ninguém, mas, quando você precisa de afirmação, usa os outros para isso. Uma vez, quando eu ainda era estudante de graduação, tomei um trem para Nova York e me sentei ao lado de um empresário muito agradável. Em minha opinião, conversamos animadamente durante a viagem de uma hora e meia, mas, no final, ele me disse: "Obrigado por me contar tudo sobre você". Fiquei surpresa. Ele era a pessoa ideal para me legitimar – bem-apessoado, inteligente e bem-sucedido. E foi para isso que o usei. Eu não tinha demonstrado interesse por ele como pessoa, somente como espelho para minha excelência. Felizmente para mim, o que ele refletiu em seu espelho foi uma lição muito mais valiosa.

A sabedoria convencional diz que nos momentos de necessidade é que sabemos quem são nossos amigos. Claro que essa opinião tem méritos. Quem fica a seu lado, dia após dia, quando você enfrenta problemas? No entanto, uma pergunta bem mais difícil é: A quem você pode recorrer quando acontecem coisas boas? Por exemplo, quando encontra um parceiro maravilhoso. Quando recebe uma excelente proposta de emprego ou uma promoção. Quando seu filho tem sucesso. Quem ficaria feliz em saber essas coisas?

Seus fracassos e problemas não ameaçam a autoestima alheia. Para o ego, é fácil ser compreensivo em relação a uma pessoa necessitada. Suas boas qualidades e sucessos é que constituem problemas para as pessoas que alimentam a própria autoestima sentindo-se superiores.

TIMIDEZ

Sob certos aspectos, a timidez é o contrário do que estávamos comentando. Examinávamos pessoas que usam outras para se estimular. Os tímidos se preocupam com a possibilidade de que os outros os diminuam. Frequentemente têm receio de ser julgados ou de se envergonhar em situações sociais.

A timidez pode impedir que as pessoas façam amigos ou desenvolvam relacionamentos. Quando estão em companhia de novos conhecidos, os tímidos admitem que se sentem ansiosos, seu coração dispara, seu rosto enrubesce, eles evitam o contato visual e podem tratar de terminar a interação o mais rapidamente possível. No fundo, os tímidos podem ser maravilhosos e interessantes, mas frequentemente não são capazes de demonstrar isso a pessoas até então desconhecidas. E sabem disso.

O que os mindsets podem nos ensinar a respeito da timidez? Para descobrir, Jennifer Beer estudou centenas de pessoas.[21] Verificou seus mindsets, avaliou seu grau de timidez e os reuniu em pares, para se conhecerem. Foi tudo filmado, e, mais tarde, avaliadores treinados assistiram aos filmes para tirar conclusões.

Beer descobriu, primeiro, que entre as pessoas de mindset fixo a incidência da timidez era maior. Isso faz sentido. O mindset fixo faz com que você se preocupe com o julgamento, o que pode torná-lo mais ansioso e preocupado. Mas havia muitos tímidos nos grupos de ambos os mindsets, e, ao examiná-los mais de perto, ela descobriu algo ainda mais interessante.

A timidez prejudicava a interação social das pessoas de mindset fixo, mas não as relações sociais das de mindset de crescimento. As avaliações dos observadores mostraram que, embora as pessoas tímidas — tanto as de mindset fixo quanto as de mindset de crescimento — se mostrassem muito nervosas nos primeiros cinco minutos de interação, a partir daí, as tímidas de mindset de crescimento exibiam aptidões sociais muito maiores, eram mais simpáticas e criavam uma interação mais agradável. Na verdade, começavam a parecer que não eram tímidas.

Há bons motivos para que isso acontecesse. Para começar, os tímidos de mindset de crescimento consideravam as situações sociais como desafios. Embora se sentissem ansiosos, recebiam abertamente a possibilidade de conhecer uma nova pessoa. Os tímidos de mindset fixo, ao contrário, queriam evitar conhecer alguém que pudesse possuir traquejo social maior do que o deles. Disseram estar preocupados em não cometer erros. Assim, as pessoas dos dois tipos enfrentavam a situação com atitudes diferentes. Um grupo aceitava o desafio; o outro temia o risco.

Armados com essas atitudes diferentes, os tímidos de mindset de crescimento se sentiam menos tímidos e menos nervosos à medida que a interação prosseguia, enquanto os de mindset fixo continuavam a se mostrar nervosos e a se comportar de maneira socialmente desajeitada, evitando o contato visual ou procurando não conversar.

Podemos perceber de que modo essas atitudes diferentes interferem na formação de novas amizades. As pessoas tímidas mas de mindset de crescimento assumem o controle de sua timidez. Vão em frente, procuram conhecer pessoas novas, e, depois que seus nervos se acalmam, seus relacionamentos prosseguem de maneira normal. A timidez não as tiraniza.

Mas nas pessoas de mindset fixo a timidez assume o controle. Faz com que elas se afastem de situações sociais com pessoas novas, e, quando se veem numa dessas situações, não baixam a guarda e não esquecem seus temores.

Scott Wetzler, terapeuta e professor de psiquiatria, pinta o retrato de seu cliente George, uma imagem de pessoa tímida de mindset fixo.[22] George era incrivelmente tímido, especialmente com mulheres. Ficava tão ansioso por parecer despreocupado, espirituoso e confiante, e tão concentrado em não se mostrar superansioso e incompetente, que ficava paralisado e agia com frieza. Jean, uma bonita colega de trabalho, começou a flertar com ele, mas George ficou tão perturbado que passou a evitá-la. Certo dia, ela se aproximou dele num café e sugeriu galantemente que a convidasse a se sentar junto a ele. Sem conseguir articular uma resposta inteligente para impressioná-la, ele acabou dizendo: "Para mim não faz diferença que você me acompanhe ou não".[23]

George, *o que* você fez? Estava procurando se proteger de uma rejeição, tentando não mostrar muito interesse. E também tentava acabar com aquela situação embaraçosa. Conseguiu, de forma estranha. Sem dúvida, não pareceu muito interessado, e a interação terminou em seguida, pois Jean saiu dali rapidamente. George era exatamente igual às pessoas do estudo de Jennifer Beer, controlado pelo receio de julgamento social e impedido de fazer contato.

Wetzler, aos poucos, fez com que George abandonasse seu foco exclusivo na possibilidade de ser julgado. Acabou por compreender que Jean não pretendia avaliá-lo nem humilhá-lo, estava apenas tentando conhecê-lo. Quando o foco passou a ser o de desenvolver um relacionamento em vez de estar sendo julgado, George tornou-se capaz de interagir com interesse. Apesar de sua ansiedade, aproximou-se de Jean, pediu desculpas por sua grosseria e convidou-a para almoçar. Ela aceitou. E, além de tudo, não foi nem um pouco crítica, como ele temia.

BULLIES E VÍTIMAS: VINGANÇA REVISITADA

Voltamos à rejeição, porque não é somente nos relacionamentos amorosos que as pessoas passam por terríveis rejeições. Isso acontece todos os dias nas escolas. Algumas crianças são vítimas desde a escola fundamental. São ridicularizadas, atormentadas e apanham das outras, mesmo não tendo feito nada de errado. Pode ser que isso ocorra porque tenham personalidade mais tímida, pela aparência, por sua história de vida ou por sua inteligência (às vezes, não são suficientemente inteligentes; outras vezes, inteligentes demais). Pode ser uma experiência cotidiana que transforma a vida em um pesadelo e provoca anos de depressão e raiva.

Para piorar, frequentemente as escolas não tomam qualquer providência. Isso porque muitas vezes as coisas acontecem longe da vista dos professores, ou porque os protagonistas são os alunos mais populares da escola, como os atletas. Nesse caso, pode ser que as *vítimas*, e não os bullies, sejam consideradas problemáticas ou desajustadas.

Como sociedade, até recentemente, não prestávamos muita atenção. Então, vieram os tiroteios nas escolas. Em Columbine, o caso mais notório, os dois meninos tinham sido implacavelmente atormentados durante anos.[24] Outro aluno, também objeto de maus-tratos, contou o que sofreram no ensino médio.

Nos corredores, os brutamontes os empurravam para dentro de armários e os xingavam enquanto os demais riam do espetáculo. No almoço, jogavam suas bandejas no chão e pisavam nelas, ou atiravam a comida sobre eles. Enquanto as vítimas comiam, empurravam sua cabeça para dentro do prato. Nos vestiários, antes das aulas de educação física, os bullies os espancavam, porque os professores não estavam por perto.

Quem são os bullies?

O bullying envolve julgamento. Trata-se de demonstrar quem é mais importante ou tem mais valor. As crianças mais fortes julgam as mais fracas. Acreditam que estas são seres humanos menos valiosos, e fazem com que elas compreendam isso todos os dias. E é evidente o que os bullies obtêm com isso. Como os meninos do estudo de Sheri Levy, aumentam sua autoestima. Não porque sua autoestima seja baixa, mas julgar e diminuir os outros lhes dá um acréscimo de autoestima. Os bullies também ganham status social com esses atos. Os demais os consideram interessantes, poderosos ou divertidos. Podem também temê-los. De qualquer forma, sua posição no grupo cresce.

Nos bullies, há uma boa dose de pensamento derivado do mindset fixo: algumas pessoas são superiores, e outras, inferiores. E os juízes são os próprios bullies. Eric Harris, um dos atiradores de Columbine, era um alvo perfeito. Tinha uma deformação no tórax, era baixo e um geek. Além disso, não era do Colorado. Foi impiedosamente julgado.

Vítimas e vingança

O mindset fixo também pode ter algo a ver com a forma pela qual a vítima reage aos tormentos. Quando as pessoas se sentem profundamente julgadas, o que é o caso da rejeição, seu impulso é se sentir mal consigo mesmas e reagir duramente, impelidas pela amargura.[25] Por terem sido cruelmente diminuídas, desejam revidar diminuindo alguém. Em nossos estudos, vimos pessoas perfeitamente normais, tanto crianças quanto adultos, reagirem à rejeição com violentas fantasias de vingança.

Adultos com boa formação, perfeitamente equilibrados, depois de nos falarem de uma grave rejeição ou traição, dizem com convicção: "Queria que ele morresse" ou "Eu poderia tê-la estrangulado".

Quando ouvimos falar desses atos de violência nas escolas, em geral, pensamos que somente crianças de má índole, vindas de lares desajustados, seriam capazes de agir assim. Mas no mindset fixo é espantosa a rapidez com que crianças medianas, parecidas com todas as outras, pensam em vinganças violentas.

Em uma de nossas escolas preferidas, demos aos alunos da oitava série um texto sobre bullying para que lessem. Pedimos que imaginassem que isso estava acontecendo com eles.

> É um novo ano escolar e tudo parece ir muito bem. De repente, alguns dos alunos mais populares da escola começam a atormentar e xingar você. No início, você não dá importância — essas coisas acontecem. Mas aquilo continua. Todos os dias, eles o seguem, provocam, ridicularizam suas roupas e sua aparência e dizem que você é um fracassado, diante de todos. Todos os dias.

Depois pedimos que escrevessem o que achavam daquilo e o que fariam ou desejariam fazer naquela situação.

Inicialmente, os alunos de mindset fixo julgaram o incidente de maneira mais pessoal. Disseram: "Eu acharia que não era ninguém e que ninguém gostava de mim", ou "Eu acharia que era burro, estranho e desajustado".

Em seguida desejaram vingança violenta, dizendo que explodiriam de raiva, dariam socos ou os atropelariam. Concordaram *veementemente* com a afirmação: "Meu principal objetivo seria a vingança".

Tinham sido julgados e queriam julgar de volta. Foi o que fizeram Eric Harris e Dylan Klebold, os atiradores de Columbine. Eles julgaram de volta. Durante algumas horas, longas e terríveis, decidiram quem viveria e quem morreria.

Em nosso estudo, os alunos de mindset de crescimento não se mostraram tão dispostos a considerar as provocações um reflexo do que realmente eram. Em vez disso, acharam que se tratava de um problema psicológico dos bullies, um meio que utilizavam para elevar seu status e sua autoestima. "Acho que ele me provoca porque tem problemas em casa, ou notas ruins na escola." Ou então: "Eles precisam ter vida própria, e não somente sentir-se bem fazendo com que eu me sinta mal".

Em muitos casos, planejavam educar os atormentadores: "Eu, na verdade, conversaria com eles. Faria perguntas (por que estão dizendo essas coisas e por que estão fazendo tudo isso comigo)". Ou: "Enfrentaria a pessoa e discutiria o assunto; eu preferiria tentar mostrar a eles que não estavam sendo engraçados".

Os estudantes de mindset de crescimento também concordaram veementemente neste ponto: "Eu gostaria de acabar perdoando-os" e "Meu objetivo principal seria ajudá-los a se tornar pessoas melhores".

É duvidoso que conseguissem modificar ou educar pessoalmente alguns dos bullies. No entanto, esses primeiros passos são, com certeza, mais construtivos do que uma agressão física.

Brooks Brown, colega de turma de Eric Harris e Dylan Klebold, foi atormentado a partir da terceira série.[26] Sofreu muito, mas não procurou se vingar. Rejeitou o mindset fixo e o direito alheio de fazer julgamento sobre outras pessoas, do tipo "Eu jogo no time de futebol e, portanto, sou melhor do que você", ou "Sou atleta da equipe de basquete [...]. Geeks patéticos como você não pertencem ao meu nível".[27]

Mais do que isso, adotou ativamente o mindset de crescimento. Em suas próprias palavras, "as pessoas têm potencial para mudar".[28] Talvez até mesmo

Eric Harris, o mais deprimido e hostil, que liderou o tiroteio. Brown tinha tido uma briga séria com Harris vários anos antes, mas, no último ano do ensino médio, propôs uma trégua a este último. "Eu disse a ele que tinha mudado muito desde aquele tempo [...] e que esperava que ele sentisse o mesmo a respeito de si próprio." Prosseguiu dizendo que se achasse que Eric não havia mudado sempre poderia afastar-se. "No entanto, se ele tivesse evoluído, não havia motivo para não lhe dar a oportunidade de demonstrar."

Brooks não desistiu. Ainda deseja mudar as pessoas. Quer despertar o mundo para os problemas do bullying nas escolas, e quer se aproximar das vítimas para que se afastem de suas fantasias violentas. Por isso, trabalhou com o cineasta Michael Moore no filme *Tiros em Columbine* e criou um site inovador no qual meninos que sofrem bullying podem comunicar-se entre si e descobrir que a solução não é matar. "A solução é usar a cabeça e melhorar as coisas."[29]

Assim como eu, Brooks não considera os atiradores pessoas de outro mundo. Seu amigo Dylan Klebold, diz ele, era um rapaz normal, que vinha de um lar decente, cujos pais eram amorosos. Na verdade, ele adverte: "Podemos simplesmente não fazer nada e dizer que os atiradores eram 'monstros doentios, completamente diferentes de nós' [...]. Ou então podemos aceitar que existem outros Erics e Dylans por aí, que estão sendo lentamente levados [...] a seguir o mesmo caminho".[30]

Mesmo que no início a vítima não tenha mindset fixo, a continuidade do bullying pode instilá-lo, especialmente quando os outros nada fazem ou até passam a participar dos tormentos. As vítimas dizem que, quando são ridicularizadas ou diminuídas e ninguém vem em sua defesa, começam a acreditar que merecem aquilo. Começam a se julgar e a acreditar que *são* inferiores.

Os bullies julgam. As vítimas aceitam o julgamento. Às vezes, isso permanece dentro delas e pode levar à depressão e ao suicídio. Outras vezes, explode em violência.

O que se pode fazer?

Em geral, é difícil para uma criança sozinha impedir a ação dos bullies, especialmente quando estes são apoiados por outros. Mas a escola pode fazer isso, mudando seu mindset.

As culturas das escolas frequentemente promovem o mindset fixo, ou, pelo menos, se conformam com ele. Aceitam a ideia de que algumas crianças se sintam superiores a outras e se achem no direito de atormentar quem quer que seja. As escolas também consideram desajustados aqueles a quem pouco podem ajudar.

Mas algumas escolas obtiveram uma drástica redução do bullying combatendo a atmosfera de julgamento e criando outra, de colaboração e autoaperfeiçoamento. Stan Davis, terapeuta, conselheiro escolar e consultor, desenvolveu um programa antibullying que funciona bem.[31] Partindo da obra de Dan Olweus, pesquisador norueguês, o programa de Davis ajuda os bullies a se transformar, ajuda as vítimas e empodera os espectadores para intervir em auxílio delas. Em poucos anos, o bullying físico em sua escola decresceu 93% e as provocações, 53%.

Darla, da terceira série, era gorda, desajeitada e "chorona". Era um alvo tão fácil que metade da classe a atormentava, batendo nela e xingando-a diariamente, com aprovação geral. Vários anos depois, com o programa de Davis, o bullying parou. Darla aprendeu melhores habilidades sociais e chegou a ter amigas. Depois foi para a próxima etapa escolar e, um ano mais tarde, relatou o que tinha acontecido. Os colegas da escola fundamental a haviam ajudado a fazer amigos e a protegeram dos novos colegas, quando tentaram atormentá-la.

Davis também consegue modificar os bullies. Na verdade, alguns dos alunos que ajudaram Darla eram os mesmos que anteriormente a atormentavam. O que Davis faz é o seguinte: primeiro, embora exija disciplina constante, não procura julgar o bully como pessoa. Não critica suas características pessoais. Em vez disso, faz com que se sinta querido e bem-vindo à escola todos os dias.

Em seguida, elogia todos os passos na direção correta. Porém, novamente, não elogia a pessoa, e sim seu esforço. "Notei que você não tem entrado em brigas. Isso me mostra que você está procurando se relacionar melhor com os outros."[32] Podemos perceber que Davis está direcionando os alunos para o mindset de crescimento. Ajuda-os a considerar seus atos como parte de um esforço de aperfeiçoamento. Mesmo que a mudança não seja intencional por parte dos bullies, eles agora podem tentar fazer com que seja assim.

Stan Davis incorporou em seu programa nosso trabalho sobre elogios, críticas e mindsets, e tem funcionado bem. Eis uma carta que recebi dele:

Prezada dra. Dweck,

Sua pesquisa modificou radicalmente a forma como trabalho com os alunos. Já estou vendo resultados positivos com o uso diferente da linguagem com a qual dou feedback aos jovens. No próximo ano, toda a nossa escola participará de uma iniciativa para aumentar a motivação dos estudantes baseada no feedback [de crescimento].

Cordialmente,
Stan Davis

Haim Ginott, conhecido psicólogo infantil, também mostra de que maneira os professores podem afastar os bullies de sua tendência ao julgamento e dirigi-los para o aperfeiçoamento e a compaixão.[33] Eis a carta de uma professora a um menino de oito anos que atormentava os demais na classe. Observe que ela não insinua que ele seja mau, e demonstra respeito ao se referir a sua liderança, usando palavras eruditas e solicitando seus conselhos.

Caro Jay,

A mãe de Andy me disse que seu filho andou se sentindo muito infeliz este ano. O ostracismo e os xingamentos o deixaram triste e solitário. Estou preocupada com essa situação. A experiência que você tem como líder em sua turma faz com que você seja um dos que podem me aconselhar neste caso. Valorizo sua habilidade de ter empatia com os que sofrem. Por favor, escreva-me dando sugestões sobre a melhor maneira de ajudar Andy.

Sinceramente,
Sua professora.

Um artigo do *New York Times* sobre bullying nas escolas se refere a Eric Harris e Dylan Klebold como "dois adolescentes desajustados".[34] Isso é verdade. Eles não se ajustavam. Mas os bullies nunca eram considerados desajustados. Porque realmente não eram. Ajustavam-se perfeitamente. Na verdade, definiam e governavam a cultura da escola.

A noção de que algumas pessoas têm o direito de atormentar outras não é saudável. Stan Davis ressalta que, como sociedade, rejeitamos a ideia de que as pessoas tenham direito de brutalizar os negros ou atormentar as mulheres. Por que aceitamos a ideia de que alguém tenha direito de brutalizar nossas crianças?

Ao fazer isso, também estamos insultando os bullies. Estamos dizendo a eles que não acreditamos que sejam capazes de melhorar, e perdemos a oportunidade de ajudá-los a melhorar.

DESENVOLVA SEU MINDSET

- Depois de uma rejeição, você se sente julgado, amargurado e vingativo? Ou se sente ferido, mas desejoso de perdoar, aprender e seguir adiante? Pense na pior rejeição que já sofreu. Entre em contato com todos os sentimentos, e veja se pode considerá-los de um ponto de vista de mindset de crescimento. O que esse episódio lhe ensinou? Ensinou-lhe algo sobre o que você deseja e não deseja em sua vida? Ensinou-lhe algumas coisas positivas que foram úteis em relacionamentos posteriores? Você é capaz de perdoar essa pessoa e desejar que seja feliz? É capaz de esquecer sua amargura?
- Imagine a relação amorosa ideal. Nela deve haver perfeita compatibilidade – nenhum desacordo, nenhuma concessão, nenhum grande esforço? Por favor, pense novamente. Em todo relacionamento surgem dificuldades. Procure vê-las a partir de um mindset de crescimento: os problemas podem ser um veículo para o desenvolvimento de maior compreensão e intimidade. Permita a seu parceiro mencionar suas divergências, ouça com atenção e debata de maneira paciente e carinhosa. Você se surpreenderá com a proximidade que isso cria.
- Você costuma pôr a culpa nos outros, como eu? Não é bom para um relacionamento culpar o parceiro de tudo. Em vez disso, crie seu próprio Maurice e ponha a culpa nele. Melhor ainda, procure se curar da necessidade de culpar. Vá além das ideias de defeitos e culpas o tempo todo. Pense que eu também estou tentando fazer isso.
- Você é tímido? Nesse caso, você realmente precisa de um mindset de crescimento. Ainda que ele não cure sua timidez, vai ajudá-lo a evitar que ela atrapalhe as interações sociais. Da próxima vez que se aventurar em uma situação social, pense nestas coisas: que a aptidão social é algo que você pode aperfeiçoar e serve para o aprendizado e o prazer, e não para julgamento. Continue a praticar isso.

7. Pais, professores e técnicos esportivos: de onde vêm os mindsets?

Nenhum pai ou mãe pensa: "Que será que posso fazer hoje para prejudicar meus filhos, subverter seus esforços, afastá-los do aprendizado e limitar suas realizações?". Claro que não. Pensam: "Eu faria qualquer coisa, daria tudo, para que meus filhos sejam bem-sucedidos". Mas muitas das coisas que fazem têm efeito contrário. Seus prestimosos julgamentos, suas lições e suas técnicas de motivação frequentemente dão o recado errado.

Na verdade, cada palavra ou ação manda uma mensagem. Diz às crianças — ou aos alunos, ou aos atletas — como devem pensar a respeito de si mesmos. Pode ser uma mensagem de mindset fixo, que diz: *Você tem características permanentes e eu as estou avaliando*. Ou pode ser uma mensagem de mindset de crescimento, que diz: *Você é uma pessoa em desenvolvimento e eu tenho interesse em seu desenvolvimento*.

É notável a sensibilidade das crianças a essas mensagens, e o quanto se preocupam com elas. Haim Ginott, grande estudioso do tema da educação infantil nas décadas de 1950 a 1970, conta uma história.[1] Bruce, de cinco anos, foi com a mãe ao novo jardim de infância. Ao chegarem, ele olhou pinturas nas paredes e disse: "Quem fez esses desenhos feios?". A mãe tratou de corrigi-lo: "Não se deve dizer que os desenhos são feios quando são bonitos como estes". Mas a professora sabia exatamente o que ele queria dizer. "Aqui", disse ela, "ninguém é obrigado a pintar quadros bonitos. Quem quiser pode pintar quadros feios, se tiver vontade." Bruce sorriu para ela. A professora tinha respondido à sua verdadeira pergunta: O que acontece com um menino que não sabe pintar bem?

Em seguida, Bruce viu um carro de bombeiros de brinquedo quebrado. Pegou-o e perguntou, num tom de autoridade: "Quem quebrou este carro de bombeiros?". Novamente, a mãe interveio: "Que importa quem tenha quebrado? Você não conhece ninguém aqui". Mas a professora compreendeu. "Brinquedos são para brincar", disse ela. "Às vezes quebram. Acontece." Novamente, sua pergunta tinha sido respondida: O que acontece aos meninos que quebram os brinquedos?

Bruce despediu-se da mãe para começar seu primeiro dia no jardim de infância. Não era um lugar onde seria julgado e rotulado.

Nunca vencemos nossa sensibilidade a essas mensagens. Há vários anos, eu e meu marido passamos duas semanas na Provença, no sul da França. Todos foram maravilhosos — muito gentis e generosos. Mas, no último dia, fomos de carro à Itália para almoçar. Ao chegar, encontramos um pequeno restaurante familiar, e lágrimas começaram a correr no meu rosto. Sentia-me tão bem cuidada. Disse a David: "Você notou como na França, quando as pessoas nos tratam bem, a gente se sente como quem passou em um teste? Mas na Itália não há teste".

Os pais e professores que mandam mensagens de mindset fixo são como a França, e os que mandam mensagens de mindset de crescimento são como a Itália.

Vamos começar com as mensagens que os pais mandam aos filhos, mas sabemos que essas são também mensagens que os professores podem mandar a seus alunos, e os técnicos, a seus atletas.

PAIS (E PROFESSORES): MENSAGENS SOBRE SUCESSO E FRACASSO

Mensagens sobre sucesso

Vejamos quais são as mensagens nos seguintes exemplos:

"Você aprendeu isso tão depressa! Você é tão inteligente!".

"Olhe esse desenho. Marta, ele será um novo Picasso?".

"Você é brilhante, tirou dez sem sequer ter estudado!".

Se você for como a maioria dos pais, achará que são mensagens de estímulo, que aumentam a autoestima. Mas preste mais atenção. Veja se consegue ouvir outra mensagem. São estas que as crianças ouvem:

Se eu não aprender alguma coisa depressa, significa que não sou inteligente.

Não devo tentar desenhar nada a sério, porque vão ver que não sou nenhum Picasso.

É melhor eu parar de estudar, ou não vão mais me achar brilhante.

Como sei disso? Vocês se lembram do capítulo 3, em que menciono os elogios que os pais dirigiam aos filhos na esperança de estimular a confiança e as realizações?[2] Você é tão inteligente. Você é tão talentoso. Você é um atleta nato. Eu pensei: esperem um instante. Não serão as crianças de mindset fixo — as crianças vulneráveis — que se sentem obcecadas com isso? A insistência na inteligência ou no talento não faria com que as crianças — todas as crianças — ficassem ainda mais obcecadas?

Por isso é que tratamos de estudar esses aspectos. Depois de sete experiências com centenas de crianças, fizemos as descobertas mais nítidas que já vi: elogiar a inteligência das crianças prejudica sua motivação e seu desempenho.

Como pode ser isso, se as crianças adoram ser elogiadas?

Claro, as crianças adoram elogios. E gostam especialmente de ser elogiadas por sua inteligência e seu talento. Sem dúvida, isso as estimula, as faz resplandecer — porém, apenas momentaneamente. No instante em que encontram uma dificuldade, a confiança desaparece e a motivação desce ao mínimo. Se o sucesso significa que são inteligentes, nesse caso o fracasso significa que são burras. Eis o mindset fixo.

Aqui fala uma mãe que percebeu os efeitos dos elogios bem-intencionados a respeito da inteligência:

> Quero compartilhar com você minha experiência. Sou mãe de um menino muito inteligente que está na quinta série. Ele costuma acertar 99% dos testes escolares de matemática, linguagem e ciências, mas tem problemas muito evidentes de "autoavaliação". Meu marido, que também é bastante inteligente, acha que seus pais nunca deram importância ao intelecto e ele exagerou ao compensar isso com nosso filho, ao procurar elogiá-lo por "ser inteligente". Ao longo dos últimos anos, suspeitei que isso estava causando problemas, porque meu filho, embora tenha

> facilmente um desempenho excelente na escola, reluta em aceitar trabalhos ou projetos mais difíceis (como mostram seus estudos) porque poderia não se achar inteligente. Ele projeta uma visão superdimensionada de sua capacidade e diz ser capaz de fazer melhor do que os outros (tanto nas atividades intelectuais quanto nas físicas), mas não tenta executar essas atividades, porque, naturalmente, ficaria arrasado se fracassasse.

E eis o que diz um de meus alunos da Columbia, ao refletir sobre sua própria história:

> Lembro-me de ser frequentemente elogiado por minha inteligência, e não por meus esforços, e aos poucos passei a ter aversão aos desafios difíceis. O mais surpreendente é que isso ia muito além dos desafios acadêmicos e mesmo atléticos, e chegava aos desafios emocionais. Foi essa minha maior deficiência de aprendizado — a tendência a ver o desempenho como reflexo do caráter e, se eu não era capaz de realizar alguma coisa imediatamente, evitar aquela tarefa ou tratá-la com desprezo.

Sei que é quase impossível resistir a esse tipo de elogio. Queremos que nossos entes queridos saibam que lhes damos valor e que ficamos felizes com seus êxitos. Eu mesma já caí nessa armadilha.

Um dia, cheguei em casa e vi que meu marido, David, conseguira resolver um problema difícil no qual ele já vinha trabalhando havia algum tempo. Antes que pudesse me conter, disse: "Você é brilhante!". Desnecessário dizer que me mortifiquei com o que dissera, e, ao ver a expressão de horror em meu rosto, ele tratou de me confortar. "Sei que você disse isso pensando no mindset de crescimento. Você quer dizer que procurei estratégias, perseverei, tentei todos os tipos de soluções e finalmente dominei o assunto."

"É isso mesmo", eu disse, sorrindo carinhosamente, "é *exatamente* isso o que eu quis dizer."

Os pais acham que podem dar às crianças confiança permanente — como um presente — ao elogiar seus cérebros e seu talento. Não funciona assim, e na verdade tem o efeito oposto. Faz com que as crianças duvidem de si mesmas assim que qualquer coisa se mostrar difícil ou qualquer coisa der errado. Se os pais querem dar um presente a seus filhos, a melhor coisa que podem fazer é ensiná-los a amar desafios, ficar intrigados com erros, desfrutar do esforço e se manter aprendendo. Dessa forma, seus filhos não serão escravos do elogio, e conseguirão construir e reparar a própria confiança por toda a vida.

ENVIO DE MENSAGENS SOBRE PROCESSO E CRESCIMENTO

Nesse caso, qual é a alternativa aos elogios ao talento ou à inteligência? As palavras de David nos dão uma dica. Uma de minhas alunas esclarece ainda mais:

> Fui para casa neste fim de semana e encontrei minha irmã de doze anos felicíssima com sua escola. Perguntei por que estava tão entusiasmada, e ela disse: "Tirei uma nota acima de cem na prova de estudos sociais!". Ouvi-a repetir essa frase mais umas cinco vezes durante o fim de semana. Naquele momento, resolvi aplicar à situação real o que tínhamos aprendido com suas aulas. Em vez de elogiar sua inteligência ou a nota que obtivera, fiz perguntas que a levaram a refletir sobre o esforço que despendera nos estudos e sobre como ela havia melhorado desde o ano anterior. No ano passado, as notas dela foram baixando ao longo do período escolar e achei que era importante que eu interviesse e a orientasse na direção correta neste início de ano letivo.

Isso significa que não devemos elogiar entusiasticamente nossos filhos, quando fazem alguma coisa bem-feita? Devemos tentar restringir nossa admiração por seus sucessos? Absolutamente não. Significa apenas que devemos evitar certo *tipo* de elogio, os elogios que julgam a inteligência ou o talento. Ou o elogio que demonstra que estamos orgulhosos por sua inteligência ou talento em vez de estarmos pelo esforço que dedicaram.

Podemos valorizá-los o quanto quisermos pelo processo que leva ao crescimento: o que conseguiram realizar por meio de exercícios, estudo, persistência e boas estratégias. E podemos fazer perguntas sobre seu trabalho de forma que reconheçamos e mostremos interesse em seus esforços e suas escolhas.

"Você realmente estudou para o teste e sua melhora demonstra isso. Você leu o material várias vezes, fez marcações e se testou. Deu realmente certo!"

"Eu gosto da maneira como você experimentou todos os tipos de estratégias no problema de matemática até finalmente conseguir resolvê-lo. Pensou em muitas maneiras diferentes de fazê-lo e encontrou uma que deu certo!"

"Gosto de você ter aceitado aquele projeto desafiador para a sua aula de ciências. Vai dar bastante trabalho — fazer a pesquisa, projetar os aparatos, comprar as peças e montá-lo. Garoto, você vai aprender muitas coisas legais."

"Eu sei que a escola costumava ser fácil para você e que você costumava se sentir o garoto inteligente o tempo todo. Mas a verdade é que você não estava usando todo o potencial do seu cérebro. Estou realmente animado por você estar abrindo os horizontes e se esforçando para aprender coisas difíceis."

"Aquele dever de casa era longo e difícil. Admiro a maneira pela qual você se concentrou para terminá-lo."

"Aquele quadro tem muitas cores bonitas. Fale sobre elas."

"Você refletiu muito para escrever esse ensaio. Lendo-o, comecei a entender Shakespeare melhor."

"A paixão com que você executou essa peça ao piano me traz um sentimento de verdadeira alegria. Como é que você se sente quando a toca?"

E o que dizer para uma criança que trabalhou duro e *não* se saiu bem?

"Gostei do esforço que você colocou no trabalho, mas vamos trabalhar juntos mais um pouco e descobrir o que você não entendeu."

"Todos temos curvas de aprendizado diferentes. Pode levar mais tempo para você entender isso e se sentir confortável com o material, mas se você continuar assim, vai conseguir."

"Todo mundo aprende de maneiras diferentes. Vamos continuar tentando encontrar a maneira que funciona para você."

(Isso pode ser especialmente importante para crianças com dificuldades de aprendizado. Muitas vezes, para elas não é só o esforço que funciona, mas encontrar a estratégia certa.)

Fiquei estimulada em saber recentemente que, durante seu trabalho de toda a vida com crianças, Haim Ginott chegou à mesma conclusão. "Os elogios deveriam tratar não dos atributos da personalidade das crianças, e sim de seus esforços e realizações."

Às vezes, as pessoas têm o cuidado de dirigir a seus filhos elogios orientados ao crescimento, mas os inutilizam pela maneira como falam sobre os outros. Já ouvi alguns pais dizerem diante de seus filhos: "Fulano é um fracassado de nascença", "Ela tem uma genialidade natural" ou "Ele tem cabeça de minhoca". Quando as crianças ouvem os pais fazendo julgamentos fixos a respeito de outras pessoas, isso lhes comunica um mindset fixo. E certamente pensam: *Que eles acham de mim?*

Essa advertência se aplica também aos professores! Em um estudo, demos aos alunos uma aula de história da matemática, isto é, histórias sobre grandes matemáticos. Para metade dos alunos, falamos dos matemáticos como grandes gênios que fizeram facilmente suas descobertas na matéria. Bastou isso para lançar os estudantes num mindset fixo. O raciocínio lhes enviou esta mensagem: *Há certas pessoas que já nascem com o dom da inteligência para a matemática e tudo é fácil para elas. E há também o resto, como vocês.* À outra metade dos alunos, dissemos que os matemáticos eram pessoas apaixonadas por essa matéria e que acabaram fazendo grandes descobertas. Isso levou os estudantes a um mindset de crescimento. A mensagem era: *As habilidades e as realizações derivam de aplicação e esforço.* É surpreendente a maneira como as crianças percebem essas mensagens em nossas observações inocentes.

Mais uma coisa sobre os elogios: quando dizemos às crianças "Que beleza, você fez isso tão depressa!" ou "Veja, você não cometeu nenhum erro!", que mensagem estaremos mandando? Estamos dizendo que damos valor à velocidade e à perfeição. Tanto uma quanto a outra são inimigas do aprendizado de coisas difíceis: "Se você acha que sou inteligente quando sou rápido e perfeito, é melhor que eu não aceite nenhum desafio". Mas o que *devemos* dizer quando as crianças terminam uma tarefa — por exemplo, problemas de matemática — com rapidez e perfeição? Devemos negar-lhes os elogios que merecem? Sim. Quando isso acontece, digo: "Ora, acho que isso foi fácil demais. Desculpe por ter feito você perder seu tempo. Vamos fazer alguma coisa com a qual você realmente possa aprender!".

DANDO CONFIANÇA ÀS CRIANÇAS

Como se faz para que uma criança se sinta segura antes de uma prova ou de uma apresentação? Elogiar a inteligência ou o talento tem efeito negativo. Elas simplesmente terão mais receio de demonstrar alguma deficiência.

Kristina era uma aluna do ensino médio realmente inteligente que, no entanto, ia mal nas provas, o que a envergonhava muito. Sempre estudava, sempre sabia a matéria, mas, cada vez que chegava a hora da prova, ficava tão tensa que lhe dava um branco. Suas notas eram ruins. Ela decepcionava os professores.

Os pais se ressentiam. E as coisas ficavam cada vez piores, à medida que se aproximavam os testes de aptidão para os cursos universitários aos quais as faculdades que ela desejava cursar davam enorme valor.

Na noite anterior a cada prova, os pais, vendo sua aflição, procuravam inspirar-lhe confiança. "Veja, *você* sabe que é inteligente, e *nós* sabemos que isso é verdade. Você já passou. Fique tranquila."

Apoiavam-na da maneira que sabiam, mas, na verdade, só estavam aumentando os riscos. Que poderiam dizer em vez daquilo?

"Deve ser horrível sentir que todos estão colocando você à prova e que você não pode demonstrar sua capacidade. Queremos que você saiba que não a estamos avaliando. Nós nos importamos com seu aprendizado, e sabemos que você aprendeu a matéria. Estamos orgulhosos porque você perseverou e continuou aprendendo."

Mensagens sobre fracasso

Elogiar o sucesso deveria ser o menor de nossos problemas, não? O fracasso parece ser tema muito mais delicado. As crianças podem já estar se sentindo desestimuladas e vulneráveis. Vamos mudar de foco e examinar desta vez as mensagens que os pais podem enviar em caso de fracasso.

Elizabeth, de nove anos, foi à sua primeira competição de ginástica. Esguia, flexível e cheia de energia, tinha boas características para esse esporte e adorava praticá-lo. Naturalmente ficou um pouco nervosa com a ideia de competir, mas era boa ginasta e estava confiante de que se sairia bem. Já tinha até escolhido o lugar adequado em seu quarto para exibir o troféu que ganharia.

Na primeira prova, de exercícios no solo, Elizabeth foi a primeira a se apresentar. Embora tenha feito um bom trabalho, as notas de algumas outras meninas foram mais altas, e ela perdeu. Também esteve bem nas demais provas, mas não marcou pontos suficientes para vencer. No final da competição não ganhara nenhum prêmio e estava arrasada.

O que fariam vocês se fossem os pais de Elizabeth?

1. Diriam a ela que, na opinião de *vocês*, ela tinha sido melhor.
2. Diriam que foi roubada e que certamente deveria ter ganhado um prêmio.
3. Assegurariam que a ginástica não é tão importante.

4. Diriam que ela tem capacidade e certamente vencerá da próxima vez.
5. Diriam que ela não mereceu vencer.

Em nossa sociedade, há uma forte mensagem sobre a forma de aumentar a autoestima das crianças, e a parte principal dessa mensagem é: *Protejam-nas do fracasso!* Embora isso possa ajudar no problema imediato do desapontamento da criança, pode ser prejudicial a longo prazo. Por quê?

Vejamos as cinco reações possíveis do ponto de vista dos mindsets, e ouçamos as mensagens:

A primeira (*vocês* acharam que *ela* foi a melhor) é basicamente insincera. Ela não foi a melhor – vocês, os pais, sabem disso, e ela também. Isso não oferece a ela um caminho para se recuperar nem para melhorar.

A segunda (foi roubada) coloca a culpa nos outros, quando, na verdade, o problema foi o desempenho dela e não o dos juízes. Querem que ela cresça culpando os outros por suas deficiências?

A terceira (afirmar que a ginástica não é tão importante) a ensina a desvalorizar algo em que ela não obtenha sucesso imediato. Será essa a mensagem que realmente desejam mandar?

A quarta (ela tem capacidade) talvez seja a mais perigosa de todas. A capacidade pode nos levar automaticamente aonde desejamos ir? E se Elizabeth não ganhou essa competição, por que ganharia a próxima?

A última opção (dizer que ela não mereceu) parece ser cruel, nas circunstâncias. E naturalmente vocês não a diriam com essas palavras. Mas é mais ou menos o que o pai dela, numa atitude para seu crescimento, disse à filha.

Eis o que ele realmente disse:

> Elizabeth, sei como você se sente. É muito desalentador ter grandes esperanças, fazer o melhor possível e não vencer. Mas, na verdade, você ainda não se esforçou suficientemente. Havia muitas meninas que praticam ginástica há mais tempo que você e que se esforçaram muito mais do que você. Se isso é algo que você realmente deseja, então é preciso fazer mais esforço para conseguir.

O pai também disse a ela que, se quisesse praticar ginástica somente para se divertir, não haveria problema. Mas, se quisesse ganhar as competições, seria preciso se dedicar mais.

Elizabeth levou isso a sério, e passou muito mais tempo treinando e aperfeiçoando seus movimentos, especialmente aqueles em que se sentia menos competente. Na competição seguinte, havia oitenta meninas de toda a região. Elizabeth ganhou cinco troféus nas provas individuais e foi a campeã na contagem geral, levando para casa uma enorme taça. A esta altura, o quarto dela está tão cheio de troféus que é difícil ver as paredes.

Essencialmente, o pai dela não apenas disse a verdade, mas também a ensinou a aprender com seus fracassos e a fazer o necessário para ter sucesso no futuro. Mostrou compreensão com a decepção dela, mas não a estimulou falsamente, o que somente acarretaria mais desapontamentos no futuro.

Conheço muitos técnicos que me perguntam: "O que aconteceu com os atletas que querem ser treinados? Para onde foram?". Muitos deles lamentam o fato de que, quando dão algum feedback corretivo aos seus atletas, eles reclamam que sua confiança está sendo abalada. Às vezes telefonam para casa e se queixam para os pais. Parecem querer técnicos que simplesmente lhes dirão como são talentosos e nada mais.

Os técnicos dizem que nos velhos tempos, depois de um jogo da liga infantil de beisebol ou de futebol mirim, os pais costumavam analisar o jogo na volta para casa e dar dicas técnicas úteis. Hoje, na volta para casa, eles dizem que os pais colocam a culpa pelo mau desempenho e a derrota na partida nos técnicos e juízes. Não querem abalar a confiança dos filhos culpando-os.

Mas, como no exemplo da Elizabeth, crianças precisam de feedback honesto e construtivo. Se ficam sempre "protegidas", não aprenderão bem. Encararão conselhos, coaching e feedbacks como algo negativo e danoso. Não fazer críticas construtivas não é bom para a confiança das crianças; prejudica seu futuro.

CRÍTICA CONSTRUTIVA: AINDA AS MENSAGENS SOBRE FRACASSOS

Sempre ouvimos a expressão "crítica construtiva". Mas não é meio óbvio que as pessoas acreditam que a crítica que fazem aos filhos seja construtiva? Por que criticariam, se não achassem que seria útil? No entanto, grande parte das críticas nada tem de útil. São cheias de julgamentos sobre a criança. *Construtiva* significa capaz de ajudar a criança a reparar alguma coisa, apresentar um produto melhor, trabalhar de maneira melhor.

Billy fez rapidamente o dever de casa, saltando várias perguntas e respondendo a outras abreviadamente, de maneira desleixada. O pai ficou zangado. "É isso o seu dever de casa? Você não consegue nunca fazer certo? Ou você é burro ou irresponsável. Qual dos dois?" A mensagem questionava a inteligência e o caráter do filho e, ao mesmo tempo, dava a ideia de que os defeitos eram permanentes.

Como poderia o pai exprimir sua frustração e seu desapontamento sem menosprezar os atributos do filho? Eis aqui algumas maneiras.

"Filho, fico realmente zangado quando você não faz todo o dever. Quando acha que pode completar isso?"

"Filho, há alguma coisa que você não compreendeu bem no dever? Quer que eu veja com você?"

"Filho, fico triste quando você perde uma oportunidade de aprender. Você é capaz de pensar numa forma de fazer isso de maneira que aprenda mais?"

"Filho, esse dever parece realmente chato. Estou do seu lado. Pode pensar numa maneira de torná-lo mais interessante?" ou "Vamos tentar encontrar uma forma de reduzir a dificuldade e mesmo assim cumprir bem a tarefa. Você tem alguma ideia?".

"Filho, você se lembra de quando lhe falei que as coisas chatas nos ajudam a aprender e a nos concentrar? Esta realmente vai exigir toda a sua capacidade de concentração. Vamos ver se você consegue se concentrar durante todo o dever!"

Às vezes, as crianças julgam e rotulam a si mesmas. Ginott fala de Philip, de catorze anos, que estava trabalhando num projeto com o pai e acidentalmente espalhou pregos pelo chão.[3] Olhou o pai com cara de culpado e disse:

PHILIP: Puxa, sou muito desastrado.

PAI: Isso não é o que se diz quando deixamos cair os pregos.

PHILIP: O que é que se diz?

PAI: Diz-se: os pregos se espalharam — vou recolhê-los!

PHILIP: Só isso?

PAI: Só isso.

PHILIP: Obrigado, pai.

As crianças aprendem as mensagens[4]

As crianças de mindset fixo nos informam que recebem constantemente mensagens de julgamento vindas dos pais. Dizem achar que suas características estão sendo avaliadas o tempo todo.

Perguntamos a elas: "Suponha que seus pais se oferecessem para ajudar você com os deveres escolares. Por que fariam isso?".

Elas responderam: "O verdadeiro motivo é que eles queriam verificar se eu estava sendo inteligente ao fazer o dever".

Perguntamos: "Suponha que seus pais ficaram contentes porque você tirou uma boa nota. Por que seria isso?".

Responderam: "Ficaram contentes em saber que sou inteligente".

Perguntamos: "Suponha que seus pais conversassem sobre o seu desempenho quando você fosse mal em alguma coisa na escola. Por que fariam isso?".

Responderam: "Poderiam estar preocupados que eu não estivesse entre os mais inteligentes da turma" e "Eles acham que notas ruins querem dizer que não sou inteligente".

Assim, cada vez que alguma coisa acontece, essas crianças ouvem uma mensagem de julgamento.

Talvez todas as crianças achem que os pais as julgam. Não é isso o que os pais fazem — reclamam e julgam? Não é o que os estudantes de mindset de crescimento pensam. Eles acham que os pais estão simplesmente procurando estimular o aprendizado e os bons hábitos de estudo. Eis o que dizem sobre a motivação dos pais:

P: Suponha que seus pais se oferecessem para ajudar você com os deveres escolares. Por que fariam isso?

R: Querem ter certeza de que aprendi o máximo possível com os trabalhos da escola.

P: Suponha que seus pais ficaram contentes porque você tirou uma boa nota.

R: Ficaram contentes porque uma boa nota significa que eu realmente trabalhei com dedicação.

P: Suponha que seus pais conversassem sobre seu desempenho, quando você fosse mal em alguma coisa na escola.

R: Querem me ensinar meios de estudar melhor no futuro.

Mesmo quando se tratava da conduta ou dos relacionamentos dos filhos, os de mindset fixo se sentiam julgados, mas os de mindset de crescimento se sentiam ajudados.

P: Imagine que seus pais ficaram zangados quando você não fez o que eles pediram. Por que agiram assim?

CRIANÇA DE MINDSET FIXO: Eles ficaram preocupados achando que eu poderia ser uma criança ruim.

CRIANÇA DE MINDSET DE CRESCIMENTO: Queriam me ajudar a aprender maneiras de melhorar da próxima vez.

Todas as crianças se comportam mal. As pesquisas mostram que as crianças pequenas fazem alguma coisa errada a cada três minutos. Essas ocasiões servem para julgamento de seu caráter ou para ensinar?

P: Imagine que seus pais ficaram tristes quando você não compartilhou as coisas com as outras crianças. Por que reagiram assim?

CRIANÇA DE MINDSET FIXO: Acharam que isso mostrava o tipo de pessoa que eu sou.

CRIANÇA DE MINDSET DE CRESCIMENTO: Querem me ajudar a aprender melhores aptidões para me dar melhor com as outras crianças.

As crianças aprendem muito cedo essas lições. De um a três anos de idade, já recebem essas mensagens de seus pais, e aprendem que seus erros são passíveis de julgamento e punição. Ou aprendem que seus erros são ocasiões para sugestões e aprendizado.

Eis um menino de jardim de infância que jamais esqueceremos.[5] Você conhecerá diferentes mensagens que ele recebeu de seus pais. A situação é a seguinte: ele escreveu alguns algarismos na escola, havia um erro, e ele agora nos diz como os pais reagiriam.

MÃE: Oi, por que você está triste?

MENINO: Eu dei à professora alguns números e pulei o oito e agora estou triste.

MÃE: Bem, você pode fazer uma coisa para ficar mais alegre.

MENINO: O quê?

MÃE: Se você disser à professora que procurou fazer o melhor possível, ela não vai ficar zangada. [Voltando-se para o pai.] Nós não estamos zangados, não é?

PAI: Claro que estamos! Filho, é melhor você ir para o seu quarto.

Eu gostaria de poder dizer que o menino deu mais atenção à mensagem construtiva da mãe. Mas, em nosso estudo, ele pareceu aceitar a mensagem julgadora do pai, que o diminuía por seu erro e não apresentava nenhum plano para corrigi-lo. Pelo menos, ele recebeu a mensagem da mãe sobre seu esforço, que talvez lhe possa ser útil no futuro.

Os pais reagem imediatamente ao comportamento dos filhos e o reinterpretam. Uma mãe novata procura amamentar o bebê. A criança chora e não aceita o seio, ou então mama um pouco, desiste e chora. O bebê é teimoso? Deficiente? Afinal, mamar não é um reflexo nato? Os bebês não deveriam mamar "naturalmente"? Qual é o problema do meu filho?

Uma mãe novata nessa situação me disse:

> Inicialmente fiquei realmente frustrada, mas depois me lembrei de seu trabalho. Fiquei falando com a criança: "Nós dois vamos aprender como fazer isso. Sei que você está com fome. Sei que é frustrante, mas estamos aprendendo". Essa maneira de pensar me fez ficar tranquila e me permitiu guiar o bebê até que tudo deu certo. Também me fez entender melhor minha filhinha, para que pudesse lhe ensinar outras coisas também.

Não julgue. Ensine. É um processo de aprendizado.

AS CRIANÇAS TRANSMITEM AS MENSAGENS

Outra maneira de percebermos que as crianças aprendem essas mensagens é que podemos ver como elas as transmitem. Até mesmo crianças muito pequenas passam adiante o que aprenderam. Perguntamos a crianças da segunda série: "Que conselho você daria a uma criança da turma que está com problemas em matemática?".[6] Eis o conselho de uma criança de mindset de crescimento:

Você desiste muitas vezes? Pensa um minuto e depois desiste? Nesse caso, você deve pensar por muito tempo, talvez dois minutos, e, se não conseguir, deve ler o problema outra vez. Se não conseguir, deve levantar a mão e perguntar à professora.

Não é excelente? O conselho das crianças de mindset fixo não foi tão útil. Como no mindset fixo não há receita para o sucesso, o conselho delas tende a ser curto e doce. "Sinto muito", disse uma dessas crianças, como se desse suas condolências.

Até mesmo as *crianças de colo* são capazes de passar adiante as mensagens que recebem. Mary Main e Carol George fizeram estudos sobre crianças maltratadas, que haviam sido julgadas e punidas pelos pais por terem chorado ou se comportado mal.[7] Os pais muito severos frequentemente não compreendem que o choro dos bebês é sinal de que precisam de alguma coisa, ou de que não são capazes de parar de chorar se receberem uma ordem para isso. Em vez disso, consideram a criança desobediente, teimosa ou chorona.

Main e George observaram crianças maltratadas (entre um e três anos de idade) na creche que elas frequentavam, analisando suas reações quando outras crianças choravam. Muitas vezes, elas se zangavam com as que choravam, e algumas tentaram até mesmo bater nelas. Tinham recebido a mensagem de que criança que chora deve ser julgada e punida.

Frequentemente pensamos que a herança dos maus-tratos só é transmitida a outras pessoas quando as vítimas se tornam pais. Mas esse surpreendente estudo mostra que as crianças aprendem cedo as lições e agem de acordo com elas.

Como reagiam as crianças que *não* tinham sido vítimas de abusos quando um coleguinha chorava? Mostravam compreensão. Muitas se aproximavam para ver o que estava acontecendo e procurar ajudar.

OS CASTIGOS NÃO SÃO EDUCATIVOS?

Muitos pais acham que, quando julgam e punem, *estão* ensinando, como na frase costumeira: "Vou te dar uma lição que você nunca vai esquecer". O que estão ensinando? Ensinam aos filhos que, se contrariarem os valores ou as normas dos pais, serão julgados e castigados. Não estão ensinando os filhos a pensar sobre as questões e chegar sozinhos a decisões éticas e maduras.

E é muito possível que não estejam ensinando aos filhos que os canais de comunicação estão abertos.

Alyssa, de dezesseis anos, disse à mãe que ela e as amigas queriam experimentar bebidas alcoólicas. Será que a mãe poderia convidá-las para um "coquetel"? À primeira vista, isso pareceria um absurdo. Mas eis o que Alyssa queria dizer: ela e as amigas tinham ido a festas onde havia bebidas, mas não queriam experimentá-las num ambiente em que não se sentissem seguras e sob controle. Também não queriam dirigir o carro de volta para casa depois de beber. Queriam experimentar em um ambiente supervisionado, com a permissão dos pais, para que pudessem vir buscá-las depois.

Não importa saber se os pais de Alyssa concordaram ou não. Eles discutiram bastante o assunto. Foi uma conversa muito mais instrutiva do que a que resultaria de uma negativa indignada e raivosa, que representasse um julgamento.

Isso não significa que os pais com mindset de crescimento façam a vontade dos filhos e os mimem. Nada disso. Eles estabelecem padrões elevados, mas ensinam aos filhos como atingi-los. Dizem *não*, mas de maneira justa, pensada e respeitosa. Da próxima vez que você se vir em posição de castigar, pergunte a si mesmo: Qual a mensagem que estou mandando? *Vou julgar e castigar*? Ou: *Vou ajudar a pensar e aprender*?

OS MINDSETS PODEM SER UMA QUESTÃO DE VIDA OU MORTE

É claro que os pais desejam o melhor para os filhos, mas, às vezes, os colocam em perigo. Como diretora do programa de graduação de meu departamento na Columbia, vi muitos estudantes em dificuldade. Eis a história de uma moça excelente que por pouco não fracassa.

Sandy foi me ver em meu gabinete na Columbia uma semana antes da formatura. Queria mudar para o curso de psicologia. Era, sem dúvida, um pedido insensato, mas percebi seu desespero e ouvi atentamente o que ela tinha a dizer. Quando olhei suas notas, havia algumas excelentes e outras muito ruins. O que estaria acontecendo?

Os pais de Sandy a prepararam para ingressar em Harvard. Por causa do mindset fixo deles, o único objetivo da educação de Sandy era provar seu valor e competência (e talvez os deles), conseguindo ser aceita em Harvard. Isso significaria que ela era verdadeiramente inteligente. Para eles, não se tratava de aprender nem de seguir seu amor pela ciência, nem mesmo de fazer uma grande contribuição. A questão era o rótulo. Mas ela não tinha sido aceita, e caiu numa depressão que desde então a perseguia. Às vezes, conseguia trabalhar com eficiência (daí as notas muito altas); outras vezes, não (notas muito baixas).

Eu sabia que, se não a auxiliasse, ela não se diplomaria, e, nesse caso, não teria coragem de enfrentar os pais. E se não pudesse enfrentá-los, não sei o que poderia acontecer.

Consegui ajudá-la a obter o diploma de maneira legítima, mas o importante não é isso. Seria realmente uma tragédia que uma moça maravilhosa e inteligente como Sandy fosse esmagada pelo peso desses rótulos.

Espero que essas histórias ensinem aos pais que devem "desejar o melhor" para seus filhos de maneira adequada: estimulando seus interesses, seu crescimento e seu aprendizado.

DESEJAR O MELHOR DA PIOR FORMA

Olhemos mais de perto a mensagem dos pais de Sandy: *Não nos importam quem você seja, quais os seus interesses e o que você possa vir a ser. Não nos importa o aprendizado. Somente a amaremos e respeitaremos se você entrar para Harvard.*

Os pais de Mark tinham ideias idênticas. O rapaz era um extraordinário aluno de matemática, e, ao terminar o ensino fundamental, estava altamente interessado em entrar para a Escola Stuyvesant, um colégio de ensino médio especial de Nova York cujo currículo dá muita ênfase a ciências e matemática. Lá ele poderia estudar matemática com os melhores professores e conversar sobre a matéria com os estudantes mais adiantados da cidade. A Stuyvesant também tinha um programa que lhe permitiria frequentar cursos de matemática na Columbia, tão logo estivesse em condições de fazê-lo.

Mas, no último momento, os pais não concordaram. Tinham ouvido dizer que era difícil a um aluno da Stuyvesant entrar para Harvard. Por isso o mandaram a outro colégio.

Não importava que ele não pudesse mais seguir seus interesses e, ao mesmo tempo, desenvolver seu talento. Somente uma coisa lhes importava: uma universidade que começa com a letra H.

Não se trata somente de *Eu estou julgando você.* Trata-se de *Eu estou julgando você e somente o amarei se você tiver êxito — à minha maneira.*

Estudamos jovens desde os seis anos até a idade de entrar para a universidade. Os de mindset fixo achavam que não seriam amados e respeitados pelos pais a menos que realizassem as aspirações que estes tinham em relação a eles. Os estudantes universitários diziam:

"Muitas vezes, acho que meus pais não me darão valor se não tiver sucesso da maneira que eles desejam".

Ou: "Meus pais dizem que posso ser o que quiser, mas, no fundo, sinto que não me aprovarão, a menos que eu siga uma profissão que eles admirem".

O pai de John McEnroe era assim. Era julgador — tudo para ele era "preto no branco" — e exercia pressão. "Meus pais me pressionavam. [...] principalmente meu pai. Parecia viver para minha carreira juvenil em ascensão. [...] Lembro-me de ter dito a meu pai que não estava gostando daquilo. Eu dizia: 'Você não precisa vir a todos os jogos. Não precisa vir aos treinos. Não pode ir fazer outra coisa?'".[8]

McEnroe proporcionou ao pai o sucesso pelo qual este ansiava, mas não se sentiu gratificado com ele. Diz que gostou das *consequências* do sucesso — ser o número um, ser adulado, ganhar muito dinheiro. No entanto, afirma: "Muitos atletas parecem realmente adorar praticar o seu esporte. Não acho que tenha me sentido assim a respeito do tênis".[9]

Creio que bem no começo ele gostava, porque admite que inicialmente se sentia fascinado pelas muitas maneiras de bater na bola e criar novas jogadas. Mas depois já não menciona esse tipo de fascinação. O pai de McEnroe viu que o filho era bom no tênis e daí surgiram a pressão, o julgamento e o amor que dependiam do sucesso do filho.

O pai de Tiger Woods mostra um contraste. Não há dúvida de que é uma pessoa ambiciosa. Ele também considera que o filho é um escolhido, que seu destino lhe foi dado por Deus, mas estimulou o amor de Tiger pelo golfe e o ensinou a se concentrar no crescimento e no aprendizado. "Se Tiger quisesse ter sido encanador, eu não me importaria, desde que fosse um encanador excepcional. O objetivo era que ele fosse uma boa pessoa. Ele é uma pessoa excelente."[10] Em troca Tiger diz: "Meus pais foram a maior influência de minha vida. Ensinaram-me a entregar minha pessoa, meu tempo, meu talento, e, mais do que tudo, meu amor".[11] Isso mostra que é possível ter pais superinteressados, capazes de estimular *o crescimento individual do filho*, em vez de substituí-lo por pressão e julgamentos.

Dorothy DeLay, famosa professora de violino, encontrou muitos pais que pareciam panelas de pressão;[12] pais que davam mais valor a talento, imagem e rótulos do que ao aprendizado de longo prazo dos filhos.

Uma vez, pai e mãe levaram o filho de oito anos para que DeLay o ouvisse tocar.[13] Apesar das advertências dela, eles tinham feito o menino decorar um concerto de Beethoven para violino. As notas estavam perfeitas, mas ele tocava como um autômato assustado. Na verdade, haviam estragado o desempenho do filho para adequá-lo ao que consideravam talento, como se dissessem: "Meu filho de oito anos é capaz de tocar um concerto de Beethoven no violino. E o seu, o que sabe fazer?".

DeLay passou horas incontáveis com uma mãe que afirmava insistentemente que o filho já estava pronto para ser contratado por uma agência de artistas.[14] Mas tinha seguido os conselhos da professora? Não. Durante algum tempo, DeLay a advertira várias vezes de que o filho não possuía um repertório suficientemente amplo. No entanto, em vez de aceitar o conselho de quem entendia do assunto e estimular o desenvolvimento do filho, a mãe se recusava a acreditar que alguém pudesse deixar de aproveitar um talento como o dele por um motivo tão banal.

A mãe de Yura Lee era o oposto. A sra. Lee sempre ficava calmamente ouvindo a aula da filha, sem tensão e sem ficar tomando notas freneticamente como outros pais. Sorria, balançava o corpo ao ritmo da música, divertia-se. Assim, Yura não adquiriu as ansiedades e inseguranças que os filhos de pais muito invasivos e julgadores costumam apresentar. Yura diz: "Sempre me sinto feliz quando toco".[15]

IDEAIS

Não é natural que os pais definam objetivos e tenham ideais a respeito dos filhos? Sim, mas alguns ideais são úteis, e outros não. Pedimos a estudantes universitários que descrevessem o aluno bem-sucedido ideal.[16] E pedimos que nos dissessem até que ponto eles próprios se aproximavam desse ideal.

Os alunos de mindset fixo descreveram ideais que não podiam ser atingidos por meio do esforço. Ou havia talento ou não havia.

"O estudante bem-sucedido ideal é o que já vem com talento nato."

"Genialidade, aptidão física e bom desempenho esportivo [...]. Conseguem isso com base na capacidade natural."

Achavam que eles próprios se aproximavam de seu ideal? A maioria não. Em vez disso, disseram que esses ideais perturbavam seu raciocínio, faziam-nos adiar as coisas, faziam-nos desistir e criavam tensões. Sentiam-se desmoralizados pelo ideal que nunca poderiam esperar atingir.

Os alunos de mindset de crescimento descreveram ideais como os que se seguem:

"O estudante bem-sucedido é aquele cujo objetivo principal é ampliar seu conhecimento e sua forma de raciocinar e investigar o mundo. Não considera as notas como um fim, mas como meio de continuar a crescer".

Ou então: "O estudante ideal dá valor ao conhecimento em si e também o vê como algo útil. Espera poder dar uma contribuição à sociedade como um todo".

Seguiriam eles o seu ideal? Trabalhavam nessa direção. "Tanto quanto possível — é necessário esforçar-se." Ou: "Durante muitos anos achei que a coisa mais importante eram as provas e os testes, mas estou tentando ir além disso". Seus ideais os inspiravam.

Quando os pais dão aos filhos um ideal de mindset fixo, estão pedindo que se adaptem ao modelo de criança brilhante e talentosa ou serão considerados sem valor. Não há espaço para enganos. Tampouco há espaço para a individualidade da criança — seus interesses, suas características, suas singularidades, seus desejos e valores. Inúmeras vezes, pais de mindset fixo me dizem desesperados que seus filhos são rebeldes ou que não querem prosseguir com os estudos.

Haim Ginott descreve Nicholas, de dezessete anos:[17]

> Na cabeça de meu pai há uma figura de filho ideal. Quando ele compara esse ideal comigo, fica profundamente decepcionado. Não preencho o sonho de meu pai. Desde a mais tenra idade, sinto sua decepção. Ele procurou escondê-la, mas ela surgiu em centenas de pequenos indícios: no tom de voz, nas palavras, nos silêncios. Ele se esforçou por me transformar em uma cópia a carbono de seus sonhos. Ao ver que fracassava, desistiu de mim. Mas deixou uma profunda cicatriz, uma sensação permanente de fracasso.

Quando os pais ajudam os filhos a erguer ideais de crescimento, estão lhes dando algo por que lutar. Também estão lhes dando espaço para crescerem, para se transformarem em seres humanos plenos que contribuirão com a sociedade de um modo que os entusiasmará. Raramente ouvi um pai com mindset de crescimento dizer: "Estou decepcionado com meu filho". Em vez disso, com um largo sorriso, dizem: "Estou fascinado pela pessoa incrível que meu filho se tornou".

Tudo o que eu disse sobre os pais também se aplica aos professores. Estes, porém, têm preocupações adicionais. Têm de lidar com grandes turmas de alunos de habilidades diferentes, de cujo aprendizado anterior não participaram. Qual será a melhor forma de educar esses alunos?

PROFESSORES (E PAIS): DO QUE É FEITO UM GRANDE PROFESSOR (OU PAI)?

Muitos educadores acreditam que se baixarem os padrões seus alunos terão experiências bem-sucedidas, elevarão sua autoestima e seu nível de realização. Isso tem origem na mesma filosofia que aconselha a superelogiar a inteligência dos alunos. Bem, isso não funciona. Abaixar os padrões simplesmente gera estudantes pouco instruídos que se consideram com direito a se esforçar pouco e ser muito elogiados.

Durante 35 anos, Sheila Schwartz instruiu candidatos a professor de língua inglesa.[18] Procurou estabelecer padrões elevados, especialmente porque essas pessoas iriam transmitir seus conhecimentos a várias gerações de crianças. Mas os candidatos se mostraram indignados. "Uma de minhas alunas, cujas redações eram cheias de erros de gramática e de ortografia", diz ela, "entrou em meu escritório com o marido, que estudava na academia militar de West Point – vestido de uniforme e com o peito cheio de medalhas –, porque se sentira ofendida com minha insistência na correção ortográfica."

Outro aluno recebeu a tarefa de resumir o tema de *O sol é para todos*, romance de Harper Lee sobre um advogado do sul dos Estados Unidos que luta contra o preconceito e defende (sem sucesso) um negro acusado de assassinato. O aluno insistia que o tema era "todas as pessoas são essencialmente boas".

Schwartz discordou dessa conclusão, e o aluno saiu da sala e foi reclamar com o diretor. Schwartz foi censurada por exigir padrões muito elevados. Por que, pergunta ela, as baixas qualificações desses futuros professores deveriam ser respeitadas mais do que as necessidades das crianças que um dia frequentarão suas aulas?

Por outro lado, a simples elevação dos padrões em nossas escolas, sem dar aos estudantes os meios para atingi-los, é uma receita para o desastre. Nada mais faz do que provocar o fracasso dos alunos mal preparados ou pouco motivados, estimulando-os a deixar a escola.

Haverá uma maneira de manter padrões elevados *e* permitir que os alunos os atinjam?

No capítulo 3, vimos que Falko Rheinberg afirma que professores com mindset de crescimento conseguiram que alunos de fraco desempenho chegassem a um nível elevado de aproveitamento. Vimos no ensino de mindset de crescimento executado por Jaime Escalante que estudantes do ensino médio em bairros pobres eram capazes de aprender cálculo integral de nível universitário, e vimos também no ensino de mindset de crescimento de Marva Collins que crianças do ensino fundamental conseguiam ler Shakespeare. Neste capítulo, veremos algo mais. Veremos *como* o ensino orientado para o crescimento liberta a mente dos alunos.

Focalizarei três excelentes professores, dois dos quais trabalharam com estudantes considerados "deficientes" e outro cujos alunos eram considerados superdotados. O que esses grandes professores têm em comum?

Grandes professores

Os grandes professores acreditam no crescimento do intelecto e do talento, e têm fascinação pelo processo de aprendizado.

Marva Collins ensinou crianças de Chicago que haviam sido avaliadas e desprezadas.[19] Para muitas, sua sala de aula era a última oportunidade. Um menino, em apenas quatro anos, já mudara de escola treze vezes. Outro espetava os lápis nos coleguinhas e fora expulso de um centro de reabilitação mental. Uma criança de oito anos tirava as lâminas dos apontadores de lápis e cortava os casacos, chapéus, luvas e cachecóis dos colegas. Outra falava constantemente em suicidar-se, e outra ainda batera num colega com um martelo no seu primeiro dia de aula. Essas crianças não tinham aprendido grande coisa nas escolas por onde haviam passado, mas todos achavam que a culpa era delas mesmas. Todos, menos Collins.

O programa de TV *60 Minutes* fez uma reportagem sobre a turma de Collins, e o jornalista Morley Safer tentou de todas as maneiras conseguir que uma das crianças dissesse que não gostava da escola.[20] "Essa escola é tão rigorosa. Não há recreio. Não há esporte. As aulas duram o dia inteiro. Vocês só têm quarenta minutos para o almoço. Por que gosta dela? É rigorosa demais." Mas o aluno respondeu: "Por isso é que gosto, porque faz seu cérebro ficar maior".

Zay Smith, do *Chicago Sun-Times*, entrevistou um dos alunos: "Nós fazemos coisas difíceis. Elas enchem nosso cérebro".[21]

Relembrando seu início, Collins diz: "Sempre fui fascinada pelo aprendizado, pelo *processo* de descobrir algo novo, e era emocionante compartilhar as descobertas feitas por meus [...] alunos".[22] No primeiro dia de aula, ela sempre prometia aos estudantes — a todos eles — que aprenderiam. Fazia um pacto com eles.

> Sei que a maior parte de vocês não sabe escrever o próprio nome. Não conhecem o alfabeto, não sabem ler, não conhecem homônimos nem são capazes de separar as sílabas. Prometo que aprenderão tudo isso. Nenhum de vocês jamais fracassou. As escolas podem ter fracassado com vocês. Bem, adeus aos fracassos, crianças. Bem-vindos ao sucesso. Aqui vocês vão ler livros difíceis e entenderão o que lerem. Vão escrever todos os dias [...] mas é preciso que me ajudem a ajudá-los. Se não derem nada, não esperem nada. O sucesso não chegará a vocês; vocês é que têm de chegar a ele.[23]

Sua alegria ao ver os alunos aprenderem era enorme. À medida que se transformavam, passando de crianças que chegavam "com expressão dura e olhos vidrados" a crianças que começavam a se encher de entusiasmo, ela lhes dizia: "Não sei o que são Pedro preparou para mim, mas vocês estão me dando o céu na Terra".[24]

Rafe Esquith dá aulas a crianças da segunda série em bairros pobres e atormentados pelo crime em Los Angeles.[25] Muitas delas vivem em companhia de pessoas com problemas de drogas, alcoolismo e de ordem emocional. Todos os dias ele diz aos alunos que não é mais inteligente do que eles — simplesmente tem mais experiência. Constantemente faz com que vejam quanto cresceram intelectualmente, como as tarefas que antes eram difíceis se tornaram mais fáceis com a prática e a disciplina.

Ao contrário da escola de Collins e da de Esquith, a Escola de Música Juilliard somente aceita os alunos mais talentosos de todo o mundo. Pode-se pensar que a ideia seja *Vocês são todos talentosos, vamos agora tratar de aprender*. Mas ali a ideia de talento e genialidade é a coisa mais importante. Com efeito, muitos professores descartaram mentalmente os alunos com os quais achavam que não precisavam trabalhar. Mas isso não foi o que fez Dorothy DeLay, a extraordinária professora de violino de Itzhak Perlman, Midori e Sarah Chang.

O marido de DeLay sempre a provocava dizendo que ela trazia uma crença "originária do Meio-Oeste" de que tudo é possível.[26] "Eis aqui uma planície deserta — vamos construir uma cidade." Exatamente por isso, ela adorava ensinar. Para ela, ensinar significava ver uma coisa crescer diante de seus olhos. O desafio era ver de que modo poderia ser feito. Se os estudantes não eram afinados, era porque não tinham aprendido a se manter no tom.

Ivan Galamian, seu mentor e colega na Juilliard, costumava dizer: "Esse não tem bom ouvido. Não perca seu tempo".[27] Mas ela fazia questão de experimentar várias formas de mudar a situação. (*De que maneira* posso fazer isso?) Ela em geral encontrava uma forma. À medida que um número cada vez maior de alunos queria aderir ao mindset de crescimento, e ela "desperdiçava" cada vez mais seu tempo com esses esforços, Galamian procurou fazer com que o presidente da Juilliard a despedisse.

Interessante. Tanto Galamian quanto DeLay davam valor ao talento, mas Galamian achava que ele era nato, e DeLay, que era uma qualidade suscetível de ser adquirida. "Acho muito fácil para um professor dizer: 'Ora, essa criança não nasceu talentosa, e por isso não vou perder meu tempo'. Muitos professores escondem sua incapacidade por trás dessa afirmação."[28]

DeLay se dedicava integralmente a cada um de seus alunos. Itzhak Perlman estudou com ela, e também a mulher dele, Toby, que diz que muito poucos professores conseguem em toda a vida ter alunos que valham uma fração de Itzhak Perlman.[29] "Ela o tinha inteiro, mas não creio que tenha se dedicado mais a ele do que a mim [...] e acho que sou apenas uma entre muitas, muitas outras pessoas." Certa vez, alguém fez a DeLay uma pergunta sobre outra aluna, querendo saber por que se esforçava tanto com uma pessoa que demonstrava ser tão pouco promissora. "Creio que ela tem alguma coisa especial [...] que está em sua personalidade. Há uma espécie de dignidade."[30] Se DeLay conseguisse transportar isso para a maneira como a moça tocava, a aluna seria uma violinista muito especial.

Padrões elevados e uma atmosfera de formação

Os grandes professores estabelecem padrões elevados para todos os seus alunos, e não somente para os que já estão em nível alto. Os padrões de Marva Collins eram, desde o início, extraordinariamente elevados. Ela introduzia palavras e conceitos que, no começo, estavam muito acima do que os alunos podiam alcançar. Mas, desde o primeiro dia, instaurava uma atmosfera de genuína afeição e interesse, ao prometer aos alunos que seriam capazes de produzir: "Vou amar você [...] já o amo, e vou amá-lo mesmo que você não ame a si mesmo", disse ela ao menino que não queria tentar.[31]

Será necessário que os professores amem todos os seus alunos? Não, mas têm de se interessar por todos eles.

Os professores com mindset fixo criam uma atmosfera de julgamento. Esses mestres veem o desempenho inicial dos estudantes e os separam entre os inteligentes e os burros. Em seguida, desistem dos "burros". "Não *sou* responsável por eles."

Esses professores não acreditam no aperfeiçoamento, e, por isso, não tentam criá-lo. Lembrem-se dos professores com mindset fixo do capítulo 3, que diziam:

"Segundo minha experiência, o aproveitamento dos alunos permanece mais ou menos constante durante o período de um ano".

"Como professor, não exerço influência sobre a capacidade intelectual dos alunos".

Assim funcionam os estereótipos. Os estereótipos informam aos professores quais são os grupos inteligentes e quais os que não são. Por isso, os professores com mindset fixo já sabem quais estudantes irão abandonar, antes mesmo de conhecê-los.

Ainda os padrões elevados e a atmosfera de formação

Ao estudar 120 pianistas, escultores, nadadores, tenistas, matemáticos e neurologistas pesquisadores de nível mundial, Benjamin Bloom descobriu uma coisa fascinante.[32] Para a maioria deles, seus primeiros professores foram incrivelmente calorosos e abertos. Não por estabelecerem padrões baixos, absolutamente não, mas sim porque criavam uma atmosfera de confiança e não de julgamento. Tratava-se de "Vou ensinar a você" e não de "Vou avaliar seu talento".

É quase chocante ver o que Collins e Esquith exigiam de seus alunos — de todos os seus alunos. Ao ampliar sua escola a fim de acolher crianças pequenas, Collins exigiu que cada aluno de quatro anos que começasse em setembro já estivesse lendo no Natal.[33] E isso aconteceu com todos. As crianças de três e quatro anos usavam um livro de vocabulário chamado *Vocabulário para o estudante do ensino médio*. As de sete anos liam o *Wall Street Journal*. Entre as mais velhas, um debate sobre a *República* de Platão levou a debates sobre *Democracia na América*, de Tocqueville, *A revolução dos bichos*, de Orwell, obras de Maquiavel e a Câmara Municipal de Chicago. Na lista de leituras que ela preparou para as crianças da última série do curso fundamental estavam *Teatro completo de Anton Tchékhov*, *Física através de experiências* e *Os contos de Canterbury*. Claro, sempre havia Shakespeare. Ela costuma dizer que até mesmo os rapazes que palitavam os dentes com canivetes adoravam Shakespeare, e sempre pediam mais.

Mas Collins conservava uma atmosfera de formação. Severa e disciplinada, mas afetuosa. Percebendo que seus alunos vinham de professores que durante toda a sua vida lhes disseram o que havia de errado com eles, ela rapidamente deixou clara sua completa dedicação a eles como seus alunos e como pessoa.

Esquith lamenta a queda dos padrões.[34] Recentemente, diz ele, sua escola comemorou a atribuição de notas de leitura que estavam vinte pontos abaixo da média nacional. Por quê? Porque eram um ou dois pontos mais altas do que as do ano anterior obtidas pela escola. "Talvez seja importante procurar o lado bom das coisas e ser otimista", diz ele, "mas a ilusão não é a resposta. Os que comemoram o fracasso não estarão por perto para ajudar os alunos de hoje a comemorar empregos de segunda categoria. [...] Alguém tem de dizer às crianças que estão atrasadas e preparar um plano de ataque para ajudá-las a alcançar as outras."

Todos os seus alunos de quinta série leem sem problemas livros de uma lista em que figuram *Ratos e homens*, *Native Son*, *Enterrem meu coração na curva do rio*, *Clube da felicidade e da sorte*, *O diário de Anne Frank*, *O sol é para todos* e *A Separate Peace*. Todos os seus alunos da sexta série passam por uma prova final de álgebra que faria chorar muitos dos mais adiantados. Mais uma vez, isso se consegue numa atmosfera de afeto e profundo comprometimento pessoal com cada estudante.

"Desafio e afeto" também descrevem o estilo de DeLay. Diz um de seus ex-alunos:

> Isso faz parte do gênio da sra. DeLay – colocar as pessoas numa disposição mental na qual possam dar o melhor de si. [...] Muito poucos professores são realmente capazes de nos levar ao máximo de nosso potencial. A sra. DeLay possui esse dom. Ela nos desafia, e, ao mesmo tempo, nos sentimos amados.[35]

Trabalho duro e mais trabalho duro

Mas o desafio e o amor serão suficientes? Não completamente. Todos os grandes professores ensinam aos alunos a *maneira* de atingir padrões elevados. Collins e Esquith não entregaram aos estudantes uma lista de livros e desejaram *bon voyage*. Os alunos de Collins leram e debateram todos os versos de *Macbeth* na aula. Esquith passou horas planejando os capítulos que deveriam ler em sala.

> Sei qual das crianças é capaz de lidar com os parágrafos mais difíceis, e planejo cuidadosamente o trecho que deve ser lido pelos mais tímidos [...] os que começarão a viagem como bons leitores. Nada é deixado ao acaso [...]. É preciso ter uma enorme energia, mas estar numa sala com mentes jovens atentas a cada palavra de um livro clássico e que pedem mais quando eu paro é algo que faz com que todo o planejamento valha a pena.[36]

O que é que esses professores estão também ensinando aos alunos? A gostar de aprender. A chegar ao ponto de aprender e raciocinar por si mesmos. A se esforçar muito no que é fundamental. A turma de Esquith frequentemente se reúne antes das aulas, depois das aulas e durante as férias escolares, a fim de dominar os pontos essenciais de inglês e matemática, especialmente quando a matéria fica mais difícil. Seu lema é: "Não há atalhos". Collins repete essa ideia ao dizer a sua turma: "Aqui não há mágica. A sra. Collins não faz milagres. Não sei caminhar sobre a água nem abrir o mar. Simplesmente amo as crianças e trabalho mais do que muita gente, e vocês também vão fazer isso".[37]

DeLay exigia muito de seus alunos, mas também os guiava. A maioria dos estudantes se sente intimidada com a noção de talento, que os mantêm presos ao mindset fixo. Mas DeLay desmistificava o talento. Um dos estudantes se achava incapaz de tocar uma peça com a velocidade de Itzhak Perlman.[38] Por isso, ela só o deixou ver o metrônomo depois de ter terminado a execução. "Tenho certeza de que, se ele estivesse manipulando o metrônomo, ao se aproximar a contagem, ele diria a si mesmo que jamais poderia igualar a velocidade de Itzhak Perlman e teria parado de tocar."

Outro aluno se sentia intimidado pelos belos sons obtidos pelos violinistas talentosos.[39] "Estávamos procurando aperfeiçoar o meu som, toquei uma nota e a sra. DeLay me deteve e disse: 'Ah, *este* foi um som lindo!'." Em seguida, ela explicou que toda nota tem de ter um belo começo, meio e fim, que leva à nota seguinte. E ele pensou: "Uau! Se posso fazer isso na aula, posso fazer em qualquer outro lugar". De repente, os belos sons de Perlman ficaram mais claros e deixaram de ser um conceito amedrontador.

Quando alguns estudantes não sabem fazer uma coisa e outros sabem, o abismo parece intransponível. Alguns educadores procuram estimular os alunos dizendo que estão bem assim. Os professores com mindset de crescimento dizem a verdade e lhes dão os instrumentos para que atravessem esse fosso. Como disse Marva Collins a um menino que fazia palhaçadas na aula: "Você está na sexta série e sua aptidão na leitura é muito baixa. Eu não escondo essas coisas. Digo-as para que você saiba o que tem a fazer. Agora você não vai mais brincar na aula".[40] Ambos passaram a trabalhar firme.

Alunos que não se importam

E o que fazer com os estudantes que não querem se esforçar, que não se importam em aprender? Eis uma versão resumida de uma interação entre Collins e Gary, um aluno que se recusava a estudar, rasgava os deveres de casa e não participava da aula.[41] Collins tentava fazer com que ele fosse ao quadro-negro para resolver alguns problemas:

COLLINS: Meu querido, o que vai fazer? Aproveitar sua vida ou jogá-la fora?

GARY: Não vou fazer essa porcaria de dever.

COLLINS: Eu não vou desistir de você. Não vou deixar que você desista de você. Se ficar parado encostado na parede o dia inteiro, vai acabar encostado em alguma coisa ou alguém durante a vida inteira. E todo o brilho que tem dentro de você vai ser desperdiçado.

Com isso, Gary concordou em ir ao quadro, mas recusou-se a resolver os problemas apresentados. Depois de algum tempo, Collins disse:

"Se não quer participar, vá ao telefone e diga a sua mãe: 'Mamãe, nesta escola temos de aprender, e a sra. Collins diz que não posso brincar; por isso, venha me buscar.'"

Gary começou a escrever. Acabou transformando-se em um participante entusiasta e um ávido leitor. Mais tarde, naquele ano, a turma estava debatendo Macbeth e a maneira pela qual suas ideias equivocadas acabaram levando-o a cometer o suicídio. "É um pouco como Sócrates, não é, sra. Collins?", sugeriu Gary.[42] "Macbeth deveria saber que 'pensar corretamente nos faz viver corretamente.'" Num dever de casa, ele escreveu: "Somnus, deus do sono, por favor, acorde-nos. Enquanto dormimos, a ignorância domina o mundo [...]. Não nos enfeitice. Não vai levar muito tempo até que a ignorância dê um golpe de Estado no mundo".[43]

Quando o professor os julga, os alunos o sabotam ao não se esforçarem. Mas, quando compreendem que a escola existe para eles — é um caminho para o desenvolvimento de suas mentes —, os alunos não insistem em se sabotar.

Em meu trabalho, vi rapazes durões chorarem ao perceber que são capazes de se tornar mais inteligentes. São comuns entre estudantes o desinteresse pela escola e a adoção de um ar de indiferença, mas estaremos cometendo um erro se acharmos que qualquer um deles deixa de se preocupar.

Professores com mindset de crescimento: Quem são essas pessoas?

Como podem os professores com mindset de crescimento ser tão desprendidos, dedicando infindáveis horas aos piores alunos? Serão santos? Será razoável esperar que todos se transformem em santos? A resposta é que não são inteiramente altruístas. Adoram aprender. E ensinar é uma maneira maravilhosa de aprender. Aprender sobre as pessoas, e como funcionam. Sobre a matéria. Sobre si mesmos. E sobre a vida.

Os professores com mindset fixo frequentemente pensam em si mesmos como produtos acabados. Seu papel é simplesmente transmitir seu conhecimento. Mas isso não fica tedioso com o passar dos anos? Ficar de pé diante de um novo grupo de rostos e transmitir conhecimento é uma coisa difícil.

Seymour Sarason foi meu professor quando eu estava na pós-graduação. Era um extraordinário educador, e sempre nos dizia que devíamos questionar as presunções. "Presume-se", dizia ele, "que as escolas existem para que os alunos aprendam. Bem, por que não são também para que os professores aprendam?" Nunca me esqueci dessas palavras. Em tudo o que faço como professora, penso no que *eu* acho fascinante e no que *eu* gostaria de aprender melhor. Utilizo minha atividade docente para crescer, e isso faz com que, mesmo depois de tantos anos, eu seja uma professora ativa e aberta.

Um dos primeiros mentores de Marva Collins lhe ensinou a mesma coisa — que, acima de tudo, um bom professor é aquele que continua a aprender junto com os estudantes.[44] Ela dizia isso a seus alunos logo de saída: "Às vezes não gosto muito de estar com outros adultos, porque eles acham que sabem tudo. Eu não sei tudo. Sou capaz de aprender sempre".

Alguém disse que Dorothy DeLay era uma professora extraordinária porque não estava interessada em ensinar, e sim em aprender.

E então, os grandes professores já nascem feitos ou se fazem? É possível a qualquer um ser como Collins, Esquith ou DeLay? Tudo começa com o mindset de crescimento, o nosso e o das crianças. Não é apenas dizer da boca para fora que todas as crianças são capazes de aprender, mas ter um desejo profundo de penetrar e inflamar a mente de cada criança. No *New York Times*, Michael Lewis fala de um técnico esportivo que fez isso por ele.[45] "Passei a ter mais gosto por treinar [...] e logo percebi quanto minha vida poderia melhorar se eu aplicasse a tudo o mais esse novo zelo que adquiri nos campos de beisebol. Era como se esse técnico tivesse entrado dentro de mim, encontrado um interruptor enferrujado com a inscrição 'Ligue antes de usar' e o tivesse ligado."

Os técnicos esportivos também são professores, mas os êxitos e fracassos de seus alunos são exibidos diante de plateias, publicados nos jornais e registrados nos livros de recordes. Seus empregos dependem de que produzam vencedores. Vamos olhar de perto três técnicos lendários e ver seus mindsets em ação.

TÉCNICOS ESPORTIVOS: VENCER POR MEIO DO MINDSET

Quem me conhece bem costuma rir quando digo que determinada pessoa é complicada. "Que acha de fulano?" "Ora, ele é complicado." Em geral, não é um elogio. Significa que fulano pode ser capaz de mostrar charme, simpatia e generosidade, mas que há uma corrente subjacente de ego que pode explodir a qualquer momento. Nunca se sabe quando realmente é possível confiar nele.

O mindset fixo torna as pessoas complicadas. Faz com que se preocupem com suas características fixas e cria a necessidade de documentá-las, às vezes à custa dos demais. E também as faz julgadoras.

O técnico com mindset fixo em ação

O famoso e polêmico técnico de basquete universitário Bobby Knight é complicado.[46] Era capaz de ser incrivelmente bondoso. Certa vez, deixou de lado uma oportunidade importante e lucrativa de trabalho como comentarista porque um ex-jogador que trabalhara com ele tinha sofrido um acidente grave. Knight correu para junto dele e o acompanhou durante todo o seu martírio.

Era capaz de ser extremamente gentil. Quando a equipe de basquete que ele dirigia ganhou a medalha de ouro nas Olimpíadas, ele fez questão de que os jogadores homenageassem primeiro, e acima de tudo, o técnico Henry Iba. Este nunca tinha sido visto com o respeito que merecia por seus êxitos olímpicos, e Knight queria compensá-lo por isso, da melhor forma que podia. Mandou que a equipe desse a volta na quadra carregando Iba nos ombros.

Knight dava grande importância aos progressos escolares de seus atletas. Queria que eles recebessem instrução, e não tolerava faltas às aulas e a cursos particulares.

Mas era também capaz de ser cruel, e essa crueldade vinha do mindset fixo. Assim nos fala John Feinstein, autor de *Season on the Brink* [Uma temporada difícil], que trata de Knight e sua equipe: "Knight era incapaz de aceitar o fracasso. Cada derrota era para ele uma questão pessoal: *seu* time perdeu, um time que *ele* escolhera e dirigia. [...] O fracasso em qualquer nível o arrasava, especialmente o fracasso de suas instruções, porque seu ofício era o que lhe conferia identidade, tornava-o especial, distinguia-o dos demais".[47] Uma derrota fazia dele um fracassado, anulava sua identidade. Por isso, quando era técnico de um time – quando as vitórias ou derrotas desse time o definiam –, era um julgador implacável. O modo como humilhava os jogadores que o decepcionavam não tinha paralelos.

Feinstein conta que Knight viu em Daryl Thomas "um atleta de grande potencial.[48] Thomas possuía o que os técnicos chamam 'um físico de 1 milhão de dólares'". Era grande e forte, mas também veloz. Podia lançar a bola à cesta com as duas mãos. Knight não se conformava com o fato de que Thomas e seu físico de 1 milhão de dólares não trouxessem sucesso à equipe:

> Sabe o que você é, Daryl? Você é o maior babaca que já vi jogando basquete nesta escola. Um grande babaca. Você tem uma maldita capacidade muito maior do que 95% dos jogadores daqui, mas é um babaca da cabeça aos pés. Um completo babaca. É isso o que acho de você depois de três anos.[49]

Uma vez, Knight pôs uma caixa de Tampax no armário de um dos jogadores para ilustrar sua opinião a respeito dele.

Thomas era uma pessoa sensível. Um técnico assistente lhe deu o seguinte conselho: "Quando ele o xingar, não dê ouvidos. Mas, quando ele começar a explicar por que o xingou, preste atenção. Dessa maneira, você melhorará".[50] Thomas não conseguiu seguir o conselho. Ouvia tudo, e, após a repreensão, desabava ali mesmo, dentro da quadra.

O peso do julgamento atingia os jogadores que tinham a audácia de perder uma partida. Frequentemente Knight não permitia que os culpados voltassem para casa junto com os demais jogadores. Já não eram dignos de tratamento especial. Certa vez, depois que seu time chegou às semifinais de um torneio de âmbito nacional (mas não o campeonato principal), um entrevistador lhe perguntou qual a característica da equipe que mais lhe agradava. "O que mais me agrada neste time agora", respondeu Knight, "é que só preciso vê-lo jogar mais uma vez."[51]

Alguns jogadores aguentavam melhor do que outros. Steve Alford, que depois passou para a categoria profissional, tinha ido estudar em Indiana com objetivos definidos e conseguiu manter seu foco voltado para o aperfeiçoamento durante a maior parte do tempo.[52] Era capaz de ouvir e utilizar os ensinamentos de Knight e, em geral, ignorava as partes obscenas ou humilhantes dos sermões. Ele mesmo, no entanto, descreve a depressão que tomava conta da equipe sob o jugo das avaliações de Knight, e diz que ficou pessoalmente desgostoso com certos aspectos, a ponto de perder o estímulo para o esporte.

> A atmosfera era envenenada. [...] Quando eu jogava bem, sempre me mantinha estimulado, por mais que o técnico gritasse. [...] Mas, quando seu negativismo se juntava ao meu, isso me derrubava. [...] Meu pai e minha mãe ficaram preocupados. Viam que eu estava perdendo a paixão pelo esporte.[53]

O SANTO GRAAL: NADA DE ERROS

Alford relata: "Para o nosso técnico, o santo graal era uma partida jogada sem erros".[54] Ora, ora. Sabemos que tipo de mindset torna os erros intoleráveis. E as explosões de ira de Knight eram lendárias. Houve um dia em que ele atirou uma cadeira na quadra. Em uma ocasião, tirou um jogador da partida puxando-o pela camisa. Em outra, agarrou o jogador pelo pescoço. Frequentemente justificava seu comportamento afirmando que queria endurecer o time, preparando-o para jogar sob pressão. Mas a verdade é que não conseguia se controlar. Seria instrutivo atirar cadeiras ou dar uma gravata em alguém?

Ele motivava seus jogadores por meio do medo, não mostrando respeito por eles, e sim os intimidando. Eles temiam seu julgamento e suas explosões. Isso dava resultado?

Às vezes, "funcionava". Por três ocasiões, conseguiu ter equipes capazes de disputar a vitória final no campeonato. Na "temporada difícil" descrita por Feinstein, a equipe tinha poucos atletas de estatura elevada, pouca experiência e velocidade, mas era competitiva.[55] Venceu 21 partidas, graças ao conhecimento que Knight tinha do jogo e a suas qualidades como técnico.

Porém, outras vezes, não dava certo. Individual ou coletivamente, os jogadores se deixavam abater. Na temporada difícil mencionada no livro, o colapso ocorreu no final do campeonato. No ano anterior, igualmente, a equipe havia desmoronado pela pressão de Knight. Ao longo dos anos, alguns jogadores escaparam, transferindo-se para outras escolas ou desrespeitando as regras (faltando a aulas ou às sessões tutoriais), ou ainda passando para a categoria profissional, como Isiah Thomas. Durante uma turnê, os jogadores frequentemente conversavam sobre a *possibilidade* de ter ido para outra escola em vez cometer o erro de escolher Indiana.

Não que Knight tivesse mindset fixo sobre a habilidade dos jogadores. Acreditava firmemente em sua capacidade de se desenvolver. Mas tinha mindset fixo a respeito de si mesmo e de sua aptidão como técnico. A equipe era produto seu, e, a cada vez que jogava, tinha de provar sua capacidade. Os atletas não tinham permissão para perder jogos, cometer erros ou questioná-lo de qualquer forma que fosse, porque isso se refletiria sobre sua competência. Ele não parecia analisar suas estratégias de motivação, quando não estavam dando certo. Talvez Daryl Thomas precisasse de outro tipo de incentivo que não fossem a ridicularização e a humilhação.

Que podemos pensar desse homem complicado como mentor de jovens atletas? Seu maior astro, Isiah Thomas, exprime profunda ambivalência a respeito de Knight. "Sabe, havia momentos em que, se eu tivesse uma arma, creio que teria dado um tiro nele. Em outros, tinha vontade de abraçá-lo bem apertado e dizer que o amava."[56]

Eu não me consideraria um sucesso absoluto se meu melhor aluno tivesse pensado em me dar um tiro.

O técnico com mindset de crescimento em ação

UM TÉCNICO COMPLETO

O técnico John Wooden detém um dos maiores recordes de campeonatos da história do esporte.[57] Levou a equipe de basquete da UCLA ao campeonato universitário nacional em 1964, 1965, 1967, 1968, 1969, 1970, 1971, 1972, 1973 e 1975. Houve temporadas em que sua equipe permaneceu invicta, e certa vez teve 88 vitórias consecutivas. Tudo isso eu meio que sabia.

O que eu não sabia era que, quando John Wooden chegou à UCLA, não era isso o que deveria ter acontecido. Na verdade, ele não queria ir trabalhar naquela universidade. Queria ir para Minnesota. Estava combinado que Minnesota lhe telefonaria às seis horas de uma certa tarde para dizer se resolvera contratá-lo. Ele disse à UCLA que telefonasse às sete. Ninguém ligou às seis, às 6h30 nem mesmo às 6h45, portanto, quando a UCLA ligou às sete, ele aceitou o emprego. Mal acabara de desligar, recebeu uma ligação de Minnesota.

Uma tempestade havia interrompido as linhas e impedira o telefonema das seis horas com a oferta do contrato.

As instalações da UCLA eram muito ruins. Durante os primeiros dezesseis anos, Wooden teve de comandar os treinos em um ginásio cheio, escuro e mal ventilado, conhecido como "Celeiro do Cê-cê", por causa do efeito dos corpos suados no ambiente. No mesmo ginásio ocorriam, às vezes, torneios de luta livre, treinamentos de ginástica, saltos na cama elástica e ensaios das animadoras de torcida, junto com os treinos do time de basquete.

Também não havia lugar para os jogos. Durante os primeiros anos, o time foi obrigado a usar o Celeiro do Cê-cê e, nos catorze anos seguintes, tinha de viajar pela região pedindo ginásios emprestados a escolas e cidades.

Havia também o problema dos jogadores. Ao dirigir o primeiro treino, Wooden ficou arrasado. Eram tão ruins que ele teria desistido do emprego, se tivesse encontrado uma maneira digna de desistir. A imprensa havia anunciado (previsivelmente) que seu time ficaria em último lugar na divisão, mas Wooden começou seu trabalho, e aquela equipe risível não ficou em último. Venceu o campeonato da divisão, com 22 vitórias e sete derrotas na temporada. No ano seguinte disputou as finais do campeonato nacional universitário.

O que Wooden deu para eles? Treinamento constante nas habilidades básicas, condicionamento e mindset de crescimento.

O SANTO GRAAL: PREPARAÇÃO TOTAL E ESFORÇO TOTAL

Wooden *não* é complicado. É sábio e interessante, mas não é complicado. É simplesmente um homem direto, com mindset de crescimento, que vive de acordo com a seguinte regra: "Você tem de se dedicar diariamente para se tornar um pouco melhor. Quando você se dedica à tarefa de se tornar um pouco melhor todos os dias durante certo período, você se torna *muito* melhor".[58]

Ele não exigia jogos sem erros. Não exigia que seus jogadores jamais perdessem. Pedia-lhes preparação total e esforço total. "Ganhei? Perdi? Essas são as perguntas erradas. A pergunta correta é: Eu me esforcei ao máximo?"[59] Se for assim, diz ele, "pode-se marcar menos pontos, *porém jamais perder*".[60]

Não era uma pessoa fraca. Não tolerava falta de empenho. Se os jogadores fizessem corpo mole durante o treino, ele apagava as luzes e dizia: "Senhores, o treino acabou".[61] Haviam perdido a oportunidade de melhorar naquele dia.

TRATAMENTO IGUAL

Tal como DeLay, Wooden dedicava tempo e atenção idênticos a todos os seus jogadores, independentemente das qualidades demonstradas inicialmente. Eles, por sua vez, se entregavam completamente, e progrediram. Eis o que Wooden disse sobre dois jogadores novos, ao chegarem à UCLA: "Observei cada um, a fim de ver como jogavam, e pensei: 'Meu Deus, se esse camarada puder dar uma contribuição a nosso *jogo*, é porque nossa equipe deve ser mesmo muito ruim.' Mas o que eu não via era o que aqueles rapazes tinham dentro de si".[62] Ambos deram absolutamente tudo o que eram capazes de dar, e se tornaram titulares, sendo um deles o pivô de uma das equipes campeãs nacionais.

Wooden respeitava igualmente todos os jogadores. Há um costume de não se usarem mais os números das camisas de alguns grandes jogadores, em homenagem à categoria deles. Enquanto Wooden foi técnico, nenhum número deixou de ser usado, embora ele tivesse contado com alguns dos melhores atletas de todos os tempos, como Kareem Abdul-Jabbar e Bill Walton. Mais tarde, quando os números deles foram retirados das camisas da equipe, ele discordou. "Outros jogadores também usaram aqueles números. Alguns deles deram tudo de si. [...] A camisa e o número nunca pertencem a apenas um jogador, por mais extraordinário ou grande 'astro' que ele possa ter sido. Isso vai contra o próprio conceito de equipe."[63]

Espere um pouco. O negócio dele era ganhar jogos. Não será sensato usar os jogadores de talento e dar menos importância aos de segunda classe? Bem, ele não os fazia *jogar* de maneira igual, mas dedicava-se a todos da mesma forma. Por exemplo, ao receber um novato no mesmo ano em que Bill Walton chegava, disse-lhe que, nas partidas oficiais, ele não entraria na quadra com muita frequência, por causa de Walton. Mas prometeu-lhe: "Quando você terminar o curso na universidade, conseguirá um contrato profissional. Você será muito bom".[64] No terceiro ano esse jogador rivalizava com Bill Walton nos treinos. E ao profissionalizar-se foi escolhido como estreante do ano em sua liga.

PREPARAR JOGADORES PARA A VIDA

Seria Wooden um gênio, um mágico capaz de transformar jogadores medíocres em campeões? Na verdade, ele confessa que, em termos de táticas e estratégias do jogo de basquete, não se considerava mais do que mediano. O que sabia fazer bem era analisar e motivar seus jogadores. Com essa capacidade ele conseguia ajudá-los a realizar seu potencial, não somente no basquete, mas também na vida, coisa que, para ele, era ainda mais recompensadora do que ganhar os jogos.

Os métodos de Wooden funcionavam? Sem falar nos dez títulos de campeão, temos o testemunho de seus pupilos, nenhum dos quais menciona armas de fogo:

Bill Walton, que entrou para o Hall da Fama: "Claro, a verdadeira competição para a qual ele nos preparava era a vida. [...] Ele nos ensinava os valores e as características que podiam fazer de nós não apenas bons jogadores, mas também boas pessoas".[65]

Denny Crum, técnico de sucesso: "Não posso imaginar o que teria sido minha vida se Wooden não tivesse sido meu farol. À medida que passam os anos, mais o aprecio, e só posso rezar para que eu consiga ter tanta influência nos jovens quanto ele teve sobre mim".[66]

Kareem Abdul-Jabbar, do Hall da Fama: "A sabedoria do técnico Wooden teve profunda influência sobre mim como atleta. Porém, ainda mais influência como ser humano. Ele é responsável, em parte, pela pessoa que sou hoje".[67]

Vejam esta história:

Era o momento da vitória.[68] A UCLA acabara de vencer seu primeiro campeonato nacional. Wooden, no entanto, estava preocupado com Fred Slaughter, jogador que havia iniciado todos os jogos e tivera um ano brilhante até aquela final do campeonato. O jogo não estava indo bem, e, ao piorar cada vez mais, Wooden achou que precisava mexer na equipe. Tirou Fred. O substituto jogou muito bem, e Wooden deixou-o na quadra até que o jogo estivesse praticamente ganho.

A vitória representava o auge da realização. Não apenas a UCLA conquistara o primeiro campeonato universitário nacional, vencendo a equipe de Duke, mas terminava a temporada com trinta vitórias e nenhuma derrota. Mas a preocupação de Wooden com Fred diminuía sua euforia. Ao sair da coletiva de imprensa, o técnico foi procurá-lo. Ao abrir a porta do vestiário, o jogador o esperava.

> Técnico [...] quero que o senhor saiba que eu compreendo. O senhor tinha de deixar Doug na quadra, porque ele estava jogando muito bem, e eu não. Eu que-

ria muito jogar, mas compreendo, e se alguém disser que me zanguei, isso não é verdade. Estou decepcionado, sim, mas não brabo. E fiquei muito feliz por Doug.

"Há muitos técnicos", diz Wooden, "que ganharam campeonatos trabalhando como ditadores, entre os quais Vince Lombardi e Bobby Knight. Eu tinha uma filosofia diferente [...] para mim, preocupação com os jogadores, compaixão e consideração sempre foram altíssimas prioridades."[69]

Leiam novamente a história de Fred Slaughter e digam-me se, nas mesmas circunstâncias, Bobby Knight teria corrido ao encontro de Daryl Thomas para consolá-lo. E se Knight teria permitido a Thomas buscar dentro de si seu orgulho, sua dignidade e sua generosidade em um momento de decepção.

Qual é o inimigo: o sucesso ou o fracasso?

Pat Summitt foi técnica da equipe de basquete feminino da Lady Vols, do Tennessee.[70] Ela a treinou para oito campeonatos nacionais. Não começou a carreira com a atitude filosófica de Wooden. Inicialmente sua atuação era mais parecida com a de Knight. Cada vez que a equipe perdia, ela não se conformava. Continuava a viver a derrota, remoendo-a até a morte e torturando a si mesma e ao time. Depois evoluiu, chegando a uma relação de amor e ódio com as derrotas. Emocionalmente, ainda se sente mal, mas gosta do que a perda de uma partida provoca. Obriga todos, jogadoras e técnicos, a aperfeiçoar o jogo. O sucesso é que se tornou inimigo.

Wooden chamava isso de estar "contaminado" pelo sucesso.[71] Pat Riley, ex-técnico da equipe campeã profissional dos Lakers de Los Angeles, falava de "doença do eu" – pensar que *você* é o sucesso, esquecendo a disciplina e o trabalho que o fizeram chegar ao sucesso.[72] Summitt explica: "O sucesso nos amolece. Transforma a pessoa mais ambiciosa em complacente e descuidada".[73] Summitt dizia isso depois de Tennessee ganhar cinco campeonatos nacionais, porém somente *um* deles na condição de favorita. "Em todas as demais ocasiões, fomos surpreendentemente vencidas. Perdemos quatro ou cinco títulos que as previsões diziam que deveríamos vencer."

Depois de ganhar o campeonato de 1996, o time ficou condescendente. As jogadoras mais velhas já eram campeãs nacionais, e as mais novas esperavam ser levadas à vitória simplesmente por estar na equipe de Tennessee. Foi um desastre. Começaram a perder, e a perder feio. Em 15 de dezembro, foram esmagadas por Stanford em seu próprio território. Pouco jogos depois, foram novamente arrasadas. Já acumulavam cinco derrotas, e ninguém mais acreditava nelas. A técnica da equipe da Carolina do Norte, procurando consolar Summitt, disse-lhe: "Bem, aguente até o ano que vem".[74] A HBO tinha ido ao Tennessee para filmar um documentário, mas os produtores começaram a procurar outra equipe. Até mesmo as assistentes da técnica já achavam que não conseguiriam chegar ao torneio eliminatório final para o título.

Assim, antes do jogo seguinte, Summitt ficou reunida com a equipe durante cinco horas. Naquela noite, jogaram contra Old Dominion, a segunda colocada nacionalmente. Pela primeira vez naquela temporada, empenharam-se a fundo. Mas perderam novamente. Foi arrasador. Tinham investido, se esforçado e mesmo assim perderam. Algumas jogadoras soluçavam tanto que mal conseguiam falar e respirar. "Levantem a cabeça", disse Summitt.[75] "Se vocês se dedicarem assim todas as vezes, se lutarem dessa maneira, eu digo, *eu prometo*, que em março estaremos nas eliminatórias." Dois meses depois, Tennessee sagrou-se campeã nacional.

Conclusão? Cuidado com o sucesso. Ele pode levar as pessoas ao mindset fixo. "Venci porque tenho talento. Portanto, continuarei vencendo." O sucesso pode contaminar uma equipe, como pode contaminar um indivíduo. Alex Rodriguez, o astro do beisebol, não foi contaminado pelo sucesso. "A gente nunca permanece sendo o mesmo", diz ele.[76] "Ou vamos em uma direção ou vamos em outra."

FALSO MINDSET DE CRESCIMENTO

Tenho visto muitos pais, professores e técnicos esportivos aplicarem os conceitos do mindset de crescimento das mais espetaculares formas, com resultados maravilhosos. Usando os princípios do mindset, muitas escolas e equipes esportivas têm chegado ao topo — e reconhecidas por sua extraordinária cultura de aprendizagem (e trabalho de equipe) e por suas excepcionais conquistas. Desnecessário dizer, é extremamente gratificante.

Então, uns dois anos atrás, minha colega australiana, Susan Mackie, relatou que vira um surto de "falso mindset de crescimento". Não sabia do que ela estava falando. Na verdade, fiquei um pouco irritada. Não seria o mindset de crescimento uma ideia muito simples e direta? Por que alguém teria um falso mindset de crescimento se pudesse ter um real?

Mas ela havia plantado a semente, e quando fui analisar meu estudo logo percebi do que ela falava. Alguns pais, professores e técnicos estavam sem dúvida confundindo as ideias do mindset. E de repente fiquei decidida a entender seus equívocos e descobrir como corrigi-los. Então, vamos dar uma boa olhada em: a) o que é um mindset de crescimento e o que não é; b) como alcançá-lo; e c) como transmiti-lo aos outros.

O que é um mindset de crescimento e o que não é

Um mindset de crescimento tem a ver com pessoas que acreditam que podem desenvolver suas habilidades. Simples assim. Pode ter suas muitas repercussões, mas essa é sua essência. No entanto, muitas pessoas projetam nele um significado diferente.

Equívoco 1. Muitas pessoas pegam o que gostam em si mesmas e chamam isso de "mindset de crescimento". Se elas têm uma mente aberta ou flexível, dizem que têm mindset de crescimento. Frequentemente ouço pessoas chamando isso de "mindset aberto". Mas há uma diferença entre ser uma pessoa flexível ou ter a mente aberta e ser dedicada ao desenvolvimento do talento. E, se as pessoas se afastam do verdadeiro significado do mindset de crescimento, se afastam de seus benefícios. Podem gozar de suas próprias capacidades incríveis, mas nunca poderão fazer o trabalho duro de desenvolver suas capacidades ou a de seus filhos e alunos.

Equívoco 2. Muitos acreditam que um mindset de crescimento se refere apenas ao esforço, especialmente ao elogio pelo esforço. Falei anteriormente sobre como elogiar o processo de engajamento das crianças — seu trabalho duro, suas estratégias, seu foco, sua perseverança — pode estimular um mindset de crescimento. Dessa forma, crianças aprendem que o processo em que se engajaram traz progresso e aprendizagem, e que sua aprendizagem não flui de forma mágica a partir de alguma habilidade inata.

A primeira coisa importante a lembrarmos aqui é que o *processo* inclui mais do que apenas esforço. Certamente, queremos que as crianças apreciem os frutos de seu trabalho duro. Mas também queremos que entendam a importância de tentar novas estratégias quando a que estão usando não está funcionando.

(Não queremos apenas que tentem com mais vigor a mesma estratégia ineficaz.) E queremos que peçam a ajuda ou a contribuição dos outros quando for necessário. Esse é o *processo* que queremos que apreciem: trabalho duro, tentando novas estratégias e buscando contribuições.

Outra armadilha é elogiar o esforço (ou qualquer parte do processo) que não foi feito. Mais de uma vez, pais me disseram "Elogiei o esforço do meu filho, mas não funcionou". Imediatamente, perguntei: "Seu filho *realmente* se esforçou?". "Bem, não realmente", vem a resposta envergonhada. Nunca devemos imaginar que elogiar um processo que não aconteceu trará bons resultados.

Mas um problema ainda mais preocupante para mim é o fato de alguns professores e técnicos estarem usando o elogio ao esforço como um prêmio de consolação quando as crianças *não* estão aprendendo. Se alunos se esforçam e fazem pouco ou nenhum progresso, podemos, claro, reconhecer seu esforço, mas nunca devemos nos contentar com o esforço que não gera benefícios. Precisamos descobrir *por que* aquele esforço não é eficaz e orientá-los em direção a outras estratégias e recursos que possam ajudá-los a retomar a aprendizagem.

Recentemente, alguém me perguntou: "O que não deixa você dormir à noite?". Eu respondi: "O receio de que a noção de mindset seja usada para fazer crianças se sentirem bem quando não estão aprendendo — exatamente como o fracassado movimento da autoestima". O mindset de crescimento se destina a ajudar as crianças a aprender, não a encobrir o fato de que não estão aprendendo.

Enfim, quando as pessoas percebem que sou a pessoa do mindset, muitas vezes dizem: "Ah, sim! Louvado seja o processo, não o resultado, certo?". Bom, não é bem assim. Esse é um equívoco muito comum. Em toda a nossa pesquisa sobre elogio, sem dúvida elogiamos o processo, mas *o vinculamos ao resultado*, ou seja, à aprendizagem, ao progresso ou às conquistas da criança. Crianças precisam entender que o engajamento no processo as ajudou a aprender.

Há pouco tempo, uma mãe me contou como era frustrante não poder elogiar a filha quando esta fazia alguma coisa maravilhosa — pois só poderia elogiá-la quando estivesse se esforçando. Não! Não! Não! *Claro*, você pode valorizar as realizações maravilhosas de seus filhos, mas depois vincule-as ao processo no qual se engajaram.

E lembre-se de que não temos sempre que elogiar. Ter curiosidade sobre o processo da criança e apenas mostrar interesse também é importante.

Equívoco 3. Um mindset de crescimento é igual a dizer às crianças que elas podem fazer tudo. Muitas vezes ouvi educadores dizerem: "Sempre tive um mindset de crescimento. Sempre disse aos meus alunos: 'Vocês podem fazer qualquer coisa!'". Poucas pessoas acreditam no potencial das crianças tanto quanto eu, ou anseiam por vê-las cumprirem sua enorme promessa. Mas isso não acontece simplesmente pelo fato de lhes dizer: "Vocês podem fazer qualquer coisa". Acontece quando os ajudamos a adquirir habilidades e encontrar recursos que os façam progredir em direção a seus objetivos. Caso contrário, são palavras tranquilizadoras vazias. Depositam o ônus inteiramente no aluno e podem fazer com que ele se sinta um fracassado se *não* alcançar seus objetivos.

Uma palavra final sobre depositar o ônus no aluno. É de partir o coração saber que alguns educadores e técnicos repreendem crianças por terem mindset fixo — gritam com elas ou as criticam por não demonstrarem qualidades do mindset de crescimento. Observe que esses adultos estão se isentando da responsabilidade, não apenas do ensino do mindset de crescimento, mas também da aprendizagem da criança: "Não posso ensinar a esse aluno. Ele tem mindset fixo". Sejamos muito claros aqui. Nós, como educadores, devemos levar a sério a nossa responsabilidade de criar ambientes favoráveis ao mindset de crescimento — nos quais as crianças se sintam seguras, entendam que acreditamos em seu potencial de desenvolvimento e saibam que estamos totalmente dedicados a colaborar com elas em sua aprendizagem. Nossa função é ajudar as crianças a prosperar, e não encontrar razões por que não conseguem.

Como desenvolver um (verdadeiro) mindset de crescimento?

Você não adquire um mindset de crescimento por proclamação. Você se move em sua direção como se fosse uma jornada.

Porque um mindset de crescimento ganhou força e se tornou a forma "correta" de pensar, cada vez mais pessoas alegam tê-lo. Talvez faça sentido. Não queremos nos ver como pessoas esclarecidas que ajudam crianças a desenvolver todo o seu potencial? Um renomado educador me disse que havia se tornado politicamente incorreto para educadores até mesmo falar (e talvez até mesmo pensar) sobre ter um mindset fixo em qualquer área. E um diretor de escola me disse que recentemente, quando fazia pequenas sugestões a uma professora, ela olhou para ele indignada e disse: "Você está insinuando que eu tenho um mindset fixo?".

Embora para simplificar eu tenha dito que algumas pessoas têm um mindset de crescimento e outras têm um mindset fixo, na verdade todos nós somos uma mistura dos dois. Não há como negar. Às vezes estamos em um mindset e em outras estamos em outro. Então nossa tarefa se torna entender o que desencadeia nosso mindset fixo. Quais são os eventos ou situações que nos levam a um lugar onde sentimos (ou outras pessoas) que nossas habilidades são fixas? Quais são os eventos ou situações que nos levam a um estado de julgamento em vez de desenvolvimento?

O que acontece quando nossa persona de mindset fixo se revela – o personagem dentro de nós que nos faz evitar desafios e nos repreende quando fracassamos em algo? Como nos sentimos? O que isso nos faz pensar e como nos faz agir? Como esses pensamentos, sentimentos e ações afetam a nós e àqueles que nos rodeiam? E, mais importante, o que podemos fazer ao longo do tempo para que essa persona não interfira no nosso crescimento e no dos nossos filhos? Como podemos convencer essa persona com mindset fixo a aceitar os objetivos que brotam de nosso mindset de crescimento?

Responderei a essas perguntas no final do capítulo, quando analisaremos o processo de mudança pessoal. O que enfatizarei aqui é que é uma longa jornada, que precisa de empenho e persistência. Mas, uma vez que reconheçamos que todos temos mindsets fixos recorrentes, podemos falar uns com os outros abertamente. Podemos falar sobre nossa persona de mindset fixo – quando ela se revela, como nos afeta e como aprendemos a lidar com ela. E, assim, perceberemos que temos muitos companheiros de viagem na nossa jornada.

Como transmitir um mindset de crescimento?

Você poderia pensar que, uma vez que adultos tenham um mindset de crescimento mais presente, eles automaticamente o passariam para as crianças. É o que nós pensamos, mas não o que descobrimos. Muitos adultos não transmitem seus mindsets de crescimento. Como é possível?

Vamos começar olhando para os resultados. Em uma série de estudos, pesquisadores observaram os mindsets de pais e filhos. Em cada caso, muitos pais tinham mindset de crescimento, mas não o estavam transmitindo aos filhos. Em outros estudos, pesquisadores observaram os mindsets de professores e seus alunos. Em cada caso, muitos professores tinham um mindset de crescimento, mas não o passavam para seus alunos. Alguma coisa estava acontecendo.

Claro que é possível que alguns desses pais e professores tivessem o falso mindset de crescimento. Mas, além disso, descobrimos uma coisa fascinante. Os mindsets dos adultos estão em suas cabeças e não são diretamente visíveis para as crianças. As ações visíveis dos adultos falam muito mais alto, e é isso que as crianças estão captando. Infelizmente, essas ações muitas vezes não se alinham com o mindset de crescimento da cabeça dos adultos. Então, que ações transmitem os diferentes mindsets?

Em primeiro lugar, sem surpreender, o elogio.[77] O elogio dos pais molda os mindsets da criança. É interessante que isso não esteja necessariamente alinhado com os mindsets dos pais. Mesmo pais com mindset de crescimento podem se flagrar elogiando as habilidades de seus filhos — e negligenciando focar no processo de aprendizagem. Pode ser difícil mudar a ideia de que dizer às crianças que elas são inteligentes ajuda a construir sua confiança.

Em segundo lugar, a forma com que os adultos reagem aos erros e fracassos das crianças.[78] Quando uma criança tem um problema e os pais reagem com ansiedade ou preocupação sobre sua capacidade, estimulam mais o mindset fixo na criança. Os pais podem tentar maquiar o fracasso do filho, mas o próprio ato de fazê-lo pode acabar transmitindo que errar é um problema. Assim, embora os pais possam ter um mindset de crescimento, também podem mostrar preocupação sobre a confiança ou o moral do filho quando a criança tropeça.

São os pais que reagem aos problemas com interesse e os tratam como oportunidades para o aprendizado que estão transmitindo um mindset de crescimento a seus filhos. Esses pais consideram as adversidades coisas boas que devem ser adotadas, e que adversidades devem ser usadas como uma plataforma para o aprendizado. Encaram o problema de frente e falam aos filhos sobre os próximos passos para a aprendizagem.

Em outras palavras, todos os dias os pais estão ensinando aos filhos se erros, obstáculos e adversidades são coisas boas ou ruins. Os pais que os tratam como coisas boas são mais propensos a transmitir para os filhos o mindset de crescimento.

Em terceiro lugar, transmitir um mindset de crescimento abrange perceber se professores estão ensinando para que haja compreensão ou simplesmente pedindo aos alunos que memorizem fatos, regras e procedimentos.[79] A pesquisa está mostrando que, quando professores se preocupam com um entendimento mais profundo e trabalham para que os alunos o alcancem, esses alunos ficam mais propensos a acreditar que suas habilidades podem ser desenvolvidas. Um estudo mostrou que, quando professores de matemática ensinavam no sentido de uma compreensão conceitual, davam feedback que aprofundava o entendimento dos alunos e depois permitiam que estes revisassem seu trabalho (para experimentar e mostrar seu entendimento mais profundo) e mostrassem uma compreensão mais profunda, seus alunos se moveram em direção a um mindset de crescimento em matemática. Eles acreditaram que poderiam desenvolver sua capacidade matemática básica.

Por outro lado, quando professores pensavam a matemática apenas como um conjunto de regras e procedimentos para memorizar, podiam enfatizar a importância do esforço e da persistência, mas os alunos não conseguiam sentir suas habilidades se desenvolvendo e não se moviam em direção a um mindset de crescimento. A propósito, muitos desses professores usaram as palavras "mindset de crescimento" em suas turmas, mas seus métodos de ensino — suas ações — não o estimulavam em seus alunos.

Outros estudos apresentaram um quadro semelhante.[80] Em um, alunos do ensino médio falavam sobre seus professores de matemática. Alguns disseram que, quando estavam travados, seus professores se sentavam com eles e diziam coisas como: "Mostre para mim o que você fez, vamos tentar entender como você está pensando e então descobrir o que devemos tentar em seguida". Os alunos que foram tratados assim — como se o entendimento fosse de vital importância e pudesse ser alcançado com o apoio do professor — se moviam em direção a um mindset de crescimento em matemática.

No entanto, neste momento de testes altamente disputados, muito ensino está enfatizando a memorização de fatos, regras e procedimentos para "assegurar" que os alunos se saiam bem nos testes de altíssima importância. Como temos observado, essa atitude pode promover mais mindsets fixos e talvez, ironicamente, minar o desempenho dos alunos nesses testes. Não há nada como o aprofundamento do aprendizado para gerar bons resultados.

Infelizmente, nessa atmosfera muitos estudantes estão associando aprendizagem à memorização. Tenho ouvido de muitos pesquisadores e educadores que estudantes de todas as classes econômicas estão se tornando cada vez mais incapazes de compreender a diferença entre memorizar fatos, regras e procedimentos e verdadeiramente entender os conceitos subjacentes ao conteúdo. Além de ser uma má notícia para o mindset de crescimento, tem também implicações preocupantes para nossa nação. Grandes contribuições para a sociedade nascem da curiosidade e da compreensão profunda. Se estudantes já não reconhecem e valorizam a aprendizagem aprofundada, de onde virão as grandes contribuições do futuro?

Inicialmente, ficamos surpresos ao perceber que muitos adultos com mindset de crescimento não o estavam transmitindo. Porém, a moral da história é que pais, professores e técnicos transmitem um mindset de crescimento não pela crença que carregam em suas mentes e sim pela incorporação do mindset de crescimento em suas ações: a forma como elogiam (conduzindo a processos que levem ao aprendizado), a forma com que encaram as adversidades (como oportunidades para o aprendizado) e a forma com que focam na compreensão aprofundada (como o objetivo do aprendizado).

NOSSO LEGADO

Como pais, professores ou técnicos esportivos, há vidas humanas confiadas a nós. São nossa responsabilidade e nosso legado. Agora sabemos que o mindset de crescimento tem um papel-chave a desempenhar para *nos* ajudar a cumprir nossa missão e ajudar *nossos discípulos* a realizar seu potencial.

DESENVOLVA SEU MINDSET

- Cada palavra e ato de um pai ou de uma mãe com um filho enviam uma mensagem. Amanhã, preste atenção no que você diz a seus filhos e trate de entender as mensagens que está enviando. São mensagens que dizem: *Você tem características permanentes, e eu as estou julgando*, ou dizem: *Você é uma pessoa em formação, e estou interessado em seu desenvolvimento*?
- Como você faz elogios? Lembre-se de que elogiar a inteligência ou o talento de uma criança, embora seja tentador, manda uma mensagem de mindset fixo. Torna mais frágeis a confiança e a motivação delas. Em vez disso, trate de focalizar os *processos* que utilizaram: suas estratégias,

esforço ou escolhas. Pratique elogiar os processos em suas interações com seus filhos.

- Observe-se e ouça-se quando seu filho faz uma coisa errada. Lembre-se de que a crítica construtiva é uma informação que permite à criança consertar alguma coisa. Não é uma informação que simplesmente rotula ou desculpa a criança. No fim de cada dia, anote as críticas construtivas (e os elogios do processo) que tiver feito a seus filhos.
- Os pais frequentemente estabelecem objetivos para as crianças procurarem atingir. Lembre-se de que ter talento nato não é um objetivo, mas expandir a capacidade e o conhecimento é. Preste muita atenção aos objetivos que estabelecer para seus filhos.
- Se você for professor, lembre-se de que abaixar os padrões não aumenta a autoestima dos alunos. Elevar os padrões tampouco, a menos que os estudantes tenham os meios para alcançá-los. O mindset de crescimento nos fornece uma maneira de estabelecer padrões elevados *e* permitir que os alunos os atinjam. Procure apresentar os pontos da matéria numa estrutura construtiva, dando aos estudantes informação sobre o processo. Acho que você gostará do resultado.
- Você costuma pensar em seus alunos mais lentos como crianças que jamais conseguirão aprender bem? Eles se consideram permanentemente burros? Em vez disso, procure imaginar por que eles não compreendem, e quais as estratégias de aprendizado que não possuem. Lembre-se de que os grandes professores acreditam em crescimento do talento e do intelecto, e são fascinados pelo processo de aprendizado.
- Você é um técnico esportivo com mindset fixo? Pensa principalmente em sua própria história profissional e em sua reputação? É intolerante aos erros? Procura motivar seus jogadores por meio de julgamentos? Talvez seja isso que está travando seus atletas. Procure usar o mindset de crescimento. Em vez de exigir jogos sem erros, peça entrega total e esforço total. Em vez de julgar os atletas, dê a eles o respeito e o apoio de que necessitam para se desenvolver.
- Como pais, professores e técnicos esportivos, nossa missão é desenvolver o potencial das pessoas. Vamos utilizar todas as lições do mindset de crescimento, e tudo o mais que for possível, para realizar essa missão.

8. Mudança de mindset

O mindset de crescimento se baseia na crença na mudança, e a parte mais gratificante de meu trabalho é observar as pessoas mudarem. Nada é melhor do que ver as pessoas encontrarem os caminhos para chegar àquilo a que dão valor. Este capítulo trata de crianças e adultos que conseguiram encontrar a maneira certa de utilizar suas habilidades, e de como todos nós somos capazes de fazer o mesmo.

A NATUREZA DA MUDANÇA

Eu estava no meio da primeira série quando minha família se mudou. De repente, me vi em uma nova escola. Tudo era desconhecido para mim: a professora, os alunos e o estudo. Era o estudo que me aterrorizava. A turma estava adiantada em relação à minha classe anterior, ou, pelo menos, assim me parecia. Os alunos escreviam letras que eu ainda não havia aprendido. E havia uma maneira de fazer as coisas que todos pareciam conhecer, menos eu. Assim, quando a professora disse: "Meninos, escrevam seus nomes no papel no lugar certo", eu não tinha ideia do que devia fazer.

Por isso, chorei. Todos os dias surgiam coisas que eu não sabia fazer. A cada vez eu me sentia perdida e impotente. Por que eu não disse à professora: "Sra. Kahn, ainda não aprendi isso. Pode me ensinar?".

Em outra ocasião, quando eu era pequena, meus pais me deram dinheiro para que eu fosse ao cinema com um adulto e um grupo de crianças. Quando virei a esquina para chegar ao lugar combinado para o encontro, vi, no fim do quarteirão, que já estavam indo. Em vez de correr atrás deles e gritar: "Esperem por mim!", fiquei parada, apertando nas mãos os níqueis e vendo-os desaparecer na distância.

Por que não procurei detê-los ou alcançá-los? Por que aceitei a derrota antes de tentar uma tática simples? Sei que em meus sonhos sempre executei façanhas mágicas ou sobre-humanas diante dos perigos. Guardo até hoje uma foto minha vestida com uma capa do Super-Homem que eu mesma fiz. Por que, na vida real, não fui capaz de fazer uma coisa simples como pedir auxílio ou gritar para que me esperassem?

Em meu trabalho, vejo muitas crianças pequenas assim — crianças inteligentes, que aparentemente são desembaraçadas e que ficam paralisadas com os percalços. Em alguns de nossos estudos, bastaria que fizessem uma coisa simples para que tudo melhorasse, mas não fazem. São crianças com mindset fixo. Quando as coisas vão mal, elas se sentem impotentes e incapazes.

Mesmo hoje, quando alguma coisa não dá certo ou algo promissor parece estar me escapando, ainda tenho uma sensação passageira de impotência. Isso significa que não mudei?

Não; significa que a mudança não é como uma cirurgia. Mesmo quando mudamos, as antigas crenças não são extirpadas, como se fossem uma articulação danificada, e substituídas por outras melhores. Em vez disso, as novas crenças tomam seu lugar ao lado das antigas, e, à medida que se tornam mais fortes, nos trazem uma forma diferente de pensar, sentir e agir.

As crenças são a chave da felicidade (e da infelicidade)

Na década de 1960, o psiquiatra Aaron Beck trabalhava com seus clientes, quando, de repente, percebeu que os problemas deles eram causados por suas *crenças*.[1] Justamente antes de sentirem uma onda de ansiedade ou de depressão, alguma coisa passava rapidamente por suas mentes. Poderia ser "O dr. Beck acha que sou incompetente" ou "Essa terapia jamais funcionará. Nunca vou me sentir bem". Esses tipos de crença causavam sensações negativas, não apenas nas sessões de terapia, mas também em suas vidas.

Não eram crenças das quais as pessoas geralmente tivessem consciência. Mas Beck descobriu que poderia ensinar essas pessoas a prestar atenção e ouvi-las. Descobriu também que poderia ensiná-las a trabalhar com essas crenças e modificá-las. Assim nasceu a terapia cognitiva, uma das formas de tratamento mais eficazes já desenvolvidas.

Quer percebam quer não, as pessoas mantêm uma espécie de registro permanente das coisas que lhes acontecem, do que elas significam e do que deveriam fazer. Em outras palavras, nossas mentes estão constantemente observando e interpretando. É assim que nos mantemos conscientes. Às vezes, porém, o processo de interpretação fica perturbado. Algumas pessoas interpretam de forma mais extrema coisas que acontecem, e em seguida reagem com sentimentos exagerados de ansiedade, depressão ou raiva. Ou então de superioridade.

Os mindsets vão mais longe

Os mindsets dão estrutura ao registro que ocorre na cabeça das pessoas. Orientam todo o processo de interpretação. O mindset fixo cria um monólogo interno focalizado no julgamento: "Isso significa que sou um fracassado", "Isso significa que sou melhor do que eles", "Isso significa que não sou bom marido", "Isso significa que meu parceiro é egoísta".

Em diversos estudos, investigamos a maneira pela qual as pessoas com mindset fixo tratam a informação que recebem.[2] Descobrimos que avaliam com veemência cada elemento de informação. Uma coisa boa levava a um rótulo altamente positivo, e uma coisa ruim levava a um rótulo altamente negativo.

As pessoas de mindset de crescimento também observam constantemente o que acontece, mas seu monólogo interno não trata de julgar a si mesmas e aos demais dessa maneira. Sem dúvida são sensíveis a informações positivas e negativas, mas estão afinadas com suas implicações para o aprendizado e a ação construtiva: Que posso aprender com isso? Como posso me aperfeiçoar? Como posso ajudar meu parceiro a fazer melhor?

Ora, basicamente, a terapia cognitiva ensina as pessoas a refrear seus julgamentos extremos e a torná-los mais razoáveis. Por exemplo, suponhamos que Alana se dá mal numa prova e chega à conclusão de que "sou burra". A terapia cognitiva a ensinaria a olhar os fatos de maneira mais positiva, perguntando: Quais são as provas que sustentam ou negam sua conclusão? Depois de investigar, Alana poderá ser capaz de compilar uma longa lista de situações passadas nas quais se mostrou competente, e poderá então afirmar: "Acho que não sou tão incompetente quanto pensava".

Ela pode ser também estimulada a pensar em outras razões, diferentes da burrice, pelas quais fez uma má prova, e isso pode matizar seu julgamento negativo. Alana aprende então a fazer isso sozinha, para que, quando vier a se julgar negativamente no futuro, possa refutar o julgamento e se sentir melhor.

Dessa maneira, a terapia cognitiva ajuda as pessoas a fazer julgamentos mais realistas e mais otimistas. *Porém, não as tira do mindset fixo e do mundo dos julgamentos.* Não ataca a premissa básica — a ideia de que as características são fixas — que as faz se avaliarem constantemente.[3] Em outras palavras, não as escolta da estrutura de julgamento até a de crescimento.

Este capítulo trata de como mudar o que ocorre no interior de nossas mentes, passando de um monólogo de julgamento a outro orientado para o crescimento.

CONFERÊNCIAS SOBRE MINDSETS

O simples fato de tomar conhecimento do mindset de crescimento é capaz de causar uma grande mudança na forma pela qual as pessoas pensam em si mesmas e em suas vidas.

Por isso, a cada ano em meu curso de graduação dou aulas sobre esses mindsets — não só porque fazem parte da matéria do curso, mas também porque conheço as pressões a que estão submetidos os estudantes. A cada ano os alunos me contam como essas ideias os modificaram em todos os aspectos de suas vidas.

Eis o que disse Maggie, que aspira a tornar-se escritora:

> Percebi que, no que se refere a minhas aspirações artísticas ou criativas, havia internalizado um mindset fixo. Achava que as pessoas eram inerentemente artísticas ou criativas e que ninguém era capaz de se aperfeiçoar por meio do esforço. Isso afetou diretamente minha vida, porque eu sempre quis ser escritora, mas tive receio de seguir cursos de redação ou mostrar a outras pessoas o que escrevia.

Há uma relação direta com meu mindset, porque qualquer crítica negativa significaria que não sou genuinamente escritora. Eu tinha muito medo de me expor à possibilidade de que não tivesse talento "natural".

Agora, depois de ter ouvido suas conferências, resolvi me matricular num curso de redação criativa no próximo semestre. E acho que realmente compreendi o que estava me impedindo de desenvolver um interesse que há muito é meu sonho secreto. Sinto que essas informações realmente me deram um novo poder!

O monólogo interno de Maggie costumava dizer: *Não faça isso. Não entre para cursos de redação. Não mostre aos outros o que escreve. Não corra esse risco. Seu sonho pode ficar destruído. Proteja-o.*

Agora ele diz: *Faça com que as coisas aconteçam. Desenvolva sua capacidade. Vá em busca de seu sonho.*

Há também o caso de Jason, o atleta:

Como estudante e atleta da Columbia, eu tinha exclusivamente um mindset fixo. Vencer significava tudo, e aprender não entrava nos meus planos. No entanto, depois de ouvir suas conferências, percebi que esse não é um bom mindset. Tenho me esforçado em aprender, enquanto participo das competições, porque compreendi que, se puder melhorar constantemente, mesmo durante os jogos, me tornarei um atleta muito melhor.

O monólogo interno de Jason era: *Vencer. Vencer. Você tem de vencer. Prove-se a si mesmo. Tudo depende disso.*

Agora, é: *Observe. Aprenda. Cresça. Torne-se melhor atleta.*

Finalmente, ouçam Tony, o gênio em recuperação:

No ensino médio, eu costumava tirar notas muito altas com o mínimo de estudo e de sono. Passei a achar que seria sempre assim, porque era dotado de inteligência e memória extraordinárias. No entanto, depois de um ano de privação do sono, minha inteligência e minha memória começaram a deixar de ser extraordinárias. Quando passei a duvidar de meus talentos natos, dos quais minha autoestima dependia completamente (em vez de minha capacidade de concentração, minha determinação ou minha capacidade de me esforçar), entrei em uma crise pessoal que durou até há poucas semanas, quando a senhora falou na aula sobre os diferentes códigos mentais. Ao compreender que muitos de meus problemas eram consequências de minha preocupação em provar a mim mesmo minha "inteligência", consegui escapar do modelo autodestruidor no qual vivia.

O monólogo interno de Tony passou de *Sou naturalmente bem-dotado. Não preciso estudar. Não preciso dormir. Sou superior* para *Estou perdendo minha capacidade. Não consigo entender as coisas nem me lembrar de nada. Que sou agora?*

E para: *Não se preocupe tanto em ser inteligente. Não se preocupe tanto em evitar os fracassos. Isso é autodestruidor. Vamos começar a estudar e dormir e seguir o curso da vida.*

É claro que essas pessoas sofrerão percalços e decepções, e nem sempre será fácil manter o mindset de crescimento. Porém, somente por saber disso elas descobriram outra forma de ser. Em vez de permanecerem prisioneiras de uma fantasia amedrontadora como a da Grande Escritora, do Grande Atleta ou do Grande Gênio, o mindset de crescimento lhes deu coragem para abraçar seus próprios objetivos e sonhos. E o mais importante, lhes ofereceu uma maneira de trabalhar no sentido de torná-los realidade.

UM WORKSHOP SOBRE MINDSET[4]

Como vimos, a adolescência é uma fase em que os jovens se afastam da escola. Quase é possível ouvir o tropel quando eles tratam de se distanciar o máximo possível do aprendizado. É uma época em que os estudantes enfrentam alguns dos maiores desafios de suas jovens vidas, em que se avaliam profundamente, em geral, por meio do mindset fixo. Os jovens que têm esse mindset são justamente os que entram em pânico e correm em busca de abrigo, enquanto sua motivação e suas notas desmoronam.

Nos últimos anos, desenvolvemos um workshop para esses alunos, a fim de lhes ensinar o mindset de crescimento e como aplicá-lo a seu trabalho na escola. Eis uma parte do que lhes dizemos:

> Muitos acham que o cérebro é um mistério. Não sabem grande coisa sobre a inteligência e seu funcionamento. Quando refletem sobre o que seja a inteli-

gência, pensam que as pessoas já nascem inteligentes, medianas ou burras, e que permanecem assim durante toda a vida. Mas pesquisas recentes mostram que o cérebro se parece mais com um músculo: ele se modifica e se fortalece quando você o usa. Os cientistas têm conseguido mostrar exatamente como o cérebro se fortalece com o aprendizado.[5]

Em seguida, descrevemos como o cérebro forma novas conexões e "cresce" quando as pessoas praticam e aprendem coisas novas.

Quando você aprende coisas novas, aquelas minúsculas conexões no cérebro, na verdade, se multiplicam e ficam mais fortes. Quanto mais você desafia o cérebro a aprender, maiores ficam as células de seu cérebro. Nesse momento, coisas que você achava difíceis ou mesmo impossíveis, como falar uma língua estrangeira ou trabalhar com álgebra, parecem ficar fáceis. O resultado é um cérebro mais forte e mais inteligente.

Depois mostramos que ninguém ridiculariza os bebês nem diz que são burros porque não sabem falar. Simplesmente ainda não aprenderam. Mostramos aos alunos fotos do aumento da densidade das conexões cerebrais durante os primeiros anos de vida, à medida que os bebês prestam atenção em seu mundo e o estudam, aprendendo como fazer as coisas.

Ao longo de várias sessões, por meio de atividades e debates, os alunos aprendem métodos de estudo e veem como aplicar as lições do mindset de crescimento a seus trabalhos escolares.

Os alunos adoram aprender mais a respeito do cérebro, e os debates são muito intensos. Mais recompensadores, no entanto, são os comentários feitos por eles sobre si mesmos. Vamos rever Jimmy, o aluno obstinado e desmotivado do capítulo 3. No primeiro desses workshops, ficamos surpresos ao ouvi-lo dizer, com lágrimas nos olhos: "A senhora quer dizer que não tenho de ser burro?".

Pode-se pensar que esses estudantes estejam desmotivados, mas vi que nunca deixam de se importar. Ninguém se acostuma a se sentir burro. Nosso workshop disse a Jimmy: "Você controla sua mente. Pode ajudá-la a crescer, utilizando-se dos meios certos". E, à medida que os trabalhos avançavam, eis o que o professor de Jimmy afirmou a seu respeito:

Jimmy, que nunca se esforça além do necessário e frequentemente não entrega os deveres de casa no prazo, ficou acordado até tarde para terminar cedo um trabalho, a fim de que eu o pudesse avaliar e lhe dar a oportunidade de fazer uma revisão. Tirou nota acima de sete nessa tarefa (ultimamente vinha tirando cinco ou menos).

A propósito, os professores não estavam querendo ser gentis conosco, dizendo-nos o que gostaríamos de ouvir. Eles não *sabiam* quais alunos estavam em nosso workshop sobre o mindset de crescimento. Isso porque estávamos realizando outro workshop, que se reunia com a mesma frequência do primeiro e ensinava ainda mais técnicas de estudo aos alunos. Estes recebiam idêntica atenção pessoal de professores particulares que os apoiavam. Mas não aprendiam o mindset de crescimento e a maneira de aplicá-lo.

Os professores não sabiam quais eram os alunos que frequentavam um ou outro dos workshops, mas, mesmo assim, escolheram Jimmy e *muitos* dos que assistiam àquele que tratava do mindset de crescimento para informar que haviam notado mudanças reais em sua motivação para aprender e se aperfeiçoar.

Ultimamente notei que alguns alunos passaram a ter maior interesse em sua melhoria. [...] R. estava com um desempenho abaixo dos padrões normais. [...] Aprendeu a reconhecer a melhora de suas notas, que passaram de 5,2, 4,6 e 4,9 a 6,7 e 7,1. [...] Ele considerou importante seu aperfeiçoamento em matemática.

As notas de M. estavam muito abaixo da média. Durante as últimas semanas, ela me pediu voluntariamente ajuda durante a hora de almoço, a fim de melhorar seu desempenho nas provas. As notas dela melhoraram drasticamente, e passaram do nível de reprovação para 8,4 na prova mais recente.

Notam-se mudanças positivas na motivação e no comportamento de K. e J. Eles passaram a se esforçar de maneira constante.

Diversos estudantes participaram voluntariamente de aulas particulares dadas por alguns colegas durante o período de almoço ou depois do horário escolar. Alunos como N. e S. estavam com a nota mínima para aprovação ao pedirem a ajuda extra e sentiram-se motivados pela simples perspectiva de melhoria.

Estávamos ansiosos por ver de que maneira o workshop repercutiria nas notas dos alunos, e, com a permissão deles, tivemos acesso a suas notas finais do semestre. Examinamos especificamente as notas em matemática, porque refletiam o aprendizado real de conceitos novos e desafiadores.

Antes dos workshops, as notas dos alunos de matemática haviam caído bastante. Mas depois, imaginem, as notas dos que tinham frequentado o workshop sobre mindset de crescimento mostraram um nível maior. Estavam tendo um desempenho visivelmente melhor do que os que tinham frequentado o outro workshop.

O workshop sobre mindset de crescimento, que durou somente oito sessões, teve um grande impacto. Esse simples ajuste das crenças dos estudantes pareceu libertar seu poder mental e inspirá-los a trabalhar melhor e obter resultados. Claro, estavam em uma escola cujos professores eram sensíveis à demonstração de maior motivação, e estavam dispostos a se esforçar mais para ajudá-los a aprender. Mesmo assim, esses resultados mostram a importância da mudança de mindset.

Os alunos que frequentaram o outro workshop não melhoraram. Apesar das oito sessões de treinamento em técnicas de estudo e outras coisas úteis, não mostraram progresso. Como não haviam aprendido a considerar suas mentes de maneira diferente, não tinham motivação para colocar em prática essas técnicas.

O workshop do mindset de crescimento deu aos estudantes a possibilidade de dominar seus cérebros. Livres do jugo do mindset fixo, Jimmy e outros como ele puderam utilizar seu intelecto com mais liberdade e amplitude.

CEREBROLOGIA[6]

O problema do workshop era que, para funcionar bem, exigia uma grande equipe. Isso não seria possível em larga escala. Além disso, os professores não estavam diretamente envolvidos. Eles teriam um papel importante para manter o progresso dos estudantes. Por isso, resolvemos transpor nosso workshop para módulos interativos de computador e deixar que os professores orientassem suas aulas por meio dos módulos.

Com os conselhos de especialistas em educação, mídias e cérebro, desenvolvemos o programa da "Brainology"™, ou Cerebrologia. O programa apresenta figuras animadas, Chris e Dahlia, bons alunos da sétima série, mas que têm problemas com seu desempenho na escola. Dahlia tem dificuldade com o idioma espanhol, e Chris, com matemática. Ambos visitam o laboratório do dr. Cerebrus, cientista cerebral um tanto louco, que lhes ensina tudo a respeito do cérebro, inclusive como tratar dele e nutri-lo. Ele ensina o que fazer para atingir o máximo desempenho do cérebro (como dormir o suficiente, comer os alimentos corretos e usar boas estratégias de estudo) e mostra de que forma o cérebro expande seu potencial, à medida que eles aprendem. Durante todo o programa, os estudantes veem como Chris e Dahlia aplicam essas lições a seu trabalho escolar. As partes interativas permitem aos alunos fazer experiências cerebrais, ver vídeos de estudantes de verdade, com seus problemas e estratégias de estudo, recomendar planos de estudo para Chris e Dahlia e manter um diário de seus próprios problemas e planos de estudo.

Eis o que disseram alguns dos alunos da sétima série sobre as mudanças operadas neles pelo programa:

> Depois da Cerebrologia, vejo as coisas de maneira diferente. Agora, minha atitude em relação às matérias em que tenho dificuldade [é] que me esforço mais para estudar e dominar as técnicas. [...] Tenho usado meu tempo de maneira mais inteligente, estudando todos os dias e revendo as anotações que fiz. Estou realmente contente por haver participado do programa, porque aumentou meu conhecimento a respeito do cérebro.

> Mudei de ideia sobre o funcionamento do cérebro e estou fazendo as coisas de maneira diferente. Vou me esforçar mais porque sei que, quanto mais nos esforçamos, mais o cérebro trabalha.

> Tudo que posso dizer é que a Cerebrologia mudou minhas notas. *Bon voyage!*

> O programa de Cerebrologia fez com que eu mudasse a maneira pela qual trabalho, estudo e faço os deveres escolares, agora que sei como funciona meu cérebro e o que acontece quando aprendo.

> Obrigado por nos fazer estudar mais e nos ajudar a desenvolver nosso cérebro! Eu realmente consigo imaginar meus neurônios crescendo, à medida que fazem mais conexões.

Vários professores nos disseram que alunos anteriormente indiferentes agora falavam a linguagem da Cerebrologia. Por exemplo, havíamos ensinado a eles que, quando estudassem bem e aprendessem alguma coisa, isso seria transferido de um depósito temporário (memória ativa) para outro mais permanente (memória de longo prazo). Eles agora diziam uns aos outros: "Desculpe, isso não está em minha memória de longo prazo". "Creio que estava utilizando somente minha memória ativa."

Os professores nos diziam que os alunos agora se prontificavam mais a praticar, estudar, tomar notas e prestar atenção, a fim de certificar-se de que as conexões dos neurônios seriam feitas. Um estudante nos disse:

"Sim, o programa de Cerebrologia ajudou muito [...]. Cada vez que penso em não estudar, procuro recordar os benefícios que traria a meu cérebro se estudasse".

Os professores também mudaram. Não apenas contavam os benefícios que seus alunos tinham tido, mas também falavam das coisas que eles passaram a perceber. Afirmaram, especialmente, que a Cerebrologia era essencial para compreender que:

"*Todos* os estudantes são capazes de aprender, até mesmo os que lutam com a matemática e o autocontrole".

"Tenho de ser mais paciente porque para aprender são necessários muito tempo e prática".

"O cérebro funciona assim [...] Cada pessoa aprende de maneira diferente. A Cerebrologia me ajudou a saber como ensinar diversos tipos de aprendizado".

Nosso workshop foi levado a crianças em vinte escolas. Algumas confessaram sua descrença inicial: "No começo, achava que era apenas uma brincadeira e um desenho animado, mas passei a prestar atenção e comecei a fazer o que me aconselhavam". Ao final, quase todas as crianças obtiveram benefícios significativos.

ALGO MAIS SOBRE A MUDANÇA

É fácil ou difícil mudar? Até agora parece coisa simples. Mas só o fato de saber que existe o mindset de crescimento pode, às vezes, mobilizar as pessoas para que enfrentem os desafios e perseverem.

Outro dia, uma de minhas ex-alunas de graduação me contou uma história. Primeiro, no entanto, é preciso dar uma explicação. Em meu campo de atividade, quando você apresenta um estudo para publicação, isso em geral representa vários anos de trabalho. Alguns meses depois, você recebe a apreciação crítica: umas dez páginas, em espaço simples. Se o editor achar que o estudo tem algum potencial, ele o convida a revisá-lo antes de enviar novamente, *desde que você considere cada uma das críticas.*

Minha ex-aluna recordou-me a época em que remetera sua dissertação de mestrado para o principal periódico em nosso campo. Quando as críticas chegaram, ela ficou arrasada. Havia sido julgada; o trabalho tinha deficiências e, por extensão, também ela. O tempo passou, mas ela não tinha coragem de retomar as críticas para melhorar seu estudo.

Então, aconselhei-a a mudar o mindset. "Olhe", eu disse, "a questão não é você. Isso é trabalho deles. Eles têm obrigação de encontrar quaisquer falhas. O que você tem a fazer é aprender com as críticas para que seu estudo fique cada vez melhor." Em poucas horas ela tratou de fazer uma revisão, e o estudo foi aceito com elogios. Dessa vez ela me disse: "Nunca mais me senti julgada. Nunca mais. Cada vez que as críticas vêm, eu penso: 'Isso é o trabalho deles', e imediatamente trato de fazer o *meu* trabalho".

Mas mudar também é difícil.

Quando as pessoas se apegam a um mindset, em geral há um bom motivo para isso. Em algum momento de suas vidas ele lhes serviu para alguma coisa. Disse-lhes quem eram ou o que desejavam ser (uma criança inteligente e talentosa), e mostrou-lhes o que fazer para conseguir isso (desempenhar-se bem). Dessa maneira, proporcionou uma fórmula para a autoestima e um caminho para obter o afeto e o respeito dos demais.

A noção de que têm valor e serão queridas é fundamental para as crianças, e, quando elas não têm certeza de serem valorizadas ou amadas, o mindset fixo oferece um caminho simples e direto.

Os psicólogos Karen Horney e Carl Rogers, que trabalharam no século passado, propuseram teorias sobre o desenvolvimento emocional infantil.[7] Sua opinião era de que, quando as crianças pequenas se sentem inseguras quanto à aceitação pelos pais, sofrem grande ansiedade. Sentem-se perdidas e sós num mundo complicado. Em razão da idade muito tenra, não podem simplesmente rejeitar os pais e dizer: "Acho que vou fazer tudo sozinha". Precisam encontrar um meio de se sentir seguras e conquistar o afeto dos pais.

Horney e Rogers propuseram que as crianças fazem isso imaginando outros "eus" dos quais seus pais talvez gostem mais. Esses novos "eus" são o que elas acham que os pais estejam buscando e que talvez obtenham a aceitação deles. Muitas vezes, esses estratagemas servem para ajustar-se à situação familiar na ocasião, trazendo à criança certa dose de segurança e esperança.

O problema é que esse novo "eu" — essa pessoa competente, forte e boa que agora procuram ser — provavelmente tem mindset fixo. Ao longo do tempo, os traços fixos podem vir a se transformar naquilo que a pessoa imagina que seja, e a confirmação dessas características pode se tornar a fonte principal de sua autoestima.

A mudança de mindset exige que as pessoas desistam disso. Como se pode imaginar, não é fácil abandonar alguma coisa que parecia ser nosso "eu" durante muitos anos, e que proporcionou o caminho em direção à autoestima. Principalmente, não é fácil substituir isso por um mindset que nos diz que devemos enfrentar todas as coisas que nos pareciam ameaçadoras: desafios, lutas, críticas, percalços.

Quando eu me encontrava no processo de trocar meu mindset fixo pelo de crescimento, percebi claramente minha inquietação. Por exemplo, já expliquei que, por ser uma pessoa de mindset fixo, eu registrava diariamente todos os meus êxitos. No final de um dia favorável, podia contabilizar os resultados (a elevada "pontuação" de minha inteligência, de minha personalidade, e assim por diante) e me sentia satisfeita comigo mesma. Mas, quando adotei um mindset de crescimento e deixei de acompanhar meus êxitos, às vezes, no fim do dia, eu procurava verificar minha "contagem" mental e via que era zero. Não poder exibir minhas vitórias me fazia ficar insegura.

Pior do que isso, como estava correndo riscos maiores, olhava retrospectivamente e via todos os erros e fracassos que cometia a cada dia. Sentia-me infeliz.

Além disso, o mindset fixo não desaparece facilmente. Se estiver controlando nosso monólogo interno, é capaz de nos dizer coisas realmente duras, ao perceber que a pontuação é zero: "Você não vale *nada*". Aí você se sente forçado a marcar depressa alguns pontos elevados. Anteriormente, o mindset fixo oferecia refúgio exatamente para essa sensação, e pode oferecê-lo novamente.

Não aceite isso.

Também há a preocupação de não ser mais a mesma pessoa. Pode parecer que o mindset fixo lhe proporciona sua ambição, sua superioridade, sua individualidade. Talvez você receie ser apenas uma peça da engrenagem, como todos os demais. Talvez receie ser comum.

Mas, ao se abrir para o crescimento, você se torna *mais você*, e não menos. Os cientistas, artistas, atletas e CEOs que examinamos nada tinham de humanoides executando movimentos ensaiados. Eram pessoas em pleno desabrochar de sua individualidade e potência.

ABRINDO-SE AO CRESCIMENTO

O restante deste livro trata principalmente de você. Primeiro teremos alguns exercícios de mindset nos quais peço que se aventure junto comigo em uma série de dilemas. Em cada caso você verá as reações do mindset fixo, e depois evoluirá em direção a uma solução de mindset de crescimento.

Primeiro dilema. Imagine-se tendo se candidatado a um curso de mestrado. Você fez o teste para apenas uma universidade porque era a que desejava. Estava confiante de que seria aceito, porque muitas pessoas consideravam original e interessante sua atuação nesse campo de estudo. Mas foi rejeitado.

A reação do mindset fixo. Inicialmente você diz a si próprio que foi tudo extremamente competitivo, de maneira que a rejeição, na verdade, não o afeta. Provavelmente havia mais candidatos qualificados do que o número de vagas. Em seguida uma voz interior começa a falar. Diz que você está enganando a si mesmo, racionalizando. Diz que a comissão de seleção achou você medíocre. Depois de algum tempo você acha que isso provavelmente é verdade. Suas qualificações devem ser comuns, corriqueiras, e perceberam isso. Eles são especialistas. O veredicto é que você não tem valor.

Com certo esforço, você consegue voltar à primeira conclusão, mais razoável e lisonjeira. No mindset fixo (e na maioria das terapias cognitivas), você chegou ao fim da estrada. Recuperou a autoestima, e, portanto, terminaram seus problemas. Mas, no mindset de crescimento, esse é apenas o primeiro passo. Até então, tudo o que você fez foi falar consigo mesmo. Agora vêm o aprendizado e o autoaperfeiçoamento.

Os passos do mindset de crescimento. Pense em seu objetivo e pense no que pode fazer para prosseguir no caminho de realizá-lo. Que passos poderia dar para ajudar-se a ter êxito? Que informações precisaria obter?

Bem, talvez da próxima vez possa se candidatar a um número maior de escolas. Ou talvez, enquanto isso, possa conseguir mais informações sobre como apresentar suas qualificações: o que eles estão procurando? Quais são as experiências a que dão mais valor? Você pode procurar obter essas experiências antes de se candidatar novamente.

Como esta história é verdadeira, sei qual foi a decisão da candidata rejeitada. Ela recebeu conselhos para adotar o mindset de crescimento e, poucos dias depois, ligou para a universidade que escolhera. Localizou a pessoa responsável e descreveu a situação, dizendo: "Não quero contestar a decisão que vocês tomaram a meu respeito. Somente quero saber, para o caso de me candidatar novamente no futuro, de que maneira posso aperfeiçoar a apresentação de minhas qualificações. Ficarei muito grata se puder saber um pouco mais a respeito disso".

Ninguém rechaça um pedido honesto de informação. Poucos dias depois, a pessoa telefonou-lhe oferecendo uma vaga para o curso. A rejeição tinha sido por pouco, e, ao reconsiderar a candidatura dela, o departamento concluiu que poderia aceitar mais uma pessoa naquele ano. Além disso, haviam gostado da iniciativa que ela tomara.

Ela fora buscar a informação que lhe permitiria aprender com a experiência e melhorar no futuro. Aconteceu, nesse caso, que não foi preciso aperfeiçoar a apresentação de suas qualificações. Ela conseguiu entrar diretamente no programa de mestrado.

Planos que você executará e outros que não levará adiante

O principal elemento da reação de nossa candidata foi sua ligação para a universidade, a fim de conseguir mais informações. Isso não foi fácil. Todos os dias as pessoas planejam fazer coisas difíceis, mas não fazem. Pensam "amanhã farei isso", e juram a si mesmas que voltarão ao assunto no dia seguinte. Uma pesquisa de Peter Gollwitzer e sua equipe mostra que as promessas, mesmo entusiásticas, são inúteis.[8] O dia seguinte vem e passa.

O que dá certo é fazer um plano nítido e concreto: "Amanhã, durante meu intervalo, vou tomar uma xícara de chá, fechar a porta do escritório e ligar para a universidade". Ou, em outro caso: "Na quarta-feira de manhã, logo depois de me levantar e escovar os dentes, vou me sentar na escrivaninha e começar a redigir meu relatório". Ou ainda: "Hoje à noite, logo depois que tivermos terminado de lavar os pratos, vou me sentar na sala com minha mulher e discutir aquele assunto. Direi a ela: 'Querida, quero fazer uma coisa que, em minha opinião, nos fará mais felizes'".

Pense em alguma coisa que você precise fazer, algo que queira aprender, ou um problema que tenha de enfrentar. O que é? Agora, faça um plano concreto. *Quando* executará o plano? *Onde* o fará? *Como* fará? Pense em tudo, com detalhes claros.

Esses planos concretos — planos que você é capaz de visualizar — sobre *quando*, *onde* e *como* vai fazer alguma coisa levam a níveis realmente muito elevados de acompanhamento, o que, naturalmente, aumenta a possibilidade de êxito.

Assim, a ideia não é somente fazer um plano de mindset de crescimento, mas também visualizar, de maneira concreta, como irá executá-lo.

Sentir-se mal, mas fazer bem

Voltemos a alguns parágrafos anteriores, ao momento da rejeição para o curso de mestrado. Suponha que sua tentativa de se sentir melhor tenha fracassado. *Mesmo assim, você poderia ter dado o passo do mindset de crescimento.* É possível se sentir muito mal e ainda assim procurar as informações que o farão se aperfeiçoar.

Às vezes, quando me ocorre uma contrariedade, passo pelo processo de falar comigo mesma sobre o que isso significa e como devo tratar do assunto. Tudo parece bem, até que eu durma. No sono, tenho vários sonhos de perda, fracasso ou rejeição, dependendo do que tenha acontecido. Certa vez, quando vivi uma perda, fui dormir e tive os seguintes sonhos: meus cabelos caíam, meus dentes caíam, tive um filho que morreu e assim por diante. Em outro momento, quando me senti rejeitada, meus sonhos geraram inúmeras experiências de rejeição, real ou imaginária. Em cada ocasião, o incidente deflagrava um tema, e minha imaginação hiperativa reunia todas as variações do tema e as colocava diante de mim. Quando acordava, tinha a impressão de que passara por uma guerra.

Seria bom que isso não acontecesse, *mas é irrelevante*. Poderia ser mais fácil me mobilizar para agir se me sentisse melhor, mas não importa. O plano é o plano. Lembra-se dos estudantes com mindset de crescimento quando estavam deprimidos? Quanto pior se sentiam, mais faziam coisas construtivas. Quanto menos estimulados estavam, mais se obrigavam a agir.

O que é fundamental é formular um plano concreto, orientado construtivamente, e executá-lo de forma estrita.

A escolha preferencial

O dilema anterior parecia difícil, mas foi basicamente resolvido por meio de um telefonema. Agora, imagine que você é uma jovem promessa no futebol americano como *quarterback*. De fato, você ganhou o troféu Heisman, a mais alta distinção do futebol em nível universitário. Você foi escolhido entre outros para ingressar como profissional na equipe dos Eagles, da Filadélfia, time no qual sempre sonhou jogar. Então qual é o dilema?

Segundo dilema. A pressão é insuportável. Você anseia por jogar, mas a cada vez que entra na equipe fica nervoso e perde a concentração. Sempre se sentiu tranquilo sob pressão, mas agora está entre profissionais. Agora visualiza todos aqueles homens enormes correndo em sua direção — meia tonelada de gigantes que querem esfolá-lo vivo. Gigantes mais velozes do que você jamais acreditou ser possível. Você se sente cercado, indefeso.

A reação do mindset fixo. Você se tortura com a ideia de que o jogador na posição de *quarterback* deve ser o líder do time, e você não é um líder. Como será possível inspirar confiança a seus companheiros se não consegue se concentrar para dar um bom passe ou correr alguns metros com a bola? Para piorar as coisas, os jornalistas esportivos perguntam incessantemente: *Que aconteceu com o menino-prodígio?*

A fim de minimizar a humilhação, você começa a se isolar e, para evitar os jornalistas, trata de desaparecer no vestiário logo depois do jogo.

Ora, será essa uma fórmula para o sucesso? Que passos você poderia dar para melhorar as coisas? Pense nos recursos a seu dispor e como pode utilizá-los. Mas, primeiro, mude de mindset.

Os passos do mindset de crescimento. No mindset de crescimento, você diz a si mesmo que a passagem para a categoria dos profissionais é um avanço considerável, que exige muito ajustamento e muito aprendizado. Há muitas coisas que você certamente pode ainda não saber e que é melhor tratar de começar a descobrir.

Você procura passar mais tempo em companhia dos *quarterbacks* veteranos, fazendo perguntas e vendo fitas de vídeo com eles. Em vez de esconder suas inseguranças, você fala das diferenças em relação aos tempos de universitário. Eles, por sua vez, dizem que era exatamente assim que se sentiam, e contam suas próprias histórias de humilhações sofridas.

Você pergunta o que fizeram para superar as dificuldades iniciais, e eles lhe ensinam suas técnicas mentais e físicas. À medida que você passa a se sentir mais integrado à equipe, percebe que participa de uma organização que deseja seu crescimento, e não julgá-lo e diminuí-lo. Em vez de se preocupar porque talvez seu talento tenha sido pago a preço exageradamente elevado, você começa a retribuir com seu empenho e espírito de equipe.

PESSOAS QUE NÃO DESEJAM MUDAR

Mérito: O mundo me deve

Muitas pessoas de mindset fixo acreditam que o *mundo* é que precisa mudar, e não elas. Sentem-se com direito a algo melhor — um emprego melhor, uma casa melhor, um cônjuge melhor. O mundo deveria reconhecer suas qualidades especiais e tratá-las de acordo. Vamos passar ao próximo dilema e deixar que você se imagine nessa situação.

O dilema seguinte. "Aqui estou eu", pensa você, "neste emprego de segunda categoria. É deprimente. Com o talento que possuo, não deveria estar trabalhando aqui. Deveria estar lá em cima, com os chefões, aproveitando a boa vida." Sua chefe acha que você não tem boa disposição. Quando precisa que alguém assuma mais responsabilidades, ela não pensa em você. Quando chega a época de promoções, você não é contemplado.

A reação do mindset fixo. "Ela se sente ameaçada por mim", queixa-se você. Seu mindset fixo lhe diz que, por ser você quem é, deveria ser guindado automaticamente aos níveis mais altos da empresa. Em sua mente, as pessoas deveriam reconhecer seu talento e recompensá-lo. Quando não o fazem, é uma injustiça. Por que *você* é que deveria mudar? Você somente deseja o que é seu de direito.

Ao colocar-se num mindset de crescimento, de que novas formas você poderia pensar, e que passos poderia dar? Por exemplo, quais seriam novas formas de pensar em se esforçar? Em aprender? E como poderia agir em seu trabalho segundo essa nova forma de pensar?

Bem, poderia pensar em se esforçar mais e ser mais útil aos companheiros de trabalho. Poderia aproveitar melhor o tempo para ficar sabendo mais a respeito da empresa, em vez de lastimar seu nível baixo. Vamos ver como poderia ser isso.

Os passos do mindset de crescimento. Primeiro, sejamos claros. Durante muito tempo, a ideia de abandonar a noção de sua superioridade tem sido assustadora. Você não quer ser um ser humano comum, igual a todos os demais. Como poderá sentir-se bem consigo mesmo se não tiver mais valor do que aqueles que considera inferiores?

Você começa a admitir a ideia de que algumas pessoas se destacam por sua dedicação e seu esforço. Aos poucos, você procura se dedicar mais e imagina como pode conseguir as recompensas que deseja. E é isso o que faz.

Embora você possa gradualmente aceitar a ideia de que o esforço pode ser *necessário*, ainda não consegue aceitar que não seja uma garantia. Já é humilhação suficiente ter de se esforçar para conseguir o que deseja, mas se esforçar e *mesmo assim* não conseguir que as coisas corram da maneira desejada, bem, isso realmente não é justo. Isso significa que você poderia trabalhar duro e, no entanto, outra pessoa é que ganharia a promoção. Que absurdo!

Leva muito tempo para que você consiga obter *satisfação* ao se esforçar e muito tempo para que comece a pensar em termos de aprendizado. Em vez de considerar um insulto o tempo que passou na base da hierarquia empresarial, aos poucos você percebe que na base é possível aprender muitas coisas úteis para sua ascensão ao topo. Aprender os detalhes da empresa pode trazer-lhe grande vantagem no futuro. Todos os grandes presidentes de mindset de crescimento conheciam suas empresas de cima a baixo, de dentro para fora e de cabeça para baixo.

Em vez de considerar suas discussões com os colegas como tempo usado para conseguir o que deseja, você começa a compreender a importância de construir relacionamentos e até mesmo de ajudar os colegas a se desenvolverem da forma que desejam. Isso pode se tornar uma nova fonte de satisfação. Você poderia dizer que está seguindo os passos de Bill Murray e sua experiência no Dia da Marmota.

À medida que se torna uma pessoa de mindset de crescimento, ficará admirado ao ver como os demais começam a ajudá-lo e apoiá-lo. Já não parecem ser adversários, dispostos a negar o que você merece. Com mais frequência se transformarão em colaboradores em busca de um objetivo comum. O interessante é que você começou querendo mudar o comportamento dos outros, e agora conseguiu.

Ao final, muitas pessoas de mindset fixo acabam compreendendo que seu manto de talento na verdade era uma armadura que elas próprias construíram para se sentirem seguras, fortes e dignas de respeito. Embora inicialmente possa havê-las protegido, o mindset mais tarde impediu seu crescimento, fez com que enfrentassem batalhas negativas e as isolou de relacionamentos mutuamente satisfatórios.

Negação: minha vida é perfeita

As pessoas de mindset fixo muitas vezes fogem de seus problemas. Se sua vida é imperfeita, é porque *os outros* são imperfeitos. É mais fácil fingir que está tudo bem. Vamos ver este dilema.

O dilema. Você parece ter tudo. Tem uma profissão que o satisfaz, um casamento com amor, filhos maravilhosos e amigos dedicados. Mas uma dessas coisas não é verdade. Sem que você perceba, seu casamento está acabando. Não que não tenham aparecido indícios, mas você preferiu ignorá-los. Você estava seguindo sua ideia de "papel masculino" ou "papel feminino", e não entendeu a necessidade de seu parceiro de mais comunicação e de compartilhar mais suas vidas. Quando você desperta e nota, já é tarde. Seu cônjuge se desligou emocionalmente do relacionamento.

A reação de mindset fixo. Você sempre teve pena das pessoas divorciadas, abandonadas. E agora você é uma dessas pessoas. Você perde todo o sentido de seu valor. Seu parceiro, que o conhecia intimamente, já não o deseja.

Durante meses você não tem vontade de prosseguir, convencido de que até mesmo seus filhos estarão melhor sem você. Leva tempo para que você se sinta útil ou competente novamente, ou para que recupere a esperança. Agora vem a parte mais difícil, porque, mesmo que se sinta um pouco melhor consigo mesmo, ainda está no mindset fixo. Está entrando em uma fase de eterno julgamento. Quando acontece uma coisa boa, sua voz interior diz: *Talvez eu seja uma boa pessoa, afinal de contas*. Mas, quando acontece algo ruim, a voz diz: *Minha esposa tinha razão*. Cada pessoa nova que você conhece também é julgada — como um traidor em potencial.

Como será possível repensar seu casamento, você mesmo e sua vida a partir de uma perspectiva de mindset de crescimento? Por que você receava ouvir seu parceiro? O que poderia ter feito? O que deve fazer agora?

Os passos do mindset de crescimento. Primeiro, a questão não é que o casamento, que você considerava inerentemente bom, tenha se tornado ruim de repente, ou que tenha sido sempre ruim. Era uma coisa em evolução, que deixou de se desenvolver por falta de nutrição. Você precisa pensar em como ambos, você e seu parceiro, contribuíram para isso, e especialmente por que não foram capazes de ouvir a demanda de maior proximidade e partilha.

Ao investigar, você percebe que, em seu mindset fixo, considerava o pedido do parceiro uma crítica que você não queria ouvir. Também percebe que, em certo nível, tinha receio, ou não era capaz, da intimidade que ele exigia. Assim, em vez de conversar com o cônjuge a respeito do assunto, fez-se de surdo, na esperança de que o problema se dissipasse.

Quando um relacionamento se deteriora, são esses os temas que devemos explorar em profundidade, sem nos julgarmos pelo que aconteceu de errado, mas sim superando nossos receios e aprendendo as técnicas de comunicação necessárias para construir e manter melhores relacionamentos no futuro —

basicamente, o mindset de crescimento permite que as pessoas desenvolvam uma nova compreensão e novas habilidades, e não julgamentos e amargura.

Há alguém em sua vida tentando dizer algo que você se recusa a ouvir? Adote o mindset de crescimento e procure prestar atenção.

MUDANDO O MINDSET DO SEU FILHO

Nossos filhos, que são nossas maiores riquezas, muitas vezes estão atolados no mindset fixo. Você pode dar a eles um workshop individual de Cerebrologia. Vamos ver algumas maneiras de fazer isso.

O menino de mindset fixo precoce

A maioria das crianças que adotam mindset fixo só se torna adepta fervorosa dele mais tarde, ainda na infância. Algumas, porém, o adotam muito mais cedo.

O dilema. Imagine que seu filho pequeno chega da escola certo dia e diz: "Algumas crianças são inteligentes e outras são burras. Estas têm uma cabeça pior". Você fica assustada. "Quem lhe disse isso?", pergunta, já pensando em fazer uma queixa na escola. "Eu mesmo cheguei a essa conclusão", responde ele, orgulhosamente. Ele percebeu que algumas crianças já sabem escrever letras e conhecem vários números, e outras não. Chegou a essa conclusão e está convencido de que é verdade.

Seu filho é tão precoce em todos os aspectos do mindset fixo que logo desabrocha completamente. Ele passa a ter aversão ao esforço, porque quer que seu cérebro inteligente resolva rapidamente as coisas para ele. E frequentemente é isso o que acontece.

Ele passa a se interessar pelo jogo de xadrez, e seu cônjuge, pensando em inspirá-lo, aluga o filme *Lances inocentes*, que trata de um jovem campeão de xadrez. No filme, seu filho aprende que é possível perder e deixar de ser campeão. Por isso, desiste. "Sou campeão de xadrez", anuncia ele para quem quiser ouvir. Um campeão que não disputa partidas.

Agora que ele compreende o que significa perder, trata de tomar providências para evitar. Começa a trapacear nos jogos.

Fala frequentemente nas coisas que sabe fazer e outras crianças não. Quando você e seu cônjuge lhe dizem que as outras crianças não são burras, mas simplesmente não se exercitaram tanto quanto ele, seu filho se recusa a acreditar. Ele observa cuidadosamente o que se passa na escola e, ao chegar em casa, conta: "Mesmo quando a professora ensina uma coisa nova, eu sou melhor do que eles. Não preciso fazer exercícios".

Esse menino está obcecado por seu intelecto, não para desenvolvê-lo, mas simplesmente para elogiá-lo. Você já disse a ele que o importante é a prática e o aprendizado, e não o fato de ser inteligente ou burro, mas ele não se convence. Que mais você pode fazer? De que outras formas pode fazer com que ele entenda a mensagem?

Os passos do mindset de crescimento. Você resolve que, em vez de convencê-lo com palavras a evitar o mindset fixo, é preciso viver segundo o mindset de crescimento. Na mesa de jantar, todas as noites, você e seu cônjuge situam a conversa em torno do mindset de crescimento, perguntando a cada um dos filhos (e eles um ao outro): "O que você aprendeu hoje?", "Que erros cometeu que o fizeram aprender alguma coisa?", "Em que teve de se esforçar mais hoje?". Cada pergunta dá a volta à mesa, com as pessoas debatendo animadamente seus próprios erros, estratégias, dificuldades e aprendizado, assim como os dos demais.

Você fala sobre aptidões que antes não tinha e que hoje possui graças aos exercícios que praticou. Dramatiza os erros que cometeu, nos quais estava a chave para a solução, como se contasse uma história de mistério. Descreve com gosto as coisas contra as quais está lutando e nas quais está progredindo. Em breve, as crianças estarão esperando ansiosas a hora do jantar para contar as próprias histórias. "Ora viva, que bom!", diz você, com admiração. "Sem dúvida você hoje ficou mais inteligente."

Quando seu filho de mindset fixo der exemplos de coisas que faz melhor do que outras crianças, todos dirão: "Mas como foi que você aprendeu?". Quando ele falar da facilidade que tem na escola, todos dirão: "Ora, isso não é bom. Você não está aprendendo. Não poderia encontrar uma coisa mais difícil, para aprender mais?". Quando ele se vangloriar de ser campeão, você pode dizer: "Os campeões são os que se esforçam mais. Você pode se *tornar* campeão. Amanhã me conte alguma coisa que você fez para se tornar campeão". Pobre menino, isso é uma conspiração. A longo prazo, ele não tem como resistir.

Quando ele estiver fazendo os deveres de casa e disser que são fáceis ou chatos demais, você pode mostrar-lhe maneiras de torná-los mais divertidos ou estimulantes. Por exemplo, se tiver de escrever palavras, como "menino", pergunte: "Quantas palavras você conhece que rimam com "menino"? Escreva--as num papel separado e mais tarde veremos se somos capazes de fazer uma frase que contenha todas essas palavras". Quando ele terminar os deveres, faça essa brincadeira, escolhendo com ele as palavras que rimam. "O menino pequenino tocou o sino." Ele acabará inventando outras formas de fazer com que os deveres sejam mais desafiadores.

E isso não funciona somente na escola ou nos esportes. Você pode estimular seus filhos a contar as maneiras que aprenderam para fazer amigos, ou para compreender e ajudar outras pessoas. O recado que você dá é que as façanhas da inteligência ou da destreza física não são as únicas coisas a que dá valor.

Durante muito tempo seu filho se sente atraído pelo mindset fixo. Adora pensar que é uma pessoa inerentemente especial — e isso basta. Não gosta da ideia de ter de se esforçar todos os dias para ter um pequeno progresso em suas habilidades ou seus conhecimentos. O estrelato não deve ser tão trabalhoso. Mas, quando o sistema de valores da família se desloca para o mindset de crescimento, ele quer participar. Assim, primeiro ele entra no jogo (reclamando) e depois participa (hesitando). Finalmente, completando o trajeto, torna-se o vigilante do mindset. Quando alguém da família resvala para o mindset fixo, ele se diverte apontando isso. "Cuidado com seus desejos", diz você, brincando, a seu cônjuge.

O mindset fixo é muito tentador. Parece prometer às crianças toda uma vida de reconhecimento do seu valor, sucesso e admiração simplesmente por existirem e serem o que são. Por isso talvez seja preciso muito trabalho para que o mindset de crescimento desabroche onde o mindset fixo já se enraizou.

Esforços desperdiçados

Às vezes, o problema de uma criança não é pouco esforço, e sim esforço demais. Todos ouvimos falar em crianças do ensino fundamental que ficam acordadas até tarde, estudando. Ou de outras que têm professores particulares para superar seus colegas. Essas crianças se esforçam arduamente, mas não estão seguindo o mindset de crescimento. Não estão concentradas no prazer de aprender. Em geral, estão procurando provar seu valor a seus pais.

E, em certos casos, os pais podem apreciar o resultado desse grande esforço: notas altas, prêmios, aceitação em escolas de prestígio. Vamos ver como tratar esse problema.

O dilema. Você tem muito orgulho de sua filha. Ela é a primeira da turma e só tira dez. Toca flauta e estuda com o melhor professor do país. Você tem certeza de que ela vai passar na melhor escola de ensino médio particular da cidade. Porém, todas as manhãs, antes de ir à escola, ela sente dores de estômago e às vezes vomita. Você continua a alimentá-la com dietas cada vez mais leves, a fim de acalmar seu estômago sensível, mas não adianta. Nunca lhe ocorre que ela tem um grave distúrbio nervoso.

Finalmente, os médicos diagnosticam uma úlcera no estômago. Deveria ser uma advertência, mas você e seu cônjuge permanecem alheios. Continuam a achar que o problema é gastrointestinal. O médico, porém, sugere com insistência que vocês consultem uma terapeuta familiar. Ele acha que isso faz parte obrigatoriamente do tratamento de sua filha e indica uma especialista em terapia familiar.

A reação do mindset fixo. A terapeuta sugere que vocês não exijam muito da filha. Que digam a ela para não se esforçar tanto. Que durma mais. Vocês, seguindo religiosamente as instruções, certificam-se de que ela vá dormir diariamente às dez da noite. Isso, porém, só piora as coisas. Ela agora tem menos tempo para realizar tudo o que se espera dela.

Apesar do que disse a terapeuta, vocês nem sequer cogitam a possibilidade de ela estar sugerindo que sua filha se atrase em relação aos demais estudantes, ou que não se aperfeiçoe na flauta, ou que se arrisque a não ser aceita na escola de ensino médio de prestígio. Como isso poderia ser bom para ela?

A terapeuta percebe que terá muito trabalho. Seu primeiro objetivo é que percebam a gravidade do problema. O segundo é fazer com que vocês compreendam o papel que desempenham na questão. Você e seu cônjuge precisam enxergar que o problema decorre da necessidade que *vocês* têm de perfeição.

Sua filha não chegaria a esse ponto se não receasse perder a aprovação dos pais. O terceiro objetivo é elaborar um plano que todos possam executar.

Você é capaz de pensar em coisas concretas que possam ser feitas para ajudar sua filha a adotar o mindset de crescimento, a fim de relaxar e ter alguma satisfação na vida?

Os passos do mindset de crescimento. O plano sugerido pela terapeuta permitiria que sua filha começasse a ter prazer nas coisas que faz. As aulas de flauta são suspensas. Sua filha fica sabendo que poderá praticar muito ou pouco, à sua escolha, pela simples alegria da música, e nada mais.

O estudo das matérias escolares deve ser feito para aprender, e não para encher a cabeça de tudo o que é possível. A terapeuta a encaminha a um professor particular que a ensina a estudar para compreender. O professor particular também discute com ela a matéria de uma maneira que a torna interessante e agradável. O estudo agora adquire novo significado. Não se trata de obter as maiores notas possíveis, a fim de provar sua inteligência e seu valor aos pais. Trata-se de aprender coisas e pensar nelas de maneira atraente.

Os professores de sua filha são recrutados para apoiá-la em sua reorientação no caminho do crescimento. Recebem conselhos para conversar com ela sobre seu processo de aprendizado (e elogiá-la por ele), em vez de comentar seu desempenho nas provas. ("Estou vendo que você realmente compreendeu o uso de metáforas nas redações." "Vejo que você se esforçou em seu trabalho escolar sobre os incas. Quando o li, achei que estava no Peru antigo.") Vocês também aprendem a conversar com ela dessa forma.

Finalmente, a terapeuta sugere veementemente que sua filha frequente uma escola de ensino médio menos exigente do que aquela que vocês preferem. Há outras boas escolas que se concentram mais no aprendizado do que nas notas das provas. Você leva sua filha para visitar algumas dessas escolas. Em seguida, ela discute com você e a terapeuta sobre as que a entusiasmaram mais e onde se sentiu mais à vontade.

Gradualmente, vocês aprendem a separar suas necessidades e seus desejos dos dela. Talvez desejassem ter uma filha que fosse a primeira em tudo, mas ela precisava de algo mais: aceitação dos pais e liberdade para crescer. Sentindo-se menos pressionada, sua filha passa a se envolver de maneira mais genuína nas coisas que faz. O interesse e o aprendizado são a motivação dela, e ela faz tudo com muita competência.

Seus filhos estão querendo lhe dizer algo que você não quer ouvir? Você conhece o anúncio que pergunta: "Sabe onde está seu filho agora?". Se você não é capaz de ouvir o que seus filhos estão tentando dizer, com palavras ou atos, você não sabe onde eles estão. Adote o mindset de crescimento e preste mais atenção.

MINDSET E FORÇA DE VONTADE[9]

Às vezes, não queremos mudar muito. Queremos somente perder alguns quilos e não voltar a recuperá-los. Ou deixar de fumar, ou controlar nossa raiva.

Algumas pessoas pensam nisso com mindset fixo.[10] Se formos firmes e tivermos força de vontade, podemos ter êxito. Mas, se formos fracos e não tivermos força de vontade, não seremos capazes. As pessoas que pensam dessa forma podem decidir firmemente fazer alguma coisa, mas não tomarão as medidas necessárias para ter êxito. São essas pessoas que acabam dizendo: "É fácil deixar de fumar. Já fiz isso centenas de vezes".

Isso lembra os estudantes de química de que falamos antes. Os de mindset fixo pensavam: "Se eu tiver capacidade, me darei bem; se não tiver, me darei mal". Em consequência, não usaram estratégias sofisticadas para se ajudar. Simplesmente estudaram com empenho mas de maneira superficial, esperando que acontecesse o melhor.

Quando as pessoas de mindset fixo deixam de passar num teste — uma prova de química, uma dieta, o abandono do fumo ou não se enraivecer —, acabam por se mortificar. São incompetentes, são fracas ou são pessoas más. Como podemos prosseguir a partir desse ponto?

O jubileu de prata da turma da escola de meu amigo Nathan estava próximo; ao imaginar que lá estaria sua antiga namorada, ele resolveu perder a pança. No tempo do colégio, tinha sido um homem bonito e de belo físico, e não queria aparecer como um homem gordo de meia-idade.

Nathan sempre ridicularizou as mulheres e suas dietas. Qual é o problema? Basta ter um pouco de autocontrole. Para perder peso, resolveu comer somente uma parte do que lhe pusessem no prato. Mas a cada refeição o prato inteiro desaparecia. "Estraguei tudo!", dizia ele, sentindo-se fracassado e pedindo a sobremesa, para selar o fracasso ou levantar seu ânimo.

Eu dizia: "Nathan, isso não está dando certo. Você precisa de um sistema melhor. Que tal se servir de uma quantidade menor, ou mandar que o restaurante embrulhe para levar para casa? Por que não enche o prato de legumes, para que pareça haver bastante comida? Há muitas coisas que você pode fazer". A isso ele respondia: "Não, preciso ser forte".

Nathan acabou começando uma dessas dietas rápidas em que só se bebem líquidos, perdeu peso para a festa e, mais tarde, recuperou mais do que havia perdido. Eu não acho que isso signifique ser forte, nem que usar algumas estratégias simples pareça fraqueza.

Da próxima vez que você procurar fazer uma dieta, pense em Nathan e lembre-se de que a força de vontade não é uma coisa que você tem ou não tem. A força de vontade precisa ser ajudada. Voltarei a este ponto.

Raiva

Controlar a raiva também é algo que, para muitas pessoas, constitui um problema. Alguma coisa inflama seu temperamento e elas explodem, perdendo o controle do que dizem ou coisa pior. Também nesse caso as pessoas podem prometer que da próxima vez será diferente. O controle da raiva é muito importante entre parceiros no casamento e entre pais e filhos, não somente porque os parceiros e as crianças fazem coisas que nos dão raiva, mas também porque podemos pensar que temos mais direito de explodir do que eles. Vamos ver como você se sai desta.

O dilema. Imagine que você é em geral uma pessoa doce e interessada, como deve ser na verdade. Ama seu cônjuge e se sente afortunada por tê-lo como parceiro. Mas, se ele violar uma de suas regras, como deixar que o lixo transborde da lata antes de levá-lo para fora, você se sente pessoalmente traída e passa a criticá-lo. Isso começa com "Já falei mil vezes" e passa a "Você não faz nada direito". Se o outro não parece estar ainda devidamente envergonhado, você explode, insultando a inteligência ("Talvez você não tenha cabeça para se lembrar do lixo") e o caráter dele ("Se você não fosse tão irresponsável, não faria..." ou "Se se preocupasse com os outros, em vez de apenas com você mesmo...”). Fora de si, você acaba trazendo todos os argumentos em defesa da sua posição: “Meu pai também nunca confiou em você” ou “Seu chefe tinha razão quando disse que você é limitado”. O cônjuge acaba saindo de casa, a fim de escapar de sua fúria crescente.

A reação do mindset fixo. Você se sente justificada por ter se encolerizado, mas depois percebe que foi longe demais. De repente se lembra de todas as ocasiões em que seu cônjuge fez questão de ajudar e se sente intensamente culpada. Em seguida, se convence novamente de que você também é uma boa pessoa que apenas escorregou – perdeu-se – temporariamente. “Aprendi uma lição”, pensa você. “Nunca mais farei isso.”

Porém, convencida de que você será simplesmente capaz de manter essa boa pessoa em evidência no futuro, você não pensa nas estratégias que poderia usar da próxima vez, a fim de evitar uma explosão. Assim, a próxima vez é uma cópia da vez anterior.

O mindset de crescimento e o autocontrole

Há pessoas que pensam em perder peso ou controlar a raiva segundo o mindset de crescimento. Compreendem que, para ter êxito, será necessário aprender e praticar estratégias que funcionem para elas.

É como os estudantes de química com mindset de crescimento. Utilizaram melhores técnicas de estudo, planejaram cuidadosamente o tempo que dedicariam a ele e conservaram a motivação. Em outras palavras, usaram todas as estratégias possíveis, a fim de ter certeza de que seriam bem-sucedidos.

Assim como eles, as pessoas de mindset de crescimento não tomam simplesmente decisões no Ano-Novo e esperam para ver se elas se realizam. Compreendem que, para fazer dieta, é preciso planejar. Talvez precisem evitar ter sobremesas em casa, ou pensar com antecedência no que pedirão no restaurante, programar uma escapada semanal da dieta ou tratar de fazer mais exercícios.

Pensam ativamente na manutenção. Que hábitos devem desenvolver, a fim de conservar os ganhos que obtiveram?

E há também os fracassos. Sabem que eles acontecerão. Por isso, em vez de mortificarem-se, perguntam: “Que posso aprender com isso? O que farei da próxima vez que me vir nesta situação?”. É um processo de aprendizado, e não uma guerra entre a parte boa e a parte má de você mesmo.

No último episódio, o que você poderia ter feito em relação à sua raiva? Primeiro, pense no *motivo* pelo qual ficou tão à flor da pele. Você pode ter se sentido diminuída ou desrespeitada quando seu cônjuge deixou de cumprir as tarefas domésticas ou deixou de seguir suas regras, como se estivesse dizendo: "Você não é importante. Suas necessidades são triviais. Não me amole".

Sua primeira reação foi recordar-lhe com raiva seus deveres. Mas, logo em seguida, veio a retaliação, como se você lhe dissesse: "Ora, se você se acha tão importante assim, segure esta".

Em vez de confirmar sua importância, seu cônjuge simplesmente se preparou para o ataque. Por sua vez, você interpretou o silêncio como prova de que ele se sentia superior, e isso estimulou ainda mais sua reação.

Que podemos fazer? Diversas coisas. Primeiro, os cônjuges não leem os pensamentos, de maneira que, quando surge uma situação que provoca raiva, você deve dizer com tranquilidade quais são seus sentimentos. "Não sei bem por quê, mas, quando você age assim, eu me sinto desprezível. Parece que você acha que não deve se preocupar com coisas que são importantes para mim."

Por sua vez, ele pode assegurar a você que se importa com seus sentimentos e que procurará ser mais atencioso ("Você está brincando?", dirá você. "Meu cônjuge jamais faria isso." Bem, você pode pedir diretamente, como eu já fiz algumas vezes: "Por favor, diga que você se importa com o que sinto e que tentará prestar mais atenção".)

Quando sentir que está perdendo o controle, pode aprender a sair da sala e escrever seus pensamentos mais feios e, em seguida, o que provavelmente estará acontecendo *de verdade* ("Ela não compreende que isso é importante para mim", "Ele não sabe o que fazer quando começo a explodir"). Quando se sentir suficientemente calmo, volte à situação.

Você também pode aprender a suavizar algumas de suas regras, agora que elas já não são um teste do respeito de seu parceiro em relação a você. Com o tempo, talvez até as veja com um certo senso de humor. Por exemplo, se seu cônjuge deixa um par de meias na sala, ou joga o lixo nos recipientes errados, você pode apontar os objetos em questão e perguntar, com ar severo: "Que significa isso?". Pode até mesmo dar uma boa risada.

Quando as pessoas deixam de pensar em termos de *bom* versus *mau*, *forte* versus *fraco*, dicotomia que deriva do mindset fixo, tornam-se mais capazes de aprender estratégias úteis que ajudam o autocontrole. Uma falha não significa o fim do mundo. É como tudo o mais no mindset de crescimento. É um lembrete de que você é um ser humano ainda inacabado e é uma pista para a melhor maneira de agir da próxima vez.

CONSERVAÇÃO DA MUDANÇA

Seja qual for o motivo pelo qual as pessoas mudam de mindset – avançar na profissão, recuperar-se de uma perda, ajudar os filhos a progredir, perder peso ou controlar a raiva –, é preciso conservar a mudança. É espantoso: logo que um problema melhora, as pessoas frequentemente *param de fazer aquilo que operou a melhora*. Quando você se sente melhor, para de tomar o remédio.

Mas a mudança não funciona assim. Quando você perde peso, o problema não desaparece. Quando seu filho começa a gostar de aprender, o problema não está resolvido para sempre. Quando você e seu parceiro começam a se comunicar melhor, isso não significa que tudo continuará bem. Essas mudanças precisam de sustentação, ou desaparecerão mais rapidamente do que surgiram.

Talvez por isso os Alcoólicos Anônimos dizem às pessoas que sempre serão alcoólatras, para que não se tornem complacentes e parem de fazer o que precisam para continuar abstêmias. É uma maneira de dizer: "Você sempre estará vulnerável".

Por isso, a mudança de mindset não é uma questão de aprender alguns truques. De fato, se alguém estiver com o mindset fixo e usar algumas das estratégias, o tiro poderá sair pela culatra.

Wes, um pai com mindset fixo, já não sabia o que fazer. Chegava do trabalho exausto todas as noites, e o filho, Mickey, não colaborava. Wes queria tranquilidade, mas Mickey era barulhento. Wes o advertia, mas o menino continuava a fazer o que estava fazendo. Wes o achava teimoso e rebelde, e que não respeitava seus direitos de pai. Tudo acabava em berros e, no final das contas, Mickey era castigado.

Finalmente, achando que nada tinha a perder, Wes experimentou algumas estratégias orientadas para o crescimento. Demonstrava respeito pelos esforços de Mickey e elogiava suas estratégias quando ele era atento ou prestimoso. A mudança do comportamento de Mickey foi drástica.

Mas, logo que a mudança ocorreu, Wes deixou de usar as estratégias. Obtivera o que desejava e esperava que tudo continuasse assim. Quando isso não acontecia, ficava ainda mais irritado e mais severo do que antes. Mickey já tinha mostrado ser *capaz* de se comportar bem e agora se recusava a fazê-lo.

O mesmo ocorre frequentemente com casais com mindset fixo quando começam a se comunicar melhor. Marlene e Scott eram o que eu e meu marido chamamos "os brigões". Tudo o que faziam era brigar: "Por que você não arruma o que desarruma?", "Eu poderia, se você não ficasse me amolando", "Eu não precisaria amolar se você fizesse o que deve", "Quem nomeou *você* juiz do que *devo* ou não fazer?".

Mediante aconselhamento, Marlene e Scott deixaram de atacar os pontos negativos. Cada vez mais passaram a recompensar as atenções recebidas do parceiro e a elogiar seus esforços. O amor e a ternura que pensaram haver acabado voltaram. Mas, logo que isso aconteceu, eles retornaram aos hábitos antigos. No mindset fixo, a ideia é que não é necessário tanto esforço para realizar o que se deseja. As pessoas boas deveriam apenas agir como tais, e os bons relacionamentos deveriam simplesmente se desenrolar de maneira positiva.

As discussões recomeçaram, mais ferozes do que nunca, porque refletiam as esperanças perdidas de ambos.

A mudança de mindset não é uma questão de seguir alguns bons conselhos de vez em quando. Trata-se de ver as coisas de uma maneira totalmente nova. Quando as pessoas — casais, técnicos esportivos e atletas, gestores e trabalhadores, pais e filhos, professores e alunos — mudam para um mindset de crescimento, passam de uma estrutura de *julgar e ser julgado* para outra de *aprender e ajudar a aprender*. Seu compromisso é com o crescimento, e o crescimento exige muito tempo, esforço e apoio mútuo.

A JORNADA EM DIREÇÃO A UM (VERDADEIRO) MINDSET DE CRESCIMENTO

No capítulo 7, falei sobre o "falso mindset de crescimento". Se você lembrar, minha colega Susan Mackie começou a encontrar pessoas que alegavam ter um mindset de crescimento, mas, quando observadas de perto, não tinham.

Uma vez alertada, comecei a ver o falso mindset de crescimento em todos os lugares e entendi por que isso acontece. Todos querem parecer inteligentes. Talvez, como pais, educadores, técnicos esportivos ou homem de negócios, ter um mindset de crescimento seja esperado ou admirado.

Ou talvez tenha sido minha culpa. Eu teria feito a mudança para o mindset de crescimento parecer muito fácil, de modo que as pessoas não percebessem que era necessária uma jornada? Ou talvez as pessoas não saibam como fazer a jornada. Vamos então falar mais sobre essa jornada.

A jornada: passo 1

Você ficará surpreso ao me ver dizer isso. *O primeiro passo é abraçar seu mindset fixo.* Vamos admitir, todos nós temos um pouco dele. Somos uma mistura dos mindsets fixo e de crescimento e precisamos reconhecer isso. Aceitar isso não é uma vergonha. É mais como "bem-vindo à raça humana". Mas, embora tenhamos de aceitar que há certo mindset fixo dentro de nós, não temos de aceitar que se revele com frequência nem a quantidade de danos que provoca quando emerge.

A jornada: passo 2

O segundo passo é saber o que desencadeia seu mindset fixo. Quando sua *persona* com mindset fixo se apossa de você?

- Pode ser quando você está pensando em assumir um novo e grande desafio. Sua persona com mindset fixo pode aparecer e sussurrar: "Talvez você não tenha o que é preciso e todo mundo vai descobrir".
- Pode ser quando você está se empenhando muito em alguma coisa, mas acaba sempre encontrando becos sem saída. Sua persona com mindset fixo pode aparecer dentro de você e advertir: "Desista. Isso só fará com que se sinta frustrado e envergonhado. Faça algo mais fácil".
- Como você se sente quando acha que realmente fracassou? Perdeu o emprego. Perdeu um relacionamento estimado. Fez tudo errado e de forma grave. É raro uma pessoa não ter um episódio de mindset fixo. E todos sabemos muito bem o que o mindset fixo nos diz: "Você não é a pessoa que imaginava ser — e nunca será".

- E quando você conhece alguém que é muito melhor do que você na área de que você tanto se orgulha? O que a voz do mindset fixo lhe diz? Diz que você nunca será tão bom? Faz com que você odeie um pouco essa pessoa?
- E nosso mindset fixo em relação aos outros? Se somos educadores, o que acontece depois de uma prova importante? Não julgamos quem é inteligente e quem não é? E se somos gestores, o que acontece durante e depois de um grande projeto? Não julgamos o talento de nossos funcionários? Se somos pais, não pressionamos nossos filhos a provar que são mais inteligentes do que os outros e os fazemos se sentirem julgados com base em suas notas e nos resultados das provas?

Pense nisso. O que ultimamente tem desencadeado seu mindset fixo? O que aconteceu para que você convocasse sua persona com mindset fixo? O que ela sussurrou para você e como isso o fez sentir?

Quando pedi para as pessoas me dizerem o que acontece quando sua persona com mindset fixo aparece, eis o que disseram.[11]

> Minha persona com mindset fixo aparece quando estou sob pressão. Enche minha cabeça de ruído e me impede de prestar atenção no trabalho que tenho de fazer. Então me sinto incapaz de realizar qualquer coisa. Sentimentos de ansiedade e tristeza também a atraem. A persona tenta me enfraquecer quando já estou me sentindo mal. Faz comentários como "Você não tem capacidade para entender conceitos difíceis. Você tem de perceber seu limite". (A propósito, esta é uma mulher que via sua persona com mindset fixo como masculina.)

> Minha persona com mindset fixo se revela sempre que demonstro preguiça através da procrastinação, sempre que tenho um desentendimento com alguém, sempre que fico muito tímido para falar com qualquer pessoa em uma festa [...]. Ela me diz "Seu FRACASSO não define você". Claro, ela grita a palavra "fracasso" e sussurra o resto.

> Sempre que deixo de viver de acordo com a imagem que ela [minha persona com mindset fixo] criou para mim, ela me faz sentir estressado, na defensiva e desmotivado. Ela não permite que eu assuma riscos que possam afetar nossa reputação

> como uma pessoa bem-sucedida. Ela não me deixa falar por medo de eu estar errado. Ela me obriga a parecer uma pessoa que pode entender e fazer tudo sem qualquer esforço.
>
> Quanto temos um prazo no trabalho e minha equipe está no limite, minha persona com mindset fixo julga. Em vez de empoderar minha equipe, me torno um obstinado perfeccionista — ninguém está fazendo corretamente, ninguém está trabalhando rápido o bastante. Onde estão todas aquelas ideias inovadoras? Nunca faremos isso. Como consequência, frequentemente eu assumo e faço um monte de trabalho sozinho. Desnecessário dizer, isso não faz maravilhas pelo moral da equipe. (Saberemos mais sobre esse líder e um dos membros de sua equipe em breve.)

Quando você começar a entender seus gatilhos e conhecer sua persona, não a julgue. Basta observá-la.

A jornada: passo 3

Agora, dê um nome a sua persona com mindset fixo.

Você leu corretamente.

Observei como Susan Mackie trabalhou com executivos financeiros que haviam dado nomes a suas personas com mindset fixo. Eles estavam falando sobre o que desencadeava suas personas, e o chefe disse: "Quando estamos numa crise, Duane aparece. Ele me deixa supercrítico com todos, e me torno mandão e exigente em vez de colaborativo". Uma mulher da equipe rapidamente respondeu: "É, e quando seu Duane aparece, meu Ianni vem rugindo. Ianni é o machão que me faz me sentir incompetente. Então seu Duane chama meu Ianni e me torno retraída e ansiosa, o que enfurece Duane".

E seguimos essa incrível conversa. Esses sofisticados profissionais nos contaram sobre quando suas personas nomeadas se mostram, como se sentem e agem, e como isso afeta as pessoas ao redor. Aliás, como eles conseguiam entender os gatilhos e as personas uns dos outros, puderam direcionar suas interações para outro nível, e o moral da unidade melhorou rapidamente.

Todo outono leciono um seminário para calouros — dezesseis novos estudantes de Stanford, muito ansiosos e muito nervosos. A cada semana eu lhes passo uma tarefa num pedaço de papel: Descobrir algo importante em si mesmo que você gostaria de mudar e dar o primeiro passo. Fazer algo *escancaradamente* de mindset de crescimento a serviço do que você quer mudar... Projetar-se 25 anos no futuro e me escrever uma carta sobre em que estágio da vida você está e todas as batalhas, decepções, dificuldades e fracassos que você encontrou ao longo do caminho.

Este ano tentei um novo. No passado, havia determinado uma tarefa que pedia aos alunos para refletir sobre seus mindsets, e sempre havia alguns que alegavam um mindset de crescimento permanente e completo. Mas este ano pedi que identificassem seus gatilhos para o mindset fixo e dessem um nome a suas personas com mindset fixo. Foi interessante. Ninguém alegou não ter gatilhos ou a persona. Todos conseguiram escrever com eloquência (e penosamente) sobre suas personas com mindset fixo, seus gatilhos e seu impacto.

> Conheci Gertrude, minha astuta, histriônica e que se autoengrandece persona com mindset fixo. Ela se esgueira em meu subconsciente e me enfraquece. O nome Gertrude significa "lança forte", que reflete sua insistência na força inabalável, natural. Ela detesta trabalho duro, segundo lugar e imperfeições. Qualquer sopro de fracasso ou imperfeição pode desencadear a entrada de Gertrude. Três segundos mais lento na prova de natação? *Sem chance na equipe da escola.* Não desenha um autorretrato tão bem quanto outra garota da turma? *Arte não é para você.* Não consegue usar tantas palavras grandes quanto minha irmã mais velha? *Nunca será tão inteligente quanto ela.* Gertrude me convence de que o fracasso é definitivo. Um erro pode afastar meu sucesso futuro.

> Quase como num casamento, sei que meu Velhote estará comigo nos bons e maus momentos, na saúde e na doença, na vida e na morte. Ele aparece quando saio da minha zona de conforto, sou criticado ou experimento um fracasso, fazendo com que eu fique na defensiva, atacando os outros, ou paralisado. Velhote encontra paz ao nunca sair de sua zona de conforto, mas suas visões cada vez mais entram em conflito com a minha, pois suas diretrizes tentam me manter encaixotado num mundo estagnado.

> Fracasso, especialmente fracasso público, é meu principal gatilho para o mindset fixo. É quando Henrietta aparece. Ela é minha avó crítica, e no mindset fixo eu me lembro mais dela do que eu gostaria de admitir. Minha Henrietta é rápida em

culpar os outros para preservar seu ego. Rejeita o fracasso em vez de abraçá-lo, e me diz que todos que me viram fracassar agora me consideram um fracasso.

Minha persona com mindset fixo é Z, o reflexo no espelho da inicial do meu nome, S. Z aparece quando menos a espero, como depois de uma tentativa fracassada, uma rejeição ou uma oportunidade perdida. Sempre fui uma ávida escritora — editora do jornal da minha escola de ensino médio e autora de um romance já publicado. Então, quando surgiu a oportunidade de fazer parte do *Stanford Daily* [o jornal da faculdade], eu fiquei motivada a tentar. Trabalhei muito duro nos ensaios de teste e senti que estavam bem escritos. Então, quando despertei às sete da manhã de uma sexta-feira com batidas estrondosas na porta e ouvi o grito de *Stanford Daily*, meu coração disparou. Quando minha colega de quarto abriu a porta, representantes do jornal gritaram "Bem-vinda ao *Stanford Daily*". Para ela. Quando isso aconteceu, Z também estava gritando, mas era: "Idiota, idiota, idiota. Como você achou que conseguiria entrar para o *Stanford Daily*?". Z estava especialmente feroz, pois minha colega de quarto passou exatamente meia hora escrevendo seus ensaios e até mesmo me pediu ideias para eles. (Obs.: Para uma próxima tarefa — fazer algo "escancaradamente de mindset de crescimento" —, S entrou em contato com o *Stanford Daily* a fim de verificar se precisavam de novos escritores. Eles precisavam, e ela conseguiu o emprego! Ainda estou empolgada por sua coragem diante da dolorosa rejeição.)

Qualquer coisa que gere insegurança desencadeia meu mindset fixo, o que desencadeia ainda mais insegurança. Decidi chamar meu cara duvidoso de Dale Denton, personagem de Seth Rogen em *Segurando as pontas*. Retratar meu mindset fixo como um cara preguiçoso, trapalhão e idiota sentado no canto do meu cérebro me ajuda a lutar contra ele. Dale produz um fluxo constante de afirmações que geram dúvidas. Sussurros de "E se você nunca conseguir repetir esse sucesso?" rastejam por trás de cada êxito. E, quando um esforço toma o rumo errado, Dale está sempre presente para ajudar a fazer a dúvida brotar.

Pare um momento para pensar cuidadosamente sobre sua persona com mindset fixo. Você vai nomeá-la em alusão a alguém em sua vida? Um personagem de um livro ou filme? Você dará seu apelido — é parte de você mas não é sua parte principal? Ou talvez você possa dar um nome de que não goste para lembrar a você que ela não é a pessoa que você quer ser.

A jornada: passo 4

Você está em contato com seus gatilhos e aflitivamente ciente de sua persona com mindset fixo e do que ela faz com você. Ela tem um nome. O que acontece agora? Eduque-a. Leve-a na jornada com você.

Quanto mais ciente estiver dos gatilhos de seu mindset fixo, mais você poderá estar vigilante para a chegada de sua persona. Se você está prestes a sair de sua zona de conforto, esteja pronto para recebê-la quando ela aparecer e avisá-la para parar. Agradeça por seu aparecimento, mas então diga-lhe por que você quer dar esse passo e peça que o acompanhe na jornada: "Olha, sei que isso pode não funcionar, mas realmente gostaria de tentar. Posso contar com você para me apoiar?".

Quando encontrar uma adversidade, as chances de sua persona se revelar são muito grandes. Não a reprima ou a expulse. Apenas deixe-a se pronunciar. Deixei-a cantar e dançar e, quando ela se acalmar um pouco, converse sobre como planeja aprender a partir do contratempo e seguir em frente: "Sim, sim, é possível que eu não seja tão bom nisso (ainda), mas acho que tenho uma ideia do que fazer a seguir. Vamos pelo menos tentar".

Quando você estiver sob pressão e sentir medo de que sua equipe o deixe para baixo, diga a eles que Duane está em pleno desabrochar e pergunte o que precisam de você para que façam seu melhor. Tente entender e respeitar o ponto em que estão e o que estão pensando, e tente apoiá-los e orientá-los. Continue falando com Duane para que ele se acalme, dê-lhe uma folga e contribua para o processo do grupo.

Lembre-se de que sua persona de mindset fixo nasceu para protegê-lo e mantê-lo em segurança. Mas desenvolve umas formas muito limitantes de fazer isso. Então, eduque-a nas novas formas do mindset de crescimento que você gostaria que o ajudassem: assumindo riscos, aderindo a eles, revendo os erros e apoiando os outros para crescerem. Entenda o ponto de vista de sua persona, mas lentamente ensine-a uma maneira diferente de pensar, e leve-a com você em sua jornada para o mindset de crescimento.

Entender que todo mundo tem um mindset fixo pode nos fazer ter mais compaixão pelas pessoas. Permite que entendamos suas lutas. Mencionei em um capítulo anterior o quanto eu estava chateada em saber que alguns educadores estavam repreendendo crianças por agirem com atitudes de mindset fixo. Apontavam para o quadro de mindset na frente da turma e diziam para as crianças melhorarem.

Compare isso ao seguinte professor. Durante um período, esse professor fez sua turma de ensino fundamental falar sobre os gatilhos do mindset fixo e depois nomear suas personas. Um garoto não queria fazer o trabalho, o que estava muito de acordo com seu comportamento habitual. Havia muitas coisas que ele não queria fazer, não importava o quanto o professor gentilmente o encorajasse. Por semanas, ele ficou mudo, enquanto todos os outros alunos da turma falavam e desenhavam suas pequenas personas de mindset fixo — Sally Medrosa, Larry Preguiçoso, Andy Ansioso ou Hannah Indefesa. Mas o professor esperou pacientemente por ele, e um dia, do nada, ele disse: "Dan Porcaria". " O quê?", perguntou o professor. "Dan Porcaria", ele repetiu. "Sempre que eu faço alguma coisa, faço errado. Não consigo fazer nada certo. Por isso que todo mundo atira tudo em mim." Sempre que ele tentava fazer o dever de casa, parecia que Dan Porcaria gritaria com ele tão alto que ele não conseguiria continuar. O professor correu para o seu lado e trabalhou com ele de modo que Dan Porcaria acabou cedendo, dando-lhe um pouco de paz e permitindo-lhe trabalhar. Depois disso, seu crescimento foi enorme.

Quantos alunos ou funcionários são considerados incompetentes, teimosos ou insolentes quando apenas não sabem como funcionar bem sob as condições vigentes? Quantas vezes ameaçamos, punimos ou rebaixamos essas pessoas em vez de ajudá-las a trabalhar isso ou a encontrar as condições sob as quais podem se desenvolver?

Cada um de nós tem uma jornada a tomar.

- Começa com a aceitação de que todos temos os dois mindsets.
- Em seguida aprendemos a reconhecer quais são os gatilhos do nosso mindset fixo. Fracassos? Críticas? Prazos? Desentendimentos?
- E vamos entender o que nos acontece quando nossa *persona* com mindset fixo é desencadeada. Quem é essa persona? Qual é o seu nome? O que ela nos faz pensar, sentir e fazer? Como afeta aquelas que estão ao nosso redor?

- Podemos aprender gradualmente a permanecer num mindset de crescimento apesar dos gatilhos, educando nossa persona e convidando-a a se juntar a nós em nossa jornada para o mindset de crescimento.
- Idealmente, aprenderemos cada vez mais sobre como também ajudar os outros em sua jornada.

APRENDER E AJUDAR A APRENDER

Cada dia nos apresenta formas de crescer e de ajudar as pessoas que nos são queridas. Como podemos nos lembrar de procurar essas oportunidades?

Primeiro, faça uma cópia deste resumo gráfico dos dois mindsets, que foi criado pelo incrível Nigel Holmes, e prenda-o ao espelho. A cada manhã, use-o para lembrar as diferenças entre o mindset fixo e o mindset de crescimento. Em seguida, enquanto contempla o dia à sua frente, tente fazer a si mesmo estas perguntas. Se tiver espaço em seu espelho, coloque-as lá também.

Quais são as oportunidades para aprender e crescer hoje, para mim e para as pessoas à minha volta?

Ao pensar nas oportunidades, formule um plano e pergunte:

Quando, onde e como vou executar meu plano?

As palavras "quando", "onde" e "como" tornam o plano concreto. Perguntar *como* faz você pensar em todas as maneiras de realizar seu plano e fazê-lo funcionar.

Ao encontrar obstáculos e dificuldades inevitáveis, formule um novo plano e faça novamente a pergunta a si mesmo:

Quando, onde e como vou agir em meu novo plano?

Embora você possa não se sentir à vontade, faça isso!

E quando tiver êxito, não se esqueça de perguntar a si mesmo:

O que preciso fazer para conservar e ampliar meu crescimento?

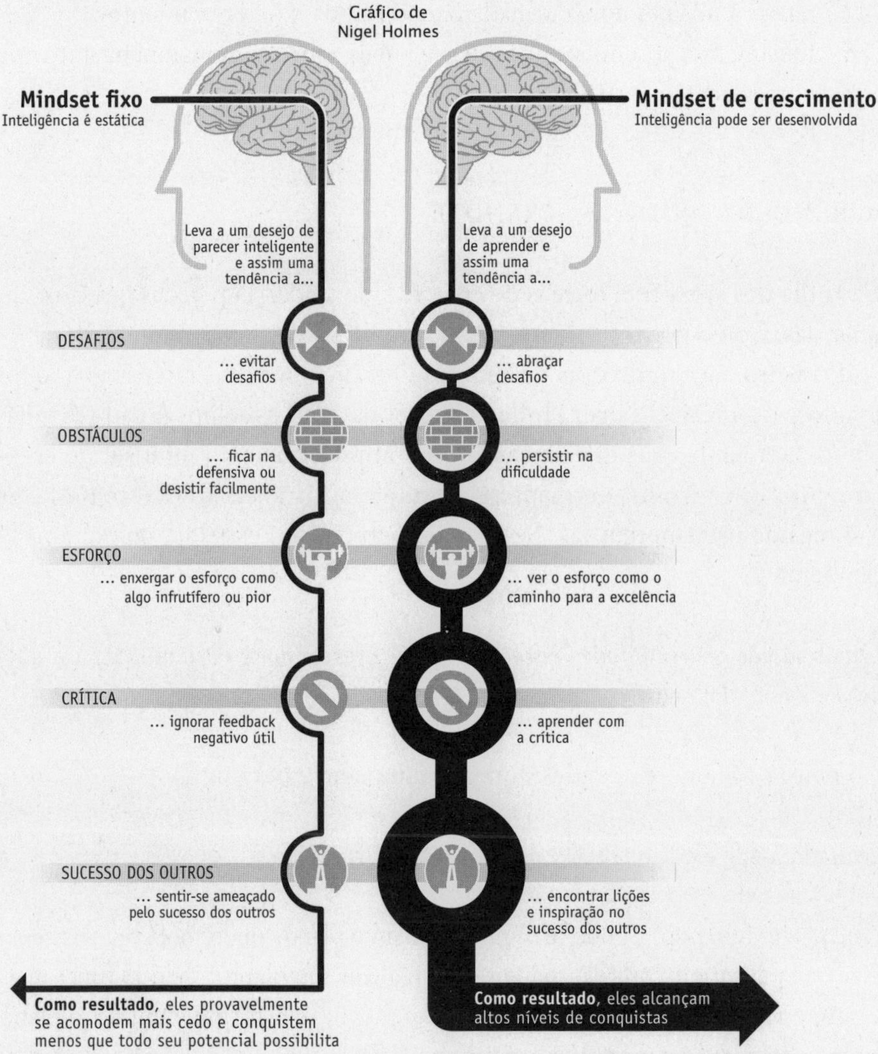

Lembre-se, como disse Alex Rodriguez, grande jogador de beisebol: "Ou vamos numa direção ou vamos em outra". Você é quem deve decidir a direção a seguir.

O CAMINHO À FRENTE

Pode ser difícil mudar, mas nunca ouvi alguém dizer que não tenha valido a pena. Talvez as pessoas estejam simplesmente racionalizando, como quem passa por uma iniciação dolorosa e diz que valeu a pena. Mas aqueles que mudaram são capazes de dizer quanto suas vidas melhoraram. Podem contar o que têm agora e não tinham antes, as coisas que agora sentem e que não sentiam antes.

A mudança em direção ao mindset de crescimento resolveu todos os meus problemas? Não. Mas sei que, graças a ela, hoje tenho uma vida diferente, uma vida mais rica. E sei que sou uma pessoa mais viva, mais corajosa e mais aberta por causa dela.

Você é quem tem de decidir se a mudança é adequada para você neste momento. Talvez sim, talvez não. Seja como for, mantenha o mindset de crescimento em seus pensamentos. Quando enfrentar obstáculos, recorra a ele. Ele estará sempre a seu dispor, mostrando um caminho para o futuro.

Notas

1. OS MINDSETS [pp. 11-22]

1. Esta pesquisa foi conduzida com Dick Reppucci e Carol Diener.

2. Para uma história de como as pessoas tentaram explicar as diferenças humanas em termos de características físicas inatas, ver: Stephen J. Gould, *The Mismeasure of Man*. Nova York: Norton, 1981. [Ed. bras.: *A falsa medida do homem*. São Paulo: Martins Fontes, 1991.]

3. Alfred Binet, *Modern Ideas About Children*. Trad. de Suzanne Heisler. Menlo Park, CA: Suzanne Heisler, 1975 (obra original, 1911). Ver também: Robert S. Siegler, "The Other Alfred Binet". *Developmental Psychology*, n. 28, pp. 179-90, 1992; René Zazzo, "Alfred Binet". *Prospects: The Quarterly Review of Comparative Education*, n. 23, pp. 101-12, 1993.

4. Alfred Binet, *Modern Ideas*, op. cit., pp. 105-7.

5. Gilbert Gottlieb, "Normally Occurring Environmental and Behavioral Influences on Gene Activity: From Central Dogma to Probabilistic Epigenesis". *Psychological Review*, n. 105, pp. 792-802, 1995.

6. Robert Sternberg, "Intelligence, Competence, and Expertise". In: Andrew Elliot e Carol S. Dweck (Orgs.), *The Handbook of Competence and Motivation*. Nova York: Guilford, 2005.

7. Esta pesquisa foi conduzida com Wenjie Zhao e Claudia Mueller.

8. Ver o excelente trabalho de David Dunning.

9. Esta pesquisa foi conduzida com Joyce Ehrlinger.

10. Howard Gardner, *Extraordinary Minds*. Nova York: Basic Books, 1997. [Ed. bras.: *Mentes extraordinárias*. Rio de Janeiro: Rocco, 1999.]

11. Robert J. Sternberg (Org.), *Handbook of Creativity*. Nova York: Cambridge University Press, 1999.

12. Estas avaliações foram desenvolvidas com Sheri Levy, Valanne MacGyvers, C. Y. Chiu e Ying-yi Hong.

2. POR DENTRO DOS MINDSETS [pp. 23-62]

1. Carole Hyatt e Linda Gottlieb, *When Smart People Fail*. Nova York: Penguin, 1987/1993, p. 232.

2. Esta pesquisa foi realizada com Charlene Hebert, e foi seguida por trabalho com Pat Smiley, Gail Heyman e Kathy Cain.

3. Agradeço a Nancy Kim por esta citação.

4. Este trabalho foi realizado com Ying-yi Hong, C. Y. Chiu, Derek Lin e Wendy Wan.

5. Esta pesquisa foi conduzida com Jennifer Mangels e Catherine Good e apoiada por uma bolsa do Departamento de Educação.

6. Esta pesquisa foi executada com Stephanie Morris e Melissa Kamins.

7. Doron Levin, *Behind the Wheel at Chrysler: The Iacocca Legacy*. Nova York: Harcourt Brace, 1995.

8. Citado em Jim Collins, *Good to Great: Why Some Companies Make the Leap... and Others Don't*. Nova York: HarperCollins, 2001, p. 20. [Ed. bras.: *Empresas feitas para vencer: Por que algumas empresas alcançam a excelência... e outras não*. São Paulo: HSM, 2013.]

9. Albert Dunlap e Bob Andelman, *Mean Business: How I Save Bad Companies and Make Good Companies Great*. Nova York: Fireside/Simon & Schuster, 1996; John A. Byrne, "How Al Dunlap Self-Destructed". *Business Week*, 6 jul. 1998.

10. Lou Gerstner, *Who Says Elephants Can't Dance? Inside IBM's Historic Turnaround*. Nova York: HarperCollins, 2002. [Ed. bras.: *Quem disse que os elefantes não dançam?: Os bastidores da recuperação da IBM*. Rio de Janeiro: Campus, 2003.]

11. Mia Hamm e Aaron Heifetz, *Go for the Goal: A Champion's Guide to Winning in Soccer and in Life*. Nova York: HarperCollins, 1999, p. 3.

12. Judy Battista, "A Tiny Female Pioneer for Olympic Wrestling". *The New York Times*, 16 maio 2004.

13. Christopher Reeve, *Nothing Is Impossible: Reflections on a New Life*. Nova York: Random House, 2002. [Ed. bras.: *Superar o impossível: Uma história de grande determinação*. São Paulo: Alegro, 2003.]

14. Este trabalho foi realizado com Heidi Grant.

15. Este trabalho foi realizado com Claudia Mueller.

16. Margaret Henry, "Passion and Will, Undimmed by 80 Years of Ballet". *The New York Times*, 10 jan. 1999.

17. Este trabalho foi executado com Elaine Elliott e mais tarde com Valanne MacGyvers.

18. Stephen Glass, *The Fabulist*. Nova York: Simon & Schuster, 2003. Este é um relato momento a momento, que Glass publicou como um romance.

19. Este trabalho foi realizado com Jeremy Stone.

20. Citado em Steve Young, *Great Failures of the Extremely Successful*. Los Angeles: Tallfellow, 2002.

21. Ibid., p. 47.

22. Esta pesquisa foi conduzida com Catherine Good e Aneeta Rattan.

23. Charles C. Manz, *The Power of Failure*. San Francisco: Berrett-Koehler, 2002, p. 38.

24. Jack Welch e John A. Byrne, *Jack: Straight from the Gut*. Nova York: Warner Books, 2001. [Ed. bras.: *Jack definitivo: Segredos do executivo do século*. Rio de Janeiro: Campus, 2001.]

25. John McEnroe e James Kaplan, *You Cannot Be Serious*. Nova York: Berkley, 2002.

26. Ibid., p. 159.

27. Ibid., p. 160.

28. Ibid., p. 158.

29. A partir de Janet Lowe, *Michael Jordan Speaks: Lessons from the World's Greatest Champion*. Nova York: John Wiley, 1999, p. 95.

30. Tom Wolfe, *The Right Stuff*. Nova York: Bantam, 1980, p. 31. [Ed. bras.: *Os eleitos*. Rio de Janeiro: Rocco, 1991.] Citado também em Morgan W. McCall, *High Flyers: Developing the Next Generation of Leaders*. Boston: Harvard Business School Press, 1998, p. 5.

31. Chuck Yeager e Leo Janos, *Yeager*. Nova York: Bantam, 1985, p. 406. Citado também em McCall, *High Flyers*, p. 17.

32. Amy Waldman, "Why Nobody Likes a Loser". *The New York Times*, 21 ago. 1999.

33. Clifton Brown, "Out of a Bunker, and Out of a Funk, Els Takes the Open". *The New York Times*, 22 jul. 2002.

34. Amy Dickinson, "Skinny Envelopes". *Time*, 3 abr. 2000. (Agradeço a Nellie Sabin por chamar minha atenção para este artigo.)

35. Steve Young, *Great Failures of the Extremely Successful*, op. cit., pp. 7-11.

36. Elaine Ganley, "Top Chef's Death Shocks France, Sparks Condemnation of Powerful Food Critics". *Associated Press*, 25 fev. 2003.

37. Este trabalho foi realizado com Lisa Sorich Blackwell e Kali Trzesniewski.

38. Este trabalho foi realizado com David Nussbaum.

39. Jim Collins, *Good to Great*, op. cit., p. 80.

40. John McEnroe e James Kaplan, *You Cannot Be Serious*, op. cit.

41. John Wooden e Steve Jamison, *Wooden: A Lifetime of Observations and Reflections On and Off the Court*. Lincolnwood, IL: Contemporary Books, 1997, p. 55.

42. Bethany McLean e Peter Elkind, *The Smartest Guys in the Room: The Amazing Rise and Scandalous Fall of Enron*. Nova York: Penguin, 2003, p. 414.

43. Jack Welch e John A. Byrne, *Jack*, op. cit., p. 224.

44. O trabalho descrito foi executado com Allison Baer e Heidi Grant.

45. Apresentado em uma palestra no encontro anual da Associação Americana de Psicologia, Chicago, ago. 2002.

46. "Relatório do Comitê de Coordenação para a Iniciativa das Mulheres na Universidade Duke", ago. 2003.

47. Jack Smith, "In the Weight Rooms of Paris, There Is a Chic New Fragrance: Sweat". *The New York Times*, 21 jun. 2004.

48. Laura Hillenbrand, *Seabiscuit: An American Legend*. Nova York: Random House, 2001. [Ed. bras.: *Seabiscuit: Uma lenda americana*. São Paulo: Companhia das Letras, 2002.]

49. Laura Hillenbrand, "A Sudden Illness". *The New Yorker*, 7 jul. 2003.

50. Nadja Salerno-Sonnenberg, *Nadja, On My Way*. Nova York: Crown, 1989; Barbara L. Sand, *Teaching Genius: Dorothy DeLay and the Making of a Musician*. Portland, OR: Amadeus Press, 2000.

51. Nadja Salerno-Sonnenberg, *Nadja*, op. cit., p. 49.

52. Ibid., p. 50.

53. Ibid.

54. Carole Hyatt e Linda Gottlieb, *When Smart People Fail*, pp. 25-7.

55. Ibid., p. 27.

56. Ibid., p. 25.

57. Billie Jean King e Kim Chapin, *Billie Jean*. Nova York: Harper & Row, 1974.

58. Hyatt e Gottlieb, *When Smart People Fail*, op. cit., p. 224.

59. Martin Seligman escreveu um livro muito interessante sobre esse tema: *What You Can Change... And What You Can't*. Nova York: Fawcett, 1993. [Ed. bras.: *O que você pode e o que não pode mudar*. Rio de Janeiro: Objetiva, 1995.]

60. Joseph J. Martocchio, "Effects of Conceptions of Ability on Anxiety, Self-Efficacy, and Learning in Training". *Journal of Applied Psychology*, n. 79, pp. 819-25, 1994.

61. Richard Robins e Jennifer Pals, "Implicit Self-Theories in the Academic Domain: Implications for Goal Orientation, Attributions, Affect, and Self-Esteem Change". *Self and Identity*, n. 1, pp. 313-36, 2002.

62. Clifton Brown, "An Education with Hard Courses". *The New York Times*, 13 jan. 2004.

63. Clifton Brown, "Wie Shows Power but Her Putter Let Her Down". *The New York Times*, 16 jan. 2004.

3. A VERDADE SOBRE APTIDÃO E REALIZAÇÃO [pp. 63-90]

1. Paul Israel, *Edison: A Life of Invention*. Nova York: John Wiley & Sons, 1998.

2. Howard E. Gruber, *Darwin on Man: A Psychological Study of Scientific Creativity*. 2. ed. Chicago: University of Chicago Press, 1981; Charles Darwin, *Autobiographies*. Org. de Michael Neve e Sharon Messenger. Nova York: Penguin, 1903/2002.

3. Robert W. Weisberg, "Creativity and Knowledge". Org. de Robert J. Sternberg. *Handbook of Creativity*. Nova York: Cambridge University Press, 1999.

4. Este trabalho foi realizado em colaboração com Lisa Sorich Blackwell e Kali Trzesniewski. Agradeço também a Nancy Kim por ter coletado declarações dos estudantes.

5. Contado por George Dantzig em Cynthia Kersey, *Unstoppable*. Naperville, IL: Sourcebooks, 1998.

6. John Holt, *How Children Fail*. Nova York: Addison Wesley, 1964/1982, p. 14.

7. Este trabalho foi realizado com Heidi Grant.

8. Ellen Winner, *Gifted Children: Myths and Realities*. Nova York: Basic Books, 1996. [Ed. bras.: *Crianças superdotadas: mitos e realidades*. Porto Alegre: Artmed, 1998.]

9. Ibid., p. 21.

10. Jay Matthews, *Escalante: The Best Teacher in America*. Nova York: Henry Holt, 1998.

11. Marva Collins e Civia Tamarkin, *Marva Collins' Way: Returning to Excellence in Education*. Los Angeles: Jeremy Tarcher, 1982/1990.

12. Ibid., p. 160.

13. Marva Collins, *"Ordinary" Children, Extraordinary Teachers*. Charlottesville, VA: Hampton Roads Publishing, 1992, p. 4.

14. Benjamin S. Bloom, *Developing Talent in Young People*. Nova York: Ballantine Books, 1985.

15. Ibid., p. 4.

16. Falko Rheinberg, *Leistungsbewertung und Lernmotivation*. Göttingen: Hogrefe, 1980, pp. 87, 116. Também relatado na conferência da Associação Americana de Pesquisa Educacional, Seattle, abr. 2001.

17. Marva Collins e Civia Tamarkin, *Marva Collins' Way*, p. 19.

18. Betty Edwards, *The New Drawing on the Right Side of the Brain*. Nova York: Tarcher/Putnam, 1979/1999, pp. 18-20. [Ed. bras.: *Desenhando com o lado direito do cérebro*. Rio de Janeiro: Ediouro, 1984.]

19. Elizabeth Frank, *Pollock*. Nova York: Abbeville Press, 1983; Evelyn Toynton, "A Little Here, A Little There". *The New York Times Book Review*, 31 jan., 1999.

20. Twyla Tharp, *The Creative Habit*. Nova York: Simon & Schuster, 2003.

21. Ibid., p. 7.

22. Este trabalho foi conduzido com Claudia Mueller e Melissa Kamins.

23. Jesse Green, "A Complicated Gift". *The New York Times Magazine*, 6 jul. 2003.

24. Claude M. Steele and Joshua Aronson, "Stereotype Threat and the Intellectual Test Performance of African-Americans". *Journal of Personality and Social Psychology*, n. 68, pp. 797-811, 1995.

25. Esta pesquisa foi realizada com Bonita London.

26. Este trabalho foi realizado com Catherine Good e Aneeta Rattan e apoiado por uma bolsa da Fundação Nacional de Ciências. Ver também a maravilhosa pesquisa de Gregory Walton (por exemplo, Gregory M. Walton e Geoffrey L. Cohen, "A Question of Belonging: Race, Social Fit, and Achievement". *Journal of Personality and Social Psychology*, n. 92, pp. 82-96, 2007).

27. Tem sido estudado por Tomi-Ann Roberts e Susan Nolen-Hoeksema.

28. Esta pesquisa foi conduzida com William Davidson, Sharon Nelson e Bradley Enna.

29. Frances K. Conley, *Walking Out on the Boys*. Nova York: Farrar, Straus & Giroux, 1999.

30. Ibid., p. 65.

31. Michael J. Ybarra, "Why Won't Women Write Code?". *Sky*, dez. 1999.

32. Carlin Flora, "The Grandmaster Experiment". *Psychology Today*, ago. 2005.

4. ESPORTES: O MINDSET DE UM CAMPEÃO [pp. 91-118]

1. Michael Lewis, *Moneyball: The Art of Winning an Unfair Game*. Nova York: Norton, 2003. [Ed. bras.: *Moneyball: O homem que mudou o jogo*. Rio de Janeiro: Intrínseca, 2015.]

2. Ibid., p. 9.

3. Ibid., p. 48.

4. Ibid., p. 46.

5. Ibid., p. 47.

6. Felix Dennis e Don Atyeo, *Muhammad Ali: The Glory Years*. Nova York: Hyperion, 2003.

7. Ibid., p. 14.

8. Ibid., p. 92.

9. Ibid., p. 96.

10. Ibid., p. 74.

11. Ibid., p. 14.

12. Janet Lowe, *Michael Jordan Speaks: Lessons from the World's Greatest Champion*. Nova York: John Wiley, 1999.

13. Ibid., p. 7.

14. Ibid., p. 29.

15. Ibid., p. 35.

16. Robert W. Creamer, *Babe: The Legend Comes to Life*. Nova York: Penguin, 1974/1983.

17. Ibid, p. 301.

18. Ibid., p. 109.

19. Stephen J. Gould, *Triumph and Tragedy in Mudville: A Lifelong Passion for Baseball*. Nova York: Norton, 2003.

20. Tom Biracree, *Wilma Rudolph*. Nova York: Chelsea House, 1988.

21. Ibid., p. 107.

22. Jackie Joyner-Kersee e Sonja Steptoe, *A Kind of Grace*. Nova York: Warner Books, 1997.

23. Ibid., p. 60.

24. Clifton Brown, "On Golf: It's Not How for Tiger, It's Just by How Much". *The New York Times*, 25 jul. 2000.

25. Cynthia Kersey, *Unstoppable*. Naperville, IL: Sourcebooks, 1998.

26. Ibid., p. 152.

27. Ibid., p. 153.

28. Buster Olney, "Speedy Feet, but an Even Quicker Thinker". *The New York Times*, 1º fev. 2002.

29. Mike McGovern e Susan Shelly, *The Quotable Athlete*. Nova York: McGraw-Hill, 2000, p. 113.

30. Stephen J. Gould, *Triumph and Tragedy in Mudville*, op. cit.

31. Jack Curry, "After Melee, Spin Control Takes Over". *The New York Times*, 13 out. 2003.

32. Dan Shaughnessy, "It Is Time for Martinez to Grow Up". *The New York Times*, 13 out. 2003. (Durante essas séries, as colunas dos jornalistas esportivos do *Globe* apareceram no *Times*, e vice-versa.)

33. William Rhoden, "Momentous Victory, Most Notably Achieved". *The New York Times*, 10 jul. 2000.

34. Jackie Joyner-Kersee e Sonja Steptoe, *A Kind of Grace*, op. cit., p. 280.

35. Ibid., p. 298.

36. Billie Jean King e Kim Chapin, *Billie Jean*, op. cit., p. 236.

37. Ibid., p. 78.

38. Jackie Joyner-Kersee e Sonja Steptoe, *A Kind of Grace*, op. cit., p. 63.

39. Mia Hamm e Aaron Heifetz, *Go for the Goal: A Champion's Guide to Winning in Soccer and in Life*. Nova York: HarperCollins, 1999, p. 31.

40. Ibid., p. 36.

41. Ibid., p. 3.

42. Tom Callahan, *In Search of Tiger: A Journey Through Gold with Tiger Woods*. Nova York: Crown, 2003, p. 24.

43. John Wooden e Jack Tobin, *They Call Me Coach*. Waco, TX: Word Books, 1972, pp. 63-5.

44. John Wooden e Steve Jamison, *Wooden*. Lincolnwood, IL: Contemporary Books, 1997, p. 99.

45. "Goal Orientation and Conceptions of the Nature of Sport Ability in Children: A Social Cognitive Approach". *British Journal of Social Psychology*, n. 35, pp. 399-414, 1996; "Motivation for Physical Activity in Young People: Entity and Incremental Beliefs About Athletic Ability". *Journal of Sports Sciences*, n. 21, pp. 973-89, 2003. Ver também: Yngvar Ommundsen, "Implicit Theories of Ability and Self-Regulation Strategies in Physical Education Classes". *Educational Psychology*, n. 23, pp. 141-57, 2003; "Self-Handicapping Strategies in Physical Education Classes: The Influence of Implicit Theories of the Nature of Ability and Achievement Goal Orientations". *Psychology of Sport and Exercise*, n. 2, pp. 139-56, 2001.

46. Esta descoberta ocorreu a partir da pesquisa de Biddle e seus colegas.

47. Jackie Joyner-Kersee e Sonja Steptoe, *A Kind of Grace*, op. cit., p. 60.

48. John Wooden e Steve Janison, *Wooden*, op. cit., p. 53.

49. Dave Anderson, "No Regrets for Woods". *The New York Times*, 4 abr. 1998.

50. Tom Callahan, *In Search of Tiger*, op. cit., p. 219.

51. Ibid., p. 220.

52. Mia Hamm e Aaron Heifetz, *Go for the Goal*, op. cit., p. 201.

53. Ibid., p. 243.

54. John McEnroe e James Kaplan, *You Cannot Be Serious*. Nova York: Berkley, 2002, p. 10.

55. Ibid., p. 155.

56. Yngvar Ommundsen, "Implicit Theories of Ability", op. cit., pp. 141-57.

57. Janet Lowe, *Michael Jordan Speaks*, op. cit., p. 99.

58. Ibid., p. 107.

59. John Wooden e Steve Jamison, *Wooden*, op. cit., p. 100.

60. John McEnroe e James Kaplan, *You Cannot Be Serious*, op. cit., p. 112.

61. Ibid., p. 259.

62. Ibid., p. 119.

63. Ibid., p. 274.

64. Tom Callahan, *In Search of Tiger*, op. cit., pp. 164, 169.

65. Yngvar Ommundsen, "Implicit Theories of Ability and Self-Regulation Strategies". *Educational Psychology*, n. 23, pp. 141-57, 2003; "Self-Handicapping Strategies". *Psychology of Sport and Exercise*, n. 2, pp. 139-56, 2001.

66. Janet Lowe, *Michael Jordan Speaks*, op. cit., p. 177.

67. Tom Callahan, *In Search of Tiger*, op. cit., p. 75.

68. Ibid., p. 237.

69. Ibid., p. 219.

70. Ibid., p. 300.

71. Ibid., p. 23.

72. Ibid., p. 25.

73. John McEnroe e James Kaplan, *You Cannot Be Serious*, op. cit., p. 166.

74. Ibid., p. 29.

75. Ibid., p. 207.

76. Ibid., p. 190.

77. Janet Lowe, *Michael Jordan Speaks*, op. cit., p. 37.

78. John Wooden e Steve Jamison, *Wooden*, op. cit., p. 113.

79. Ibid., p. 78.

80. Charlie Nobles, "Johnson Is Gone, So Bucs, Move On". *The New York Times*, 20 nov. 2003; Dave Anderson, "Regarding Johnson, Jets Should Just Say No". *The New York Times*, 21 nov. 2003.

81. Dave Anderson, "Regarding Johnson", op. cit.

82. Cynthia Kersey, *Unstoppable*, op. cit., p. 212.

83. Viv Bernstein, "The Picture Doesn't Tell the Story". *The New York Times*, 24 jan. 2004.

84. Ira Berkow, "Stardom Awaits a Prodigy and Assist Goes to Her Father". *The New York Times*, 20 jan. 2004.

5. NEGÓCIOS: MINDSET E LIDERANÇA [pp. 119-57]

1. Malcolm Gladwell, "The Talent Myth". *The New Yorker*, 22 jul. 2002.
2. Esse estudo foi realizado com Ying-yi Hong, C. Y. Chiu, Derek Lin e Wendy Wan.
3. Esta pesquisa foi conduzida com Claudia Mueller.
4. Jim Collins, *Good to Great: Why Some Companies Make the Leap... and Others Don't*. Nova York: HarperCollins, 2001. [Ed. bras.: *Empresas feitas para vencer: Por que algumas empresas alcançam a excelência... e outras não*. São Paulo: HSM, 2013.]

5. Ibid., p. 75.

6. Robert Wood e Albert Bandura, "Impact of Conceptions of Ability on Self-Regulatory Mechanisms and Complex Decision Making". *Journal of Personality and Social Psychology*, n. 56, pp. 407-15, 1989.

7. Jim Collins, *Good to Great*, op. cit., p. 26.

8. Ibid., pp. 65-9.

9. James Surowiecki, "Blame Iacocca: How the Former Chrysler CEO Caused the Corporate Scandals". *Slate*, 24 jul. 2002.

10. Warren Bennis, *On Becoming a Leader*. Cambridge, MA: Perseus Publishing, 1989/2003, p. xxix. [Ed. bras.: *A formação do líder*. São Paulo: Atlas, 1996.]

11. Lee Iacocca e William Novak, *Iacocca: An Autobiography*. Nova York: Bantam, 1984.

12. Ibid., p. 101.

13. Ibid., p. 83.

14. Ibid., p. 101.

15. Ibid., p. 144.

16. Doron P. Levin, *Behind the Wheel at Chrysler: The Iacocca Legacy*. Nova York: Harcourt Brace, 1995, p. 31.

17. Ibid., p. 231.

18. Lee Iacocca e William Novak, *Iacocca*, p. xvii.

19. Doron P. Levin, *Behind the Wheel at Chrysler*.

20. Ibid., p. 312.

21. "Iacocca, Spurned in Return Attempts, Lashes Out". *USA Today*, 19 mar. 2002.

22. Albert J. Dunlap e Bob Andelman, *Mean Business: How I Save Bad Companies and Make Good Companies Great*. Nova York: Fireside/Simon & Schuster, 1996.

23. Ibid., p. 21.

24. Ibid., p. 199.

25. Ibid., p. 62.

26. Ibid., pp. 107-8.

27. Ibid., p. 196.

28. Ibid., p. 26.

29. John A. Byrne, "How Al Dunlap Self-Destructed". *Business Week*, 6 jul. 1998.

30. Bethany McLean e Peter Elkind, *The Smartest Guys in the Room: The Amazing Rise and Scandalous Fall of Enron*. Nova York: Penguin, 2003.

31. Ibid., p. 92.

32. Ibid., p. 89.

33. Ibid., p. 69.

34. Ibid., p. 233.

35. Ibid., p. 40.

36. Ibid., p. 121.

37. Alec Klein, *Stealing Time: Steve Case, Jerry Levin, and the Collapse of AOL Time Warner*. Nova York: Simon & Schuster, 2003.

38. Ibid., p. 171.

39. Morgan W. McCall, *High Flyers: Developing the Next Generation of Leaders*. Boston: Harvard Business School Press, 1998, p. xiii. McCall também analisa os efeitos da cultura corporativa de acreditar no talento nato em vez de no potencial de desenvolvimento. "A mensagem de *High Flyers*", diz ele, "é que a capacidade de liderança pode ser aprendida, que a criação de um contexto que apoia o desenvolvimento do talento pode se tornar uma fonte de vantagem competitiva e que o próprio desenvolvimento de líderes é uma responsabilidade da liderança", p. xii.

40. Harvey A. Hornstein, *Brutal Bosses and Their Prey*. Nova York: Riverhead Books, 1996, p. 49.

41. Ibid., p. 10.

42. Ibid., p. 54.

43. Jim Collins, *Good to Great*, op. cit., p. 72.

44. James C. Collins e Jerry I. Porras, *Built to Last: Successful Habits of Visionary Companies*. Nova York: HarperCollins, 1994/2002, p. 165. [Ed. bras.: *Feitas para durar: Práticas bem-sucedidas de empresas visionárias*. Rio de Janeiro: Rocco, 2007.]

45. Ibid., p. 166.

46. Ibid.

47. John C. Maxwell, *Developing the Leaders Around You*. Nashville, TN: Thomas Nelson, 1995, p. 15.

48. Warren Bennis, *On Becoming a Leader*, op. cit., p. 19.

49. "Overvalued: Why Jack Welch Isn't God". *The New Republic*, 11 jun, 2001. Mesmo este artigo, que explica por que Welch *não* deve ser considerado uma figura divina, detalha suas notáveis realizações.

50. Ibid.

51. Steve Bennett, "The Boss: Put It in Writing Please". *The New York Times*, 9 maio 2004.

52. Jack Welch e John A. Byrne, *Jack: Straight from the Gut*. Nova York: Warner Books, 2001, p. ix. [Ed. bras.: *Jack definitivo: Segredos do executivo do século*. Rio de Janeiro: Campus, 2001.]

53. Ibid., p. 439.

54. Ibid., p. 42.

55. Ibid., p. 36.

56. Ibid., pp. 228-9.

57. Ibid., p. 384.

58. Ibid., p. 27.

59. Ibid., p. 54.

60. Ibid., pp. 97-8.

61. Ibid., p. 189.

62. Ibid., p. 186.

63. Louis V. Gerstner, *Who Says Elephants Can't Dance?: Inside IBM's Historic Turnaround*. Nova York: HarperCollins, 2002, p. 16. [Ed. bras.: *Quem disse que os elefantes não dançam?: Os bastidores da recuperação da IBM*. Rio de Janeiro: Campus, 2003.]

64. Ibid., p. 78.

65. Ibid., p. v.

66. Ibid., p. 24.

67. Ibid., p. 57.

68. Betsy Morris, "The Accidental CEO". *Fortune*, 23 jun. 2003.

69. "Most Powerful Women in Business 2004". *Fortune*, 18 out. 2004.

70. Betsy Morris, "The Accidental CEO", op. cit.

71. Ibid.

72. Ibid.

73. Ibid,

74. "Most Powerful Women in Business 2004", op. cit.

75. Eryn Brown, "How Can a Dot-Com Be This Hot?". *Fortune*, 21 jan. 2002; Patricia Sellers, "eBay's Secret". *Fortune*, 18 out. 2004.

76. Robert E. Wood, Katherine Williams Phillips e Carmen Tabernero, "Implicit Theories of Ability, Processing Dynamics and Performance in Decision-Making Groups". Australian Graduate School of Management, Sydney, Austrália.

77. Irving Janis, *Groupthink*, 2. ed. Boston: Houghton Mifflin, 1972/1982.

78. Ibid., p. 35.

79. Ibid., p. 38.

80. Jim Collins, *Good to Great*, op. cit., p. 71.

81. Bethany McLean e Peter Elkind, *The Smartest Guys in the Room*, op. cit., p. 241.

82. Ibid., p. 230.

83. Irving Janis, *Groupthink*, op. cit., p. 71. De Peter F. Drucker, *The Effective Executive*. Nova York: Harper & Row, 1966. [Ed. bras.: *O gestor eficaz*. Rio de Janeiro: LTC, 2014.]

84. Irving Janis, *Groupthink*, op. cit., p. 71.

85. Doron P. Levin, *Behind the Wheel*, pp. 102-3.

86. David Packard, *The HP Way: How Bill Hewlett and I Built Our Company*. Nova York: HarperCollins, 1995. [Ed. bras.: *The HP way: Como Bill Hewlett e eu construímos nossa empresa*. Rio de Janeiro: Campus, 1995.]

87. Jean M. Twenge, *Generation Me: Why Today's Young Americans Are More Confident, Assertive, Entitled — and More Miserable Than Ever Before*. Nova York: Free Press, 2007.

88. Laura Kray e Michael Haselhuhn, "Implicit Theories of Negotiating Ability and Performance: Longitudinal and Experimental Evidence". *Journal of Personality and Social Psychology*, n. 93, pp. 49-64, 2007.

89. Peter Heslin, Gary Latham e Don Vande-Walle, "The Effect of Implicit Person Theory on Performance Appraisals". *Journal of Applied Psychology*, n. 90, pp. 842-56, 2005; Peter Heslin, Don VandeWalle e Gary Latham, "Keen to Help? Managers' IPT and Their Subsequent Employee Coaching". *Personnel Psychology*, n. 59, pp. 871-902, 2006.

90. Warren Bennis, *On Becoming a Leader*, op. cit., p. xxix.

91. Ibid., p. xxxii

92. John H. Zenger e Joseph Folkman, *The Extraordinary Leader: Turning Good Managers into Great Leaders*. Nova York: McGraw-Hill, 2002.

93. Morgan W. McCall, *High Flyers*, op. cit.

94. Este trabalho foi conduzido com Mry Murphy, Jenny Chatman e Laura Kray, com a colaboração de Senn Delaney, uma empresa da Heidrick & Srruggles.

6. RELACIONAMENTOS: MINDSETS APAIXONADOS (OU NÃO) [pp. 158-86]

1. Este trabalho foi executado com Israela Silberman.

2. Exibido em *Weddings Gone Wild*, ABC, 14 jun. 2004.

3. Benjamin S. Bloom, *Developing Talent in Young People*. Nova York: Ballantine Books, 1985.

4. Daniel Goleman, *Emotional Intelligence: Why It Can Matter More than IQ*. Nova York: Bantam, 1995. [Ed. bras.: *Inteligência emocional*. Rio de Janeiro: Objetiva, 1995.]

5. Aaron T. Beck, *Love Is Never Enough*. Nova York: Harper & Row, 1988, p. 202. [Ed. bras.: *Para além do amor*. Rio de Janeiro: Rosa dos Tempos, 1995.]

6. John Gottman e Nan Silver, *Why Marriages Succeed or Fail*. Nova York: Fireside/ Simon & Schuster, 1994, p. 69. [Ed. bras.: *Casamentos: Por que alguns dão certo e outros não*. Rio de Janeiro: Objetiva, 1998.]

7. Elayne Savage, *Don't Take It Personally: The Art of Dealing with Rejection*. Oakland, CA: New Harbinger, 1997.

8. C. Raymond Knee, "Implicit Theories of Relationships: Assessment and Prediction of Romantic Relationship Initiation, Coping, and Longevity". *Journal of Personality and Social Psychology*, n. 74, pp. 360-70, 1998.

9. John Gottman e Nan Silver, *Why Marriages Succeed or Fail*, op. cit., p. 155.

10. Tem sido estudado por Raymond Knee, e encontrei o mesmo em meu trabalho com Lara Kammrath. (Ver também o trabalho de Frank Fincham.)

11. A ideia de que o mindset fixo pode enfraquecer relacionamentos também é encontrada no trabalho de Roy Eidelson e Norman Epstein e de Susan Hendrick e Clyde Hendrick. A ideia da crítica — atacando o caráter ou a personalidade do parceiro — levando ao desprezo é explorada no trabalho de John Gottman.

12. Daniel B. Wile, *After the Honeymoon: How Conflict Can Improve Your Relationship*. Nova York: John Wiley & Sons, 1988. [Ed. bras.: *Depois da lua de mel: Como melhorar o relacionamento através do conflito*. Porto Alegre: McGraw-Hill, 1990.]

13. Aaron T. Beck, *Love Is Never Enough*, op. cit.

14. Ibid., p. 36.

15. Ibid.

16. Ibid., p. 246.

17. Ibid., p. 199.

18. Hillary Rodham Clinton, *Living History*. Nova York: Simon & Schuster, 2003, p. 465. [Ed. bras.: *Vivendo a história*. São Paulo: Globo, 2003.]

19. Bill Clinton, *My Life*. Nova York: Knopf, 2004; Bill Clinton em *The Charlie Rose Show*, 23 jun. 2004. [Ed. bras.: *Minha vida*. São Paulo: Globo, 2004.]

20. H. R. Clinton, *Living History*, op. cit.

21. Jennifer S. Beer, "Implicit Self-Theories of Shyness". *Journal of Personality & Social Psychology*, n. 83, pp. 1009-24, 2002. Ver também o excelente trabalho de Phil Zimbardo sobre a timidez.

22. Scott Wetzler, *Is It You or Is It Me?: Why Couples Play the Blame Game*. Nova York: HarperCollins, 1998.

23. Ibid., p. 134.

24. Brooks Brown e Rob Merritt, *No Easy Answers: The Truth Behind Death at Columbine*. Nova York: Lantern Books, 2002.

25. Ver a recente pesquisa de David Yeager e seus colegas (por exemplo, D. S. Yeager, K. H. Trzesniewski, K. Tirri, P. Nokelainen e C. S. Dweck), "Adolescents' Implicit Theories Predict

Desire for Vengeance After Remembered and Hypothetical Peer Conflicts: Correlational and Experimental Evidence". *Developmental Psychology*, n. 47, pp. 1090-107, 2011; D. S. Yeager, K. Trzesniewski e C. S. Dweck, "An Implicit Theories of Personality Intervention Reduces Adolescent Aggression in Response to Victimization and Exclusion". *Child Development*, n. 84, pp 970-88, 2012.

26. Brooks Brown e Rob Merritt, *No Easy Answers*, op. cit.

27. Ibid., p. 47.

28. Ibid., p. 107.

29. Ibid., p. 263.

30. Ibid., p. 21.

31. Stan Davis, *Schools Where Everyone Belongs: Practical Strategies for Reducing Bullying*. Wayne, ME: Stop Bullying Now, 2003. Ver também Dan Olweus, *Bullying at School*. Malden, MA: Blackwell, 1993.

32. Ibid., p. 34.

33. Haim G. Ginott, *Teacher and Child*. Nova York: Macmillan, 1972, p. 167.

34. Jane Gross, "Hot Topic at Summer Camps: Ending the Rule of the Bullies". *The New York Times*, 28 jun. 2004.

7. PAIS, PROFESSORES E TÉCNICOS ESPORTIVOS: DE ONDE VÊM OS MINDSETS? [pp. 187-233]

1. Haim G. Ginott, *Between Parent & Child*. Nova York: Avon Books, 1956, pp. 22-4. [Ed. bras.: *Entre pais e filhos*. São Paulo: Alegro, 2004.]

2. Este trabalho foi realizado com Claudia Mueller e Melissa Kamins.

3. Haim G. Ginott, *Between Parent & Teenager*. Nova York: Macmillan, 1969, p. 88.

4. Esta pesquisa foi realizada com Chauncy Lennon e Eva Pomerantz.

5. Originado do trabalho com Gail Heyman e Kathy Cain: Gail D. Heyman, Carol S. Dweck e Kathleen Cain, "Young Children's Vulnerability to Self-Blame and Helplessness". *Child Development*, n. 63, pp. 401-15, 1992.

6. Esta pesquisa foi realizada com Gail Heyman: Gail D. Heyman e Carol S. Dweck, "Children's Thinking About Traits: Implications for Judgments of the Self and Others". *Child Development*, n. 64, pp. 391-403, 1998.

7. Mary Main e Carol George, "Responses of Abused and Disadvantaged Toddlers to Distress in the Day Care Setting". *Developmental Psychology*, n. 21, pp. 407-12, 1985.

8. John McEnroe e James Kaplan, *You Cannot Be Serious*. Nova York: Berkley, 2002, p. 31.

9. Ibid., p. 30.

10. Tom Callahan, *In Search of Tiger: A Journey Through Gold with Tiger Woods*. Nova York: Crown, 2003, p. 213.

11. Tiger Woods, *How I Play Golf*. Nova York: Warner Books, 2001, p. 302.

12. Barbara L. Sand, *Teaching Genius: Dorothy DeLay and the Making of a Musician*. Portland, OR: Amadeus Press, 2000.

13. Ibid., p. 79.

14. Ibid., p. 144.

15. Ibid., p. 153.

16. Este trabalho foi realizado com Bonita London.

17. Haim G. Ginott, *Between Parent & Teenager*, op. cit., p. 132.

18. Sheila Schwartz, "Teaching's Unlettered Future". *The New York Times*, 6 ago. 1998.

19. Marva Collins e Civia Tamarkin, *Marva Collins' Way: Returning to Excellence in Education*. Los Angeles: Jeremy Tarcher, 1982/1990; Marva Collins, *"Ordinary" Children, Extraordinary Teachers*. Charlottesville, VA: Hampton Roads Publishing, 1992.

20. Marva Collins, *"Ordinary" Children*, op. cit., pp. 43-4.

21. Marva Collins e Civia Tamarkin, *Marva Collins' Way*, op. cit., p. 160.

22. Ibid., p. 47.

23. Ibid., pp. 21-2.

24. Ibid., p. 68.

25. Rafe Esquith, *There Are No Shortcuts*. Nova York: Pantheon, 2003.

26. Barbara L. Sand, *Teaching Genius*, op. cit., p. 23.

27. Ibid., p. 54.

28. Ibid., p. 70.

29. Ibid., p. 201.

30. Ibid., p. 85.

31. Marva Collins e Civia Tamarkin, *Marva Collins' Way*, op. cit., p. 19.

32. Benjamin S. Bloom, *Developing Talent in Young People*. Nova York: Ballantine Books, 1985.

33. Marva Collins, *"Ordinary" Children*, op. cit.

34. Rafe Esquith, *There Are No Shortcuts*, op. cit. p. 53.

35. Barbara L. Sand, *Teaching Genius*, op. cit. p. 219.

36. Rafe Esquith, *There Are No Shortcuts*, op. cit. p. 40.

37. Marva Collins e Civia Tamarkin, *Marva Collins' Way*, op. cit., p. 21.

38. Barbara L. Sand, *Teaching Genius*, op. cit., p. 64.

39. Ibid., p. 114.

40. Marva Collins e Civia Tamarkin, *Marva Collins' Way*, op. cit., p. 208.

41. Ibid., pp. 85-8.

42. Ibid., p. 159.

43. Ibid., p. 165.

44. Ibid., 87.

45. Michael Lewis, "Coach Fitz's Management Theory". *The New York Times Magazine*, 28 mar. 2004.

46. Bob Knight e Bob Hammel, *Knight: My Story*. Nova York: St. Martin's Press, 2002; Steve Alford e John Garrity, *Playing for Knight*. Nova York: Fireside/Simon & Schuster, 1989; John Feinstein, *A Season on the Brink: A Year with Bobby Knight and the Indiana Hoosiers*. Nova York: Fireside/Simon & Schuster, 1987.

47. John Feinstein, *Season on the Brink*, op. cit., p. 3.

48. Ibid., pp. 3-4.

49. Ibid., p. 7.

50. Ibid., p. 4.

51. Ibid., p. 25.

52. Steve Alford e John Garrity, *Playing for Knight*, op. cit., p. 101.

53. Ibid., p. 169.

54. Ibid., p. 63.

55. John Feinstein, *Season on the Brink*, op. cit., p. xi.

56. Ibid., pp. 8-9.

57. John Wooden e Jack Tobin, *They Call Me Coach*. Waco, TX: Word Books, 1972; John Wooden e Steve Jamison, *Wooden: A Lifetime of Observations and Reflections On and Off the Court*. Lincolnwood, IL: Contemporary Books, 1997. [Ed. bras.: *Jogando para vencer*. Rio de Janeiro: Sextante, 2012.]

58. John Wooden e Steve Jamison, *Wooden*, op. cit., p. 11.

59. Ibid., p. 56.

60. Ibid., p. 55.

61. Ibid., p. 119.

62. Ibid., p. 95.

63. Ibid., p. 67.

64. Ibid., pp. 141-2.

65. Ibid., p. ix.

66. Ibid., p. xii.

67. Ibid., p. xiii.

68. John Wooden e Jack Tobin, *They Call Me Coach*, op. cit., pp. 9-10.

69. John Wooden e Steve Jamison, *Wooden*, op. cit., p. 117.

70. Pat Summitt e Sally Jenkins, *Reach for the Summit*. Nova York: Broadway Books, 1998.

71. John Wooden e Steve Jamison, *Wooden*, op. cit.

72. Pat Riley, *The Winner Within*. Nova York: Putnam, 1993.

73. Pat Summitt e Sally Jenkins, *Reach for the Summit, op. cit.*, p. 237.

74. Ibid., p. 5.

75. Ibid., p. 6.

76. Tyler Kepner, "The Complete Package: Why A-Rod Is the Best in Business, Even While Learning a New Position". *The New York Times*, 4 abr, 2004.

77. E. A. Gunderson, S. J. Gripshover, C. Romero, C. S. Dweck, S. Goldin-Meadow, e S. C. Levine, "Parent Praise to 1- to 3-Year-Olds Predicts Children's Motivational Frameworks 5 Years Later". *Child Development*, n. 84, pp. 1526-41, 2013.

78. K. Haimovitz e C. S. Dweck, "What Predicts Children's Fixed and Growth Intelligence Mindsets? Not Their Parents' Views of Intelligence but Their Parents' Views of Failure". *Psychological Science*, 2016.

79. K. L. Sun, *There's No Limit: Mathematics Teaching for a Growth Mindset*. Dissertação de doutorado. Stanford, CA: Stanford University, 2015.

80. S. H. Yang, K. Haimovitz, C. Wright, M. Murphy e D. S. Yeager, *Transmitting Organizational Theories of Intelligence Is Easier Done Than Said: Evidence from a Multi-level Analysis at Ten High Schools.* Não publicado. Universidade do Texas, Austin, 2016.

8. MUDANÇA DE MINDSET [pp. 234-75]

1. Aaron T. Beck, "Thinking and Depression: Idiosyncratic Content and Cognitive Distortions". *Archives of General Psychology*, n. 9, pp. 325-33, 1963; *Prisoners of Hate: The Cognitive Basis of Anger, Hostility, and Violence*. Nova York: HarperCollins, 1999. (Mais ou menos na mesma época, o terapeuta Albert Ellis estava descobrindo uma coisa semelhante: que as crenças são a chave para o modo como as pessoas se sentem.)

2. Este trabalho foi realizado com Ying-yi Hong, C. Y. Chiu e Russell Sacks.

3. No entanto, ver: Jeffrey E. Young e Janet Klosko, *Reinventing Your Life*. Nova York: Plume/Penguin, 1994. Embora Young e Klosko estejam trabalhando em uma terapia cognitiva tradicional, uma suposição básica de sua abordagem, e que eles ensinam aos clientes, é que as pessoas podem mudar de formas muito simples.

4. Este workshop foi desenvolvido com Lisa Sorich Blackwell com bolsa da Fundação William T. Grant e da Fundação Spencer: L. S. Blackwell, C. S. Dweck e K. Trzesniewski, *Implicit Theories of Intelligence Predict Achievement Across na Adolescent Transition: A Longitudinal Study and an Intervention*, 2003. Também gostaria de agradecer a outros psicólogos que desenvolveram seus próprios workshops baseados no mindset de crescimento: Jeff Howard, fundador do Instituto Eficácia; e Joshua Aronson, Catherine Good e Michael Inzlicht, da Universidade de Nova York e Universidade Columbia.

5. Escrito para o workshop por Lisa Sorich Blackwell.

6. O programa Brainology [Cerebrologia] também foi desenvolvido com Lisa Sorich Blackwell, com uma bolsa da Fundação William T. Grant.

7. Karen Horney, *Neurosis and Human Growth: The Struggle Toward Self-Realization*. Nova York: Norton, 1950; *Our Inner Conflicts: A Constructive Theory of Neurosis*. Nova York: Norton, 1945. [Ed. bras.: *Nossos conflitos interiores*. Rio de Janeiro: Civilização Brasileira, 1982.] Carl R. Rogers, *Client-Centered Therapy*. Nova York: Houghton Mifflin, 1951 [Ed. bras.: *Terapia centrada no paciente*. São Paulo: Martins Fontes, 1974.]; *On Becoming a Person*. Nova York: Houghton Mifflin, 1961. [Ed. bras.: *Tornar-se pessoa*. São Paulo: Moraes, 1970.]

8. Peter M. Gollwitzer, "Implementation Intentions: Strong Effects of Simple Plans". *American Psychologist*, n. 54, pp. 493-503, 1999.

9. Estou pesquisando esta questão com Abigail Scholer, Eran Magen e James Gross.

10. Ver a recente pesquisa de Veronika Job e colegas (por exemplo, V. Job, G. M. Walton, K. Bernecker e C. S. Dweck), "Implicit Theories About Willpower Predict Self-Regulation and Grades in Everyday Life". *Journal of Personality and Social Psychology*, n. 108, pp. 637-47, 2015.

11. Alguns destes e outros exemplos estão editados ou parafraseados para ficarem mais curtos e claros (e para o anonimato das pessoas).

Livros recomendados

BECK, Aaron T. *Love Is Never Enough*. Nova York: Harper & Row, 1988.

_______. *Prisoners of Hate*. Nova York: HarperCollins, 1999.

BECK, Judith S. *Cognitive Therapy*. Nova York: Guilford, 1995.

BENNIS, Warren. *A formação do líder*. São Paulo: Atlas, 1996.

BINET, Alfred. *Modern Ideas About Children*. Trad. de Suzanne Heisler. Menlo Park, CA: Suzanne Heisler, 1975 (obra original, 1909).

BLOOM, Benjamin S. *Developing Talent in Young People*. Nova York: Ballantine Books, 1985.

COLLINS, Jim. *Empresas feitas para durar*. Rio de Janeiro: Campus, 2001.

COLLINS, Marva; TAMARKIN, Civia. *Marva Collins' Way: Returning to Excellence in Education*. Los Angeles: Jeremy Tarcher, 1982/1990.

CSIKSZENTMIHALYI, Mihaly. *Flow: The Psychology of Optimal Experience*. Nova York: Harper & Row, 1990.

DAVIS, Stan. *Schools Where Everyone Belongs: Practical Strategies for Reducing Bullying*. Wayne, ME: Stop Bullying Now, 2003.

EDWARDS, Betty. *The New Drawing on the Right Side of the Brain*. Nova York: Tarcher/Putnam, 1979/1999.

ELLIS, Albert. *Reason and Emotion in Psychotherapy*. Secaucus, NJ: Citadel, 1962.

GINOTT, Haim G. *Entre pais e filhos*. Rio de Janeiro: Campus, 2004.

_______. *Between Parent & Teenager*. Nova York: Macmillan, 1969.

_______. *Teacher and Child*. Nova York: Macmillan, 1972.

GOLEMAN, Daniel. *Inteligência emocional*. Rio de Janeiro: Objetiva, 1996.

GOTTMAN, John; SILVER, Nan. *Casamentos: Por que alguns dão certo e outros não.* Rio de Janeiro: Objetiva, 1998.

GOULD, Stephen J. *A falsa medida do homem.* São Paulo: Martins Fontes, 1999.

HOLT, John. *How Children Fail.* Nova York: Addison Wesley, 1964/1982.

HYATT, Carole; GOTTLIEB, Linda. *When Smart People Fail.* Nova York: Penguin, 1987/1993.

JANIS, Irving. *Groupthink.* 2. ed. Boston: Houghton Mifflin, 1972/1982.

LEWIS, Michael, *Moneyball: The Art of Winning an Unfair Game.* Nova York: Norton, 2003.

________. *Coach: Lessons on the Game of Life.* Nova York: Norton, 2005.

MCCALL, Morgan W. *High Flyers: Developing the Next Generation of Leaders.* Boston: Harvard Business School Press, 1998.

MCLEAN, Bethany; ELKIND, Peter. *The Smartest Guys in the Room: The Amazing Rise and Scandalous Fall of Enron.* Nova York: Penguin, 2003.

OLWEUS, Dan. *Bullying at School.* Malden, MA: Blackwell, 1993.

REEVES, Christopher. *Superar o impossível: Uma história de grande determinação.* [s.l.] Allegro, 2003.

SAND, Barbara L. *Teaching Genius: Dorothy DeLay and the Making of a Musician.* Portland, OR: Amadeus Press, 2000.

SELIGMAN, Martin E. P. *Learned Optimism: How to Change Your Mind and Your Life.* Nova York: Knopf, 1991.

THARP, Twyla. *The Creative Habit.* Nova York: Simon & Schuster, 2003.

WETZLER, Scott. *Is It You or is It Me?: Why Couples Play the Blame Game.* Nova York: HarperCollins, 1998.

WOODEN, John; JAMISON, Steve. *Wooden: A Lifetime of Observations and Reflections On and Off the Court.* Lincolnwood, IL: Contemporary Books, 1997.

Índice remissivo

1ª EDIÇÃO [2017] 32 reimpressões

ESTA OBRA FOI COMPOSTA PELA ABREU'S SYSTEM EM INES LIGHT E IMPRESSA EM OFSETE PELA LIS GRÁFICA SOBRE PAPEL PÓLEN DA SUZANO S.A. PARA A EDITORA SCHWARCZ EM FEVEREIRO DE 2025